JN025442

民事訴訟法への招待

伊藤 眞
Ito Makoto

有斐閣

はしがき

　令和 3 (2021) 年 1 月に公刊した『倒産法入門』(岩波新書) はしがき v 頁に、知られた会計学者 番場嘉一郎先生による「入門書は本来、学問の終着駅に近づいた老練の学者の書くべきものです。私も年だけは終着駅に近づいてしまい、ぼつぼつ入門書を手がけてよかろうと考えるようになりました」との述懐を紹介しています。同じく入門書といっても、『倒産法入門』は、一般の方々向け、本書は、法曹を志す方々向けという違いはありますが、番場先生がご覧になると、苦笑されるかもしれません。

　長い間、入門書の執筆をしないと決めていたにもかかわらず、変心したのには、2 つの理由があります。

　第 1 は、いうまでもなく、喜寿 (77 歳) を超え、研究者としての最晩年に至り、終着駅に近づくどころか、暗いプラットフォームに降り立ち、独り茫然と佇んでいる己が姿に気づき、残された時間を法曹を志す方々のためにお役に立てたいと考えたためです。我妻榮先生の『民法案内』は、先生が還暦 (60 歳) を過ぎた時期に筆を執られていることを想うと、年齢のみを見れば、資格はあると自身を納得させました。

　第 2 は、自著を冷静に見ると、やはり助走路が必要であると感じたためです。拙著のうち、『民事訴訟法〔第 7 版〕』(2020 年、有斐閣) と『破産法・民事再生法〔第 5 版〕』(2022 年、有斐閣) は、司

法試験の科目であるためか、法学部や法科大学院における学習のため、教科書や参考書として御利用いただいている模様です。

しかし、『民事訴訟法』は 886 頁、『破産法・民事再生法』に至っては 1300 頁を超え、学習を始めようとする方々にとっては、奥穂高ジャンダルムに向い合うように感じられることでしょう。『倒産法入門』は、本来の目的とは異なりますが、本格的に倒産法の学習を目指すための手助けにもなると信じています。本書も、同様に民事訴訟法修得の目的地に向かって飛翔する助走路になるとよいのですが。書名の『民事訴訟法への招待』については、半世紀近く前、ハーヴァード・ロースクールにて証拠法を受講した折の教科書が「Modern Approach to Evidence」であったことを思い出しています。

尊敬する藤田宙靖名誉教授（元最高裁判所判事）の『行政法入門〔第 7 版〕』（2016 年、有斐閣）まえがきは、「この本で私は、私が学生のころにこんなふうな話を聴いていたのだったならば、はじめからもっと行政法をおもしろいと思ったかもしれないな、といえるような本を書きたいと思いつつ、わが国の行政法（そして行政法学）のおおよそについて、お話をしてみることにしました」と誌しています。意図としては、藤田先輩にならって筆を進めたつもりですが、力及ばずという結果になったかもしれません。

体系書の場合には、法令の改正、新判例の分析はもちろん、学説の動向にも注意を払い、いわば最大限の情報を取り込むことを意図していますから、記述の量が増えることはやむをえないと割り切っています。しかし、入門書の頁数が多くなれば、それだけで敬遠さ

れてしまうでしょう。本書では、こうした理由から、民事訴訟法および民事訴訟規則の条文に即して、基本的な概念や規律について特に説明を尽くしたつもりです。

したがって、IT 化などを中心とする民事訴訟法令和 4 年改正（「特集・裁判の IT 化と民事訴訟法の改正」金融法務事情 2191 号 8 頁（2022 年）参照）には触れていません。一歩進んだ段階で勉強していただきますよう。ただし、改正法施行後に条文番号が変わる規定については、施行後の条文番号を併記しています。「民訴 133、改正 134」という具合です。

令和元年度末をもって教壇を離れましたが、半世紀にわたって民事訴訟法の講義を続けられたこと、受講され、社会経済を担って活躍されている皆さんの面影が浮び上ってきます。学恩といえば、師に対する想いを表す言葉ですが、私の場合には、むしろ、二十代半ばの名古屋大学から七十代半ばの日本大学と創価大学まで、拙い授業に付き合ってくださった受講生諸兄姉に対する謝意を込めています。その一端は、拙著『続々・千曲川の岸辺』（2022 年、有斐閣）247 頁に誌していますが、遠い霧の中となった教壇を思い起こすと、冷や汗とともに懐かしさがこみ上げてきます。

また、今般も行川雄一郎判事（大分地裁・早稲田大学大学院法務研究科修了生）より貴重な御指摘をいただきました。文字通りの学恩です。もちろん、なお不正確な点が残っているとすれば、もっぱら私の責に帰されるべきことはいうまでもありません。

本書の筆を起こしたのは令和 3（2021）年盛夏、東京五輪開催とともに、COVID-19（新型コロナウイルス感染症）の新規感染者数

が、東京だけでも 5000 人を超える時期でした。ワクチン接種は済ませたものの、それで virus proof（ウイルス非受容体）になるワケではないとのこと、不安が消えないままに、老骨に鞭を入れる毎日を過ごしました。

　また、同時期、思いがけず左手指に細菌感染を生じ、日頃より知見に接している M 教授（整形外科）の助言をいただきながら治療を受けた期間、右手のみでキーボードの入力をしたのも、今となっては懐かしい想い出です。

　そして、一時は落ち着くかに見えた感染症も、令和 4（2022）年に入るやオミクロンなる新型が登場し、瞬く間に新規感染者数が東京だけでも 1 万人を超え、不安と隣り合わせの日常、副反応に怯えつつ 3 回目、4 回目の接種を済ませました。しかし、ホッとする間もなく第 7 波とか、校正時には日々 3 万人を超える感染者数に、天命が尽きるまでコロナ禍が続くのではと、老人らしい憂いを拭うことができず、加えて、戦火に苦しむウクライナの人々の映像が、幼年期に垣間見た戦災孤児の姿と重なり、心を痛める刻を過しています。

　ソンナ事情にもかかわらず、踟躇めきつつも公刊のときを迎えられたのは、拙著『民事訴訟法』も担当いただいている有斐閣法律編集局 中野亜樹さんの温かい励ましによるものにほかなりません。各章の冒頭に掲げた旋律も、中野さんの発案によるものです。曲名は記しておりませんが、朝夕に愛弾する古典名曲です。著者にとって編集者は、伴走者であり、伴奏者であるとの想いを深めています。

　そして、長島・大野・常松法律事務所の弁護士諸兄姉との意見交換や秘書の方々による万般の支援をえて、ここに至ることができ、感謝の気持ち尽きるところがありません。

共著や編著を別にして、単著つまり私1人の筆による書物として、本書は15冊目になります（xvi頁）。己の年齢を冷静にみれば、改訂はともかく、新著はこれが最後になる予感が致します。これまで支えてくださった読者の方々に対し、改めて御礼申し上げます。

　また、喜寿を超えて新著を世に問うことができたのは、生涯の伴侶・順子、愛育の母・千谷子をはじめとする家族の絆あってこそと感じています。

　結びとして、法曹を志す次世代の方々に、私の少年時代からの愛読書・キュリー夫人伝の一節「我々は何かの才能に恵まれているということ、そしてこの何かに、どんな犠牲を払っても到達しなければならないということを信じなければなりません。恐らくすべては我々が最も期待しない瞬間に、非常に旨く好転することでしょう」（エーヴ・キュリー（川口篤ほか訳）『キュリー夫人伝』（1940年、白水社）192頁）をお贈りします。人生、ときには躓きがあっても不思議ではありません（『続々・千曲川の岸辺』278頁）。でも、挫けさえしなければ、途は開けるはずです。

　市民生活や産業構造には大きな変化が起きつつあり、正義と公平の実現を使命とする法律家に期待される役割は、ますます大きくなることを確信致します。本書がそのために多少の役割を果たすことができれば、これに過ぎる喜びはありません。

晩秋の鳳凰三山を望み、Claudia Cardinale 主演
「La ragazza di Bube」主題曲を奏でつつ

令和4年神無月

伊藤　眞

目　　次

♪　第5章　訴訟の審理　91

♪　　第9章　　上　　訴　　273

♪　　第10章　　再　　審　　308

凡　　例

♪　裁判例等

［裁判所］

大判	大審院判決
最(大)判／決	最高裁（大法廷）判決／決定
高(支)判／決	高等裁判所（支部）判決／決定
地判／決	地方裁判所判決／決定

［判例集］

民録	大審院民事判決録
民集	最高裁判所民事判例集
集民	最高裁判所裁判集民事
高民集	高等裁判所民事判例集
下民集	下級裁判所民事裁判例集
判時	判例時報
判タ	判例タイムズ

♪　法令名

※原則として有斐閣『六法全書』の略語例によった。
　主なものは以下のとおり。

憲	憲法
裁	裁判所法
刑訴	刑事訴訟法
民	民法
一般法人	一般社団法人及び一般財団法人に関する法律
信託	信託法
商	商法

会社	会社法
手	手形法
民訴	民事訴訟法
民訴規	民事訴訟規則
民訴費	民事訴訟費用等に関する法律
人訴	人事訴訟法
仲裁	仲裁法
民執	民事執行法
民保	民事保全法
破	破産法

※「民訴 124 Ⅰ①」は民事訴訟法 124 条 1 項 1 号をあらわす。

令和 4 年民事訴訟法改正法により条文番号に変更があるものは、改正後の条数を併記した（例：「民訴 133、改正 134」）。

♪ その他

伊藤／伊藤・民訴法	伊藤眞『民事訴訟法〔第 7 版〕』
	（2020 年、有斐閣）
補訂情報	有斐閣 HP 掲載の『民事訴訟法〔第 7 版〕』補訂情報
百選	民事訴訟法判例百選〈第 5 版〉（2015 年、有斐閣）

著者紹介

伊藤　眞 (いとう　まこと)

略　歴

1945 年 2 月 14 日、長野県上田市に生まれる。

駒場東邦高校を経て、1967 年東京大学法学部卒業。

東京大学法学部助手、名古屋大学法学部助教授、一橋大学法学部教授、東京大学大学院法学政治学研究科教授、早稲田大学大学院法務研究科客員教授、日本大学大学院法務研究科客員教授、創価大学大学院法務研究科客員教授を経て、

現在、東京大学名誉教授、日本学士院会員、弁護士（長島・大野・常松法律事務所）。

主要著書

民事訴訟の当事者（1978 年、弘文堂）

債務者更生手続の研究（1984 年、西神田編集室）

破産——破滅か更生か（1989 年、有斐閣）

法律学への誘い〔第 2 版〕（2006 年、有斐閣）

破産法〔第 4 版補訂版〕（2006 年、有斐閣）

千曲川の岸辺（2014 年、有斐閣）

続・千曲川の岸辺（2016 年、有斐閣）

会社更生法・特別清算法（2020 年、有斐閣）

民事訴訟法〔第 7 版〕（2020 年、有斐閣）

消費者裁判手続特例法〔第 2 版〕（2020 年、商事法務）

倒産法入門——再生への扉（2021 年、岩波書店）

民事司法の地平に向かって——伊藤眞古稀後著作集（2021 年、商事法務）

破産法・民事再生法〔第 5 版〕（2022 年、有斐閣）

続々・千曲川の岸辺（2022 年、有斐閣）

第 1 章

民事訴訟法への招待

はじめに——本書の使い方

　各法領域には、「入門書」と呼ばれる本が多数存在します。民事手続法（民事訴訟法、民事執行法、破産法、民事再生法などの総称）もその例外ではありません。

I　入門書の役割と本書の姿勢

　まず、私が考える入門書の役割を説明します。本書の読み方にもつながりますので、一通り目を通してください。

●（1）本書の使い方

　『民事訴訟法への招待』と名づけたように、本書は、民事訴訟法の学習を始めるにあたって、その全体像を把握するための書物です。地図で目的地を探すときに、まず全体像を把握し、次第に焦点を絞っていくのに似ていますね。あまりよい響きを持つ言葉ではありませんが、学習を始めた段階の方を「初学者」と呼ぶことがあり

ます。60年近く前、自分自身が初学者であったときに、突然、難解な内容の体系書が教科書として指定され、教壇から高度の理論を説かれて、戸惑ったこと、友人から教えてもらった入門書で救われたことを思い出します。

　最初から難しい記述に挑戦するのも、読解力や忍耐力を鍛えるためには無意味な作業ではないでしょうが、全体像をアタマに入れた後に個々の規定に関する解釈問題に取り組む方が効率的な学修方法といえるのではないでしょうか。したがって、本書は、できる限り短期間で読み終えてください。

　そのために、原点となる条文の引用には留意していますが、判例は、必要最小限のもの（民事訴訟法判例百選掲載およびその後の重要判例）のみにし、学説（体系書や論文など）の引用は割愛しています。本書読了後に授業や自習でヨリ立ち入った学習に進む段階では、随所に引用している伊藤眞『民事訴訟法〔第7版〕』（2020年、有斐閣。「伊藤」または「伊藤・民訴法」と略称します）を参照してください。

　体系書と異なって、入門書の場合には、頁数が多くなることは、それだけで敬遠されてしまうでしょう。それを避けるために、いわゆる論点に絞った解説をする方法もあるかもしれません。しかし、典型的な論点の1つである口頭弁論終結後の承継人に対する既判力の拡張（本書206頁）をとってみても、口頭弁論の概念についての正確な説明ができなければ、真に理解したとはいえませんね。

　本書では、こうした理由から、民事訴訟法および民事訴訟規則の条文に沿って、基本的な概念や規律について説明を尽くしたつもりです。ただ、当初から頁数の上限を300頁程度と設定していますので、より立ち入った説明は、伊藤・民訴法などを参照していただきたいと思います。ただ、そのつど参照するのは、かえって学習の流

れを妨げてしまうと思いますので、第1巡としては、まずは法およ
び規則の条文を傍らに置いて本書を通読し、第2巡として、引用判
例とともに、伊藤・民訴法の引用頁を参照していただくのがよいと
思います。

●（2）判例・通説（支配的な学説）との関係

　入門書や教科書の中には、判例・通説に依拠したことを謳^{うた}うもの
や、特定の解釈問題についてA説、B説、C説を併記し、記述の
客観性なるものを強調する書物が多いようです。しかし、解釈論の
原点は、法や規則の条文の内容であり、判例や学説は、その解釈を
示すものです。もっとも、判例と学説とでは、同じく解釈論を示す
ものではあっても、その意義が異なります。判例は、その事件を基
礎とするものですが、最上級審である最高裁判所の判断は、同種事
件や類似事件についての法規範としての機能を持っています。下級
裁判所としては、ある法律問題について判例が存在すれば、それに
従うべきだからです。以下では、単に判例といったときは、最高裁
判所の裁判（判決または決定）を指すこととし、下級審（高等裁判
所、地方裁判所など）の判決や決定を下級審裁判例または単に裁判例
と呼ぶことにします。

　しかし、判例も絶対とはいえません。まず、判例変更の可能性が
あります（裁10③）。地方議会議員に対する懲罰の当否について裁
判所の審判権が及ぶかという問題に関し、最大判昭和35・10・19
民集14巻12号2633頁を変更し、審判権を肯定した最大判令和
2・11・25民集74巻8号2229頁がその好例です（本書63頁）。判
例変更の基礎には、長期に及ぶ議論があったことはいうまでもあり
ません。

また、事案の特質を考慮して、判例法理の形式的適用を避け、異なった判断をすることもありえますが、その背後にも判例法理とは異なる学説の存在があります（民訴法 135 条にもとづく将来の給付の訴えの利益について伊藤 185 頁注 26）。学説自体には規範性はありませんが、最高裁判例や下級審裁判例に採用されることによって規範化するといってもよいでしょう。

　学説には、学界や実務界において支配的地位を占める通説、そこまでには至らなくとも多数によって支持されている多数説、その対極にある少数説などが区別されます。体系書の場合には、それらの内容を記述した上で、著者自らの見解を明らかにすることが求められます。

　それでは、入門書の場合には、どうしたらよいでしょう。判例と通説に絞って記述するというのも 1 つの考え方でしょう。でも、それでは真の入門書にならないというのが私の考えです。なぜならば、条文の文言が共通の基礎になっているにもかかわらず解釈が分かれることは、法の目的を実現し、法条の趣旨を活かすための判断の内容が異なることを意味するからです。判断が分かれる理由を理解しないままに判例・通説のみを記述し、それを記憶させるのでは、なぜ判例と学説の間に差異があるのか、なぜ判例がある考え方を採用したか、ある考え方が通説となっているのかを理解したことにならず、判例や通説の意義自体を把握していないといわざるをえないからです。

● （3）民事訴訟法 142 条（二重起訴・重複起訴の禁止）の規定と解釈論の原点

　あまり抽象的になってもいけませんので、本文で取り上げている

一例（本書86頁）をご紹介しましょう。民事訴訟法142条は、「裁判所に係属する事件については、当事者は、更に訴えを提起することができない」（下線は筆者）と規定しています。一読すると、日常生活で使用される言葉と使用されない言葉とが入り交じっていることに気づかれるでしょう。「裁判所」、「事件」、「当事者」、「更に」、「訴え」は前者ですね。これに対して、「係属」は後者でしょう。発音は同じでも、「継続」とは違います。厳密には、本書77頁で説明しますが、ここでは現に裁判手続が始まっているという程度に理解しておきましょう。

　そうすると、法142条がどのような場面を想定しているか、見当がつくでしょう。ある事件についてすでに裁判手続が始まっているときに、当事者は、同一事件について重ねて訴えを提起することはできないということですね。重ねての訴えは、それに対応しなければならない相手方、審理の責任を負う裁判所にとって無用の負担を生じるだけではなく、それぞれの訴えについて違った結論（判決）が言い渡されれば、混乱を生じる可能性もありますね。

　でも、一歩立ち入って考えると、わからないことが出てくると思います。「訴えを提起することができない」との規定ですが、「できない」とは、どういう意味でしょう。裁判所が訴えを受理しないで、訴状（訴えを提起するための書面。民訴133・改正134）を当事者（原告）に差し戻すという意味でしょうか。訴状の却下という規定もありますが（民訴137Ⅱ）、それと同じ意味でしょうか。

　法142条については、いくつかの判例と多くの学説が存在しますが、なぜでしょうか。日常生活でも用いられる言葉、「事件」、「当事者」、「更に」についても、具体的に考えると判断が分かれる可能性があるからです。たとえば、ＸとＹとが東京都杉並区にある甲

土地の所有権を争っているとします。甲土地の上にはXが自ら所有する家屋を建てていますが、Yは、その土地の真実の所有者は自分であるから、Xは不法占有者に過ぎないと争っているとします。XがYを被告として東京地方裁判所に、その土地がXの所有であることの確認を求める訴え（先行訴訟と呼びます）を提起したのに対抗して、YがXを被告として同じく東京地方裁判所に、Xの所有建物を収去して土地を明け渡せという訴え（後行訴訟と呼びます）を提起したとします。

　XのYに対する所有権確認訴訟（先行訴訟）とYのXに対する建物収去土地明渡請求訴訟（後行訴訟）は、甲土地の所有権がXに属するのか、Yに属するのかという1つの紛争から派生したものであるという点で、1つの「事件」とみなすことができるでしょうか。もし、民事訴訟法142条が適用されることになれば、Xの訴えが係属しているときには、Yは訴えを提起できないことになりますね。しかし、判例はこのような結論をとっていません。（本書87頁）。それはなぜでしょうか。

　また、先行訴訟と後行訴訟とでは、原告と被告が入れ替わっていますね。それでも、「当事者は、更に訴えを提起することができない」にあたるのでしょうか。「更に」についても、問題があります。Yが別に訴えを提起するのではなく、Xの提起した先行訴訟における反訴（民訴146 I 柱書本文）として、Xに対する建物収去土地明渡請求訴訟を提起することも、「更に」訴えを提起することにあたるのでしょうか。

●（4）本書の記述方針

　上記のように、法令に明確な規律が存在することを前提として

も、その解釈をめぐって考え方が対立し、解決が求められることが理解いただけるでしょう。体系書の場合には、問題の内容、判例法理、下級審裁判例の動向、実務運用、学説の分布と著者の自説とを書き尽くさなければなりませんが、本書では、問題の内容は当然として、それに加えて原則として判例法理とそれについての評価を記すにとどめ、更に立ち入った学習は、体系書や注釈書に委ねることとします。

読者に対するお願いとしては、本書の記述で満足するのではなく、しかるべき指導者について体系書の記述を参照し、一歩理解を深めるようにしてください。

●（5）読解力と表現力を鍛える

入門書や教科書の特徴として、重要な箇所を多色刷りやゴシック体にしたり、図を挿入して理解を容易にしたりする工夫があります。そうした工夫の価値を否定するわけではありませんが、本書の記述は、ひたすら文章で、かつ、多色刷りなどの配慮をしていません。教育的配慮に欠けるとの批判もあるかもしれませんが、法律家として活躍されるための基礎となる読解力と表現力を鍛えていただこうとする意図によるものと理解してください。

マーカーで印を付けたり、当事者間の関係をわかりやすく図示することは、法律家が日常的に行っている作業ですが、最終的には、すべてを文章の形で表現しなければなりません。入門の段階からそのための読解力と表現力とを鍛えていただこうとするのが本書の意図です。むしろ、本書を読み進めていただきながら、御自身でマーカーでラインを引いたり、図を書いていただくことが学習法として有益と思います。

● (6) 本書の構成

　目次をご覧になっていただければおわかりのように、本書は、第1章・民事訴訟法への招待から始まり、第10章・再審まで、全10章によって構成されており、伊藤・民訴法と対応しています。

第1章・民事訴訟法への招待
　　民事訴訟手続の全体像と法や規則の条文の読み方、解釈の分かれ目、民事裁判手続の中心となっている訴訟手続の特質を説明します。
第2章・受訴裁判所
　　民事訴訟の審理および判決の主体となる裁判所の権限行使について、裁判権や管轄権などの概念を説明します。
第3章・当事者
　　訴えを提起する当事者（原告）と相手方となる当事者（被告）について、その概念や資格、訴訟上の行為をする能力、当事者の代理人となる資格などを説明します。
第4章・訴え
　　裁判所に対して審判を求める基本的行為である訴えの概念、類型、資格、内容、訴えに対して裁判所が審判をする際の規律などを説明します。
第5章・訴訟の審理
　　審理に関する各種の規範、法適用の基礎となる事実認定の基本原則と事実認定の基礎資料である証拠に関する規律を説明します。
第6章・訴訟の終了
　　訴訟の終了原因は、訴えの取下げ、請求の放棄または認諾、和解という当事者の行為と、終局判決の確定とに分けられますが、それぞれについて説明し、特に終局判決が確定した場合の効力である既判力について、その意義、作用、効力の及ぶ範囲などについて説明します。
第7章・複数請求訴訟――請求の客観的併合
　　同一当事者間で審判の対象となる請求が複数定立されている状態を複数

請求訴訟と呼びますが、その成立原因に応じて、訴えの客観的併合、訴えの変更、中間確認の訴え、反訴のそれぞれについて説明します。

第8章・多数当事者訴訟

1つの訴訟手続の当事者は、原告と被告それぞれが1人である形態を原型としていますが、いずれか一方または双方が複数である共同訴訟、第3の当事者が加入する独立当事者参加、当事者の地位を持たないが、一方当事者を補助するために第三者が手続に加入する補助参加などについて説明します。

第9章・上訴

原告であれ、被告であれ、第1審において不利な判決を受けた場合には、それに対して控訴の手段で不服申立てをする機会が与えられます。ここでいう「不利な判決」の意味も、詳しく説明します。更に、控訴審で不利な判決を受けた場合には、控訴人と被控訴人に上告および上告受理申立ての機会が与えられます。

第10章・再審

上訴の機会や手段が尽きると、判決が確定しますが、確定判決についても、そこに至る手続に重大な誤りがあったり、判決自体に見逃すことが許されない違法が存在するときには、それを放置することは許されないので、再審という非常の救済手段が認められることを説明します。

● (7) 読者 (学習者) の方々へ

民事訴訟法の学習は難しいといわれます。しかし、手続の構造を理解し、それを貫く基本原理を把握し、その具体的あらわれである条文の文言、解釈が分かれる理由を確認しながら一歩づつ進めば、決して難解ではありません。六法を横に置き、条文を確認しながら本書を読み進め、更に体系書の必要な部分を習得すれば、得意科目になることは間違いありません。

2　民事訴訟法への招待

　それでは、民事訴訟法の学習を始めましょう。人体は、骨格、筋肉、臓器、血流、神経などの様々な部分から成り立っています。いずれも生命活動に不可欠なものですが、ヒトの姿を形づくっている骨格の視点から、民事訴訟手続を観察してみましょう。

●（1）民事訴訟手続とは？

　このように申し上げると、今さらという気持ちをお持ちになるかもしれませんね。「民事」とは、犯罪の処罰にかかる刑事と区別される私人間の紛争、「訴訟」とは、裁判所が主宰する紛争解決制度、「手続」とは、特定の行為を求める、それを受け入れる、または拒絶する行為の流れ、という説明で一応納得できますね。では、もう一歩立ち入って考えてみましょう。

（ア）　民事──私人の具体的権利義務についての紛争

　民事の概念について法律に定義規定があれば、それによることができますが、存在しません。それにもかかわらず、民事の用語は法文に用いられていますので、解釈によって定めなければなりません。最大公約数的にいえば、私人の具体的権利義務や私人間の法律関係についての紛争と表現できるでしょう。ここで私人とは、民法や商法などの実体法上の具体的権利義務の帰属主体を意味します。自然人（個人）や会社などの法人はもちろん、国のような公の法人であっても、所有権などの権利、あるいは損害賠償義務などの実体法上の義務の主体である限りは、私人として扱われ、権利義務をめ

ぐる紛争は、民事に属します。

さらに具体的権利義務とは何かとの問いも出るでしょう。ここで
は、法が裁判上の保護を与える財産上、精神上あるいは組織や人事
関係上の具体的利益や地位である、という程度の説明にとどめてお
きます。財産上の権利としては、所有権や貸金返還請求権などを、
財産上の義務としては、売買代金支払義務や不法行為にもとづく損
害賠償支払義務などを、精神上の権利としては、名誉毀損にもとづ
く出版差止請求権などを、組織関係上の地位としては、会社の代表
取締役の地位などを、人事関係上の地位としては、婚姻関係や親子
関係を例として想定して下さい。

（イ） 訴訟——権利義務の確定を目的とする裁判制度

次に、訴訟に進みましょう。訴訟とは、裁判制度の一種で、紛争
の対象たる私人の具体的権利義務の存否および内容を確定すること
を中核とする手続です。確定を目的とすることの意味、確定を目的
としない裁判手続が存在するのかなどの疑問が湧いてくると思いま
すが、後者を非訟手続と呼びます（最大決昭和40・6・30民集19巻4
号1089頁［百選2事件]）。

（ウ） 手続——行為の連鎖

最後に手続についてお話ししましょう。上に述べた訴訟の目的を
実現するために訴訟に関与する主体、すなわち裁判所および当事者
の行為の連鎖を手続と呼びます。連鎖とは、各主体の行為が無関係
に行われるのではなく、相互に前提としあう関係にあることを意味
します。

手続の流れに沿ってお話しすると、原告が訴状の提出という行為

をすると（民訴133Ⅰ・改正134Ⅰ）、それを受理した裁判所の裁判長が、必要な事項（同Ⅱ）が記載されているかなどを審査し、補正を命じたり（民訴137Ⅰ）、場合によっては、訴状を却下する（同Ⅱ）という行為をしなければなりません。そして、適法な訴状であれば、それを被告に送達し（民訴138Ⅰ）、口頭弁論の期日を指定し、その期日に当事者（原告および被告）を呼び出さなければなりません（民訴139）。「訴状」「裁判所」「裁判長」「送達」「口頭弁論」「期日」という新しい言葉が出てきました。それぞれについては、後ほど説明しますので、ここでは、イメージで捉えていただければ結構です。

　理解していただきたいのは、訴状の提出という原告の行為が訴状の審査という裁判長の行為を義務づけ、訴状が不適法な場合には、補正命令や訴状却下という裁判長の行為を義務づけ、適法な場合には、被告に対する訴状の送達や口頭弁論期日の指定と呼出しという裁判所の行為を義務づけていることです。つまり、訴状の提出から始まり、口頭弁論期日への呼出しに至るまでの当事者と裁判長と裁判所の行為は、無関係に行われるわけではなく、相互に結びつき合っているのですね。連鎖とはこのような意味であり、手続とは、訴訟に関係する主体の行為の連鎖といってもよいでしょう。

●（2）民事訴訟法とは？

　民事訴訟手続に関する規律を民事訴訟法と呼んでいます。厳密には、法とは、国会が定める法規範を意味しますが、民事訴訟法（平成8年法律109号）と民事訴訟規則（平成8年最高裁判所規則5号）をあわせて民事訴訟法と呼ぶことが通例です。法は、手続の基本原則を、規則は、法の規範を前提とした手続の細則を定めると整理することができます。両者をあわせて民事訴訟手続の法源などというこ

ともあります。手続に関する法規範の源というくらいの意味に理解してください。

（ア）　各種の基本原則

　民事訴訟手続に関する規律である民事訴訟法を理解するためには、その基礎となっているいくつかの基本原則を把握することが有益です。各種の規律は、それらの基本原則の具体化や発現といえるからです。なお、以下に説明する処分権主義、訴訟物、弁論主義、職権進行主義、訴訟法律関係の概念は、いずれも、その言葉自体が民事訴訟法や民事訴訟規則の条文中に登場したり、定義規定が置かれているわけではなく、いくつかの規定の基礎として認められている理論上の概念です。こうした概念のことを「講学上の概念」と呼ぶこともありますが、一般に承認され、実務運用の基盤になっています。

（イ）　処分権主義と訴訟物

　民事とは、私人の具体的権利義務または私人間の具体的法律関係についての紛争であると説明しました（本書10頁）。訴訟は、その存否や内容を定めることを目的とする手続です。それでは、定められるべき具体的権利義務を特定するのは、だれの権限と責任なのでしょうか。それは、当事者の権限であり、責任であるというのが処分権主義の原則です。

　詳しくは、第4章でお話ししますが、審判の対象となる具体的権利義務を特定する権限と責任は当事者（原告）にあるというのが、処分権主義の主たる内容です。裁判所は、特定された具体的権利義務について審判すれば足り、それを超える審判権を行使することが

できないともいえます。審判の対象となる具体的権利義務を定める当事者の支配権といってもよいかもしれません。規定としては、民事訴訟法 246 条（判決事項）が処分権主義の発現です。

こう申し上げると、当たり前のように感じられると思いますが、処分権主義に違反するかどうかの判断は微妙なところがあり、多くの判例が積み重ねられています。

なお、審判の対象となる具体的権利義務のことを訴訟物と呼びます。ドイツ法の翻訳語で、耳慣れない言葉ですが、直訳すれば、「争いの対象」になるでしょう。しかし、理論にも実務にも定着していますので、皆様にも覚えていただく以外にありません。訴訟物概念についても多くの議論がありますが、第 4 章で説明します。

（ウ） 弁論主義

これも翻訳語で、覚えていただく以外にありません。詳細は、第 5 章で説明いたしますが、概括的にいえば、裁判所が訴訟物たる具体的権利義務の存否を判断するための資料は、当事者の提出するものに限るという原則です。同じく当事者の権限と責任についての規律ですが、処分権主義が訴訟物に関するものであるのと比較すると、弁論主義は、その存否の判断資料の提出を当事者に委ねるものであるといってよいでしょう。思想としては、当事者の権限と責任を尊重するものですから、処分権主義と弁論主義の 2 つの原則の底流には、当事者主義という共通の思想が流れているといってよいと思います。

ただ、弁論主義のわかりにくさは、判断資料といっても、様々な種類と性質のものがあり、そのすべてを当事者に委ねるわけではないこと、民事訴訟法 179 条（証明することを要しない事実）など、弁

論主義の発現とされる規定は存在するものの、正面からこの原則を明らかにする規定が存在しないことによるものでしょう。

（エ） 職権進行主義

ここでいう職権とは、裁判所の権限を意味します。審判の対象たる訴訟物を特定し、その判断資料を提出するのは、当事者の権限と責任に委ねられますが、資料の提出の機会（期日）を設定し、そこに提出された資料にもとづいて審理を行い、当事者の主張に理由があるかどうかの判断を形成し、それを判決の形式で示すという手続の進行は裁判所の権限と責任に委ねるのが職権進行主義です。その詳細は第5章で説明します。

（オ） 訴訟法律関係

もう1つ、民事訴訟法の規律を理解する上で重要な概念として、訴訟法律関係があります。2(1)(ウ)で訴えの提起を例として「手続」の意味を説明しましたが、手続を構成する当事者や裁判所の行為に関する条文を読むと、「……することができる」（民訴134（改正134の2）～136・143Ⅰ本文・144ⅠⅡ・145Ⅰ本文・146Ⅰ本文など）との文言と、「……しなければならない」（民訴137ⅠⅡ・138Ⅰ・139など）の文言が使い分けられていることに気付くでしょう。これは、民事訴訟法第二編　第一審の訴訟手続　第一章　訴えの部分ですが、他の編や章でも同様のことがいえます。

ここで「できる」としているのは、その主体に訴訟手続上の権限を与えているのに対し、「しなければならない」としているのは、義務を課していることを意味します。実体法上の権利義務との対比でいえば、訴訟法上の権利義務を規定しているとも表現できます。

各種の条文について、それが誰に対して、どのような権限を与えているのか、どのような義務を課しているのかという視点で読み解いてみると、規定の趣旨が分かりやすいと思います。

　一例として、専門委員という制度があります（民訴92の2以下。本書130頁）。審理を進めるために必要な医学や建築学などの専門的知識を裁判所が取得するためのものですが、基本となる民事訴訟法92条の2第1項本文では、専門委員を手続に関与させることができるとし、専門委員の関与を裁判所の権限にしていますね。裁判所は、専門委員を関与させる判断を関与決定という形で行います。次に、民事訴訟法92条の4を読んで、誰の権限と義務を規定しているかを考えてください。

　まず、①本文では、裁判所による専門委員関与決定の取消権限を定めていますね。この取消権限は、職権で、つまり裁判所の独自の判断で行使することができます。それに加えて、②当事者にも取消申立権限が与えられています。但書と照らし合わせると、ここでいう当事者は、原告または被告という一方当事者を意味します。

　注意しなければならないことは、当事者が申立権限を行使したときには、裁判所は、それに対する応答、つまり申立てを認めて取消決定をするか、それとも申立てを却下するか、いずれかの判断をしなければならないことです。もっとも、取消しの要件は「相当と認めるとき」ですから、裁判所の裁量判断に委ねられますが、申立てに対し判断を示さないことは、訴訟法律関係に照らせば違法となります。

　③これに対して同条但書では、「当事者双方の申立てがあるときは、これを取り消さなければならない」と規定していますので、当事者双方が取消申立権を行使すると、裁判所は、取消決定をするこ

とが義務づけられます。気をつけていただきたいのは、「当事者双方の申立て」は、「当事者共同の申立て」よりも広いことです。第8章で説明する共同訴訟にも使われていますが、共同とは、複数人が1つの行為を行うことです。ですから、当事者双方の申立ては、当事者共同の申立てを含みますが、それより広く、当事者双方が別々に申立てをした場合をも含むことになります。

　皆さんが学習されるときは、訴訟法律関係の視点から、関連する条文が何を定めているのかを分析し、次に立法者がどのような判断にもとづいてその規律を設けているかを理解し、解釈の分岐点がどこにあるのかを考えていただくとよいと思います。それでは、第2章に進みましょう。

第2章

受訴裁判所

　本章の表題は、受訴裁判所です。単に裁判所とするのと、どのように違うのでしょうか。皆さんが裁判所という言葉に接したときに連想するのは、最高裁判所、大阪高等裁判所、長野地方裁判所、千葉家庭裁判所、東京簡易裁判所などでしょう。これらを官署としての裁判所と呼びます。司法権の行使を委ねられた国家機関としての裁判所（憲76Ⅰ）ということもできます。

　わが国の国家機関である官署としての裁判所が裁判できるのかが裁判権の問題、どの裁判所が裁判権を行使するのかが管轄および移送の規律であり（1）、その裁判所を構成する裁判官の公正中立性を確保するのが除斥および忌避の規律です（2）。

I　裁判権、管轄・移送

　受訴裁判所とは、特定の訴えを受理し、それについての審判の責任を負う裁判所を意味します。いずれの裁判所であるかを問わず、わが国の裁判所が受訴裁判所になりうるかどうかの規律が裁判権の定めであり、どの裁判所が受訴裁判所となるかについての規律が管

轄の定めです。ただし、地方裁判所を例にとれば、そこには多数の裁判官が所属していますから、実際に審判を担当するのは、1人または数人（3人または5人）の裁判官です。前者を単独制、後者を合議制と呼びます（地方裁判所について裁26参照）。

●（1）裁判権——国際裁判管轄

　裁判権に関しては、特定の属性の当事者に対して裁判権が及ぶかどうかという対人的制約と、特定の事件に対して裁判権が及ぶかどうかという対物的制約の2つが問題になります。対人的制約の典型例は外国国家ですが、これについては、判例法理の形成とそれを基礎とした立法（外国等に対する我が国の民事裁判権に関する法律〔主権免除法〕平成21年法律24号）がなされ、一定の要件の下に裁判権が認められています（伊藤41頁注13）。

　対物的制約は国際裁判管轄と呼ばれますが、これについても判例法理（伊藤43頁）の形成を基礎として、立法がなされました（平成23年民事訴訟法改正）。民事訴訟法3条の2から3条の12までが国際裁判管轄に関する規定です。個々の規定についての説明は割愛しますが（伊藤46頁以下参照）、第一編　総則　第二章　裁判所　第一節の表題に注目してください。「日本の裁判所の管轄権」（下線は筆者）とありますね。これに対して、同　第二節の表題は、「管轄」（下線は筆者）となっています。この2つの関係はどのように理解すべきでしょうか。

　日本の裁判所の管轄権とは、わが国の裁判所が特定の事件について裁判をする権限を有するかどうかに関する規律であり、理論上の概念では裁判権を意味しますが、それを管轄権という用語で表現し、基本規定である3条の2では、「裁判所は、……管轄権を有す

る」と規定しています。

　これと比較して、管轄についての基本規定である4条1項は、「訴えは、被告の普通裁判籍の所在地を管轄する裁判所の管轄に属する」と規定しています。つまり、3条の2以下の規定は、特定の裁判所ではなく、わが国の裁判所が裁判をする権限を有する場合を定めているのに対し、4条以下の規定は、わが国の裁判所の管轄権（裁判権・国際裁判管轄）があることを前提として、どの裁判所がそれを行使するのかに関する規律です。

● （2）管轄

　管轄は、裁判権の行使を委ねられている多数の裁判所のうち、いずれの裁判所に事件を担当させるかに関する規律ですが、概念が錯綜し、分かりにくい分野です。ここでは、3つの視点から概念を整理してみます。

　第1に、多数の裁判所のいずれに裁判所としての職務遂行を委ねるかという視点から、職分管轄、事物管轄、土地管轄の区別があります。第2に、管轄発生の根拠から、法定管轄、指定管轄、合意管轄、応訴管轄の区別があります。第3に、管轄に関する規律の強制力の有無から、専属管轄と任意管轄の区別があります。

（ア）　職分管轄

　職分管轄とは、裁判所が引き受ける職務の内容に応じた分担の定めです。訴訟手続を引き受ける判決裁判所や執行手続を引き受ける執行裁判所（民執3）の区別がこれにあたります。また、同じく訴訟手続でも、人事訴訟については、家庭裁判所の職分管轄が定められています（裁31の3Ⅰ②、人訴4）。職分管轄は、公益的視点から

法が定めるものですから、当事者の意思にもとづく変更は認められず、法定管轄であり、専属管轄です。

職分管轄の一種として、審級管轄があります。これは、訴えに対する審判を担当する第1審裁判所と、その判決に対する上訴の審判を担当する上訴審裁判所の区別です。民事事件では、地方裁判所が第1審の場合には、高等裁判所および最高裁判所が、簡易裁判所が第1審の場合には、地方裁判所および高等裁判所が上訴審としての審級管轄を持つことになります。

（イ）　事物管轄──提訴手数料との関係

事物管轄とは、第1審としての地方裁判所と簡易裁判所との分担です。例外的に高等裁判所が第1審としての管轄を持つことがありますが（伊藤69頁）、その点の説明は省略します。事物管轄についての定めが裁判所法33条1項1号で、「訴訟の目的の価額が140万円を超えない請求」を簡易裁判所の管轄とし、同法24条1号は、それ以外の請求にかかる訴訟を地方裁判所の管轄としています。

（ⅰ）　訴額の算定

訴訟の目的の価額を訴額と呼びますが、少額の請求（140万円を超えない請求）について、簡易裁判所における簡易迅速な手続による審判（民訴270以下）の機会を保障する趣旨です。したがって、事物管轄は、法定管轄ではありますが、専属管轄ではなく、当事者の意思などによって、本来は簡易裁判所の管轄に属する事件でも、地方裁判所の管轄が認められることがありますので（民訴11Ⅰ・12・16Ⅱ・18。最決平成20・7・18民集62巻7号2013頁［百選3事件］参照）、任意管轄と解されています。

問題は、訴額の算定です。これについては、民事訴訟法8条1項

が「訴えで主張する利益によって算定する」と規定しています。不動産の引渡しを求める訴えなどを想定していただくとよいでしょう。訴えが認められたときに実現される利益、つまり不動産の評価額がこれにあたりますね。しかし、同条2項を見ていただくと、「前項の価額を算定することができないとき」と「極めて困難であるとき」には、訴額が140万円を超えるものとみなすとの規定が置かれています。

　一読したのでは、分かりにくい規定ですね。訴額が「算定することができない」（算定不能）と「極めて困難」とは、どのような違いがあるのでしょうか。これも、判例の蓄積を背景とした立法なのですが、算定不能とは、たとえば法人の役員の地位確認請求のように、財産上の請求にあたらないために、その性質上、金銭的評価に置き換えて訴額を算定することが不可能な場合を指します。

　それでは、「極めて困難」とはどのような場合でしょうか。最判昭和49・2・5民集28巻1号27頁［百選A1事件］が例としてあげられます。ホテルの営業受託者の地位の確認請求は、財産的利益を内容とするものではあるが、営業収益の変動などの不確定要素が多いために、その請求の訴額の算定が極めて困難とされています。現行民事訴訟法の立法者が8条2項に「極めて困難」という文言を付け加えたのは、このような理由によるものです。

　もう1つ、解釈が分かれる条文が民事訴訟法9条1項但書です。同項本文は、1つの訴えで数個の請求をするときには、その合算価額を訴額とするとの規定ですから、分かりやすいですね。それでは、その原則の例外として合算しない場合、「訴えで主張する利益が各請求について共通である場合」における共通性は何を意味するのでしょうか。これについては、請求の目的が同一であるとか、請

求相互間に実体法上の関連性があることなどがいわれます（最決平成 12・10・13 判時 1731 号 3 頁参照）。

（ⅱ）　提訴手数料との関係

　このように訴額の算定については、じっくり条文を読み、解釈の分かれる理由を考えなければならない問題があるのですが、結論としては、事物管轄、つまり第 1 審裁判所が地方裁判所になるか、簡易裁判所になるかという違いだけで、前にお話ししたように任意管轄ですから、それほど深刻な話ではありません。ところが、最高裁の判例が現れたり、法改正がなされたりする背後には、別の問題が隠れているのです。それは、訴え提起に際して国庫に納付すべき手数料（提訴手数料）が訴額を基準として算定することになっており（民事訴訟費用等に関する法律 4）、定められた額の提訴手数料を納付しないと、裁判長による補正命令および訴状却下の理由になるからです（民訴 137 Ⅰ 後段・Ⅱ、改正 137 の 2 Ⅰ・Ⅵ）。

　（ⅰ）にあげた最決平成 12・10・13 も、提訴手数料に関するものですが、多数住民が共同で提訴した林地開発行為許可処分取消請求が非財産権上の請求とみなされることを前提として、原告の人数分を合算して提訴手数料を算定するのか（民訴 9 Ⅰ 本文）、それとも共通の利益にかかるものとして 1 人分のみの訴額を基礎として算定するのか（同但書）によって、大きな差異が生じることがおわかりでしょう。

（ウ）　土地管轄

　（ア）の職分管轄と（イ）の事物管轄の規律を適用しても、所在地を異にする管轄裁判所が存在するのが通常です。たとえば、名古屋市に本社がある X 社が東京都に本社を置く Y 社を被告として、静岡

での工事を行ったことについて3000万円の請負代金支払請求訴訟を提起する場合を考えてみましょう。職分管轄と事物管轄によれば、第1審としての地方裁判所としては、名古屋地裁、静岡地裁、東京地裁などいずれも管轄裁判所になりえますね。これを定めるのが土地管轄です。土地管轄の規定は多岐にわたりますので（民訴4〜7）、ここでは基本的な考え方の説明にとどめます。

（ⅰ）　普通裁判籍

土地管轄についての基本規定である民事訴訟法4条1項は、「訴えは、被告の普通裁判籍の所在地を管轄する裁判所の管轄に属する」と定めます。ここでいう普通裁判籍について、まず、「裁判籍」という用語を解説します。同条2項は、「人の普通裁判籍は、住所により……定まる」、4項は、「法人その他の社団又は財団の普通裁判籍は、その主たる事務所又は営業所により……定まる」と規定します。したがって、1項と4項を合わせると、上の例であれば、被告であるY社本社の所在地である東京都を管轄する東京地裁が管轄裁判所になることが分かります。裁判籍自体についての定義規定は存在しませんが、個人の住所または法人の主たる事務所のように、ある事件を特定の裁判所に結び付ける役割を果たす地点を意味します。

次に普通裁判籍の「普通」とは何でしょうか。これは、民事訴訟法5条以下の特別裁判籍に対立する概念で、特定の事件類型に限定せず、適用される裁判籍を意味します。

（ⅱ）　特別裁判籍

普通裁判籍に対して、財産権上の訴え等についての管轄（民訴5）、特許権等に関する訴え等の管轄（民訴6）、意匠権等に関する訴えの管轄（民訴6の2）を定める特別裁判籍は、それぞれの訴えの特

質を考慮して、請求の性質や審理の内容に応じた裁判籍にもとづく管轄裁判所を認めています。

なお、同じく特別裁判籍ですが、民事訴訟法 7 条が定める併合請求における管轄は、1 つの訴えで数個の請求をする場合に、1 つの請求について裁判籍にもとづく管轄裁判所に対し、他の請求についての管轄権を認めています。これは関連裁判籍と呼ばれますが、1 つの訴えである以上、管轄裁判所を集中させた方がよいとの立法者の判断によるものです。ただし、同条の但書が分かりにくいかもしれません。詳しくは、第 8 章・多数当事者訴訟（本書 238 頁）で説明しますが、除外されている民事訴訟法 38 条後段は、請求相互間の関連性が薄いことから、関連裁判籍の適用外とされたものです。

（エ）　合意管轄と応訴管轄

以上は、いずれも法律が定める管轄、つまり法定管轄の定めですが、民事訴訟法 6 条 1 項柱書のように、法が「専属する」と定める専属管轄でない限り、当事者の意思にもとづいて管轄を変更することが許されます（民訴 13 I）。それが合意管轄と応訴管轄です。

（ i ）　合意管轄

民事訴訟法 11 条 1 項は、「当事者は、第 1 審に限り、合意により管轄裁判所を定めることができる」と規定します。法定管轄が東京地裁であっても、合意によって仙台地裁を管轄裁判所とすることができます。これが合意管轄です。その要件である「第 1 審に限りとは」、簡易裁判所と地方裁判所の事物管轄と土地管轄を意味します。

管轄の合意は、一定の法律関係について書面でしなければ、その効力を生じません（民訴 11 II・III）。当事者間に生じる一切の紛争というような包括的な合意は、管轄の利益を害するために、特定の

売買契約や賃貸借契約から生じる紛争という形で合意をしなければなりません。また、書面が必要とされるのは、合意の有無や内容について紛争が生じることを防ぐためです。

その他、管轄の合意に関しては、法定管轄を排除して特定の裁判所に管轄権を生じさせるのか（専属的合意）、法定管轄に付け加えて特定の裁判所に管轄権を生じさせるのか（付加的合意）という合意の意思解釈や、専属的合意管轄裁判所に訴えが提起されたときであっても、なお受訴裁判所が他の裁判所に移送（民訴17～19。本書29頁）できるかの問題などがあります。ただし、後者については、民事訴訟法20条1項かっこ書がその可能性を明らかにしています。

（ⅱ）応訴管轄

応訴管轄とは、原告が管轄違いの裁判所に訴えを提起したときであっても、被告がそれに対する異議を唱えることなく応訴したときには、受訴裁判所に管轄権を認める規律（民訴12）で、合意管轄と同様に、当事者（被告）の意思を尊重する趣旨です。同条の要件のうち、「第1審裁判所において」の意義は、合意管轄について述べた通りです。

応訴とは、「管轄違いの抗弁を提出しないで本案について弁論をし、又は弁論準備手続において申述をしたとき」を指します。「本案について弁論」とか、「弁論準備手続において申述」とか、新しい言葉が出てきましたね。詳しくは第5章で説明しますが、ここでは、管轄違いを主張することなく、訴えの内容である請求について被告側が対応する主張をしているという程度に理解してください。受訴裁判所に管轄権を認める対応をしているということです。

● （3）職権証拠調べおよび管轄の基準時

　管轄に関しては他にも多くの問題がありますが、ここでは、管轄に関する審理の特則である民事訴訟法 14 条と管轄判断の基準時に関する同 15 条を取り上げましょう。

（ア）　管轄に関する職権証拠調べ

　民事訴訟法 14 条は、「裁判所は、管轄に関する事項について、職権で証拠調べをすることができる」と定めます。ここでいう職権で証拠調べをすることを職権証拠調べと呼びますが、これは第 1 章で述べた民事訴訟審理の基本原則たる弁論主義に対する例外です。弁論主義の下では、当事者間で争いある事実を裁判所が認定するための資料、すなわち証拠も当事者が提出したものに限るという、職権証拠調べの禁止が適用されますが（本書 127 頁）、14 条は、その特則になります。これは、管轄の公益性を重視したものです。

　しかし、これまで見たように、専属管轄以外の土地管轄や事物管轄は、当事者の意思によって変更できますから、公益的とはいえないでしょう。そこで、現在の一般的な考え方は、14 条の規定を限定的に解釈し、専属管轄に関する審理についてのみ職権証拠調べが許されるとしています。

（イ）　管轄の基準時

　管轄の基準時とは、受訴裁判所がいつの時点で管轄権の有無を判断すべきかという問題です。民事訴訟法 15 条は、「裁判所の管轄は、訴えの提起の時を標準として定める」としています。「訴えの提起の時」とは、訴状の提出時（民訴 133、改正 134）を意味します

が、簡易裁判所の場合であれば、口頭による訴え提起時（民訴271）を含みます。訴え提起の時点で管轄の有無を判断し、その後の事情の変化を考慮しないという趣旨から、「裁判所の恒定」または「管轄の固定」と呼ばれます。手続の安定を目的とする規律と理解してください（例外については、伊藤93頁）。

● （4）移送

受訴裁判所が自らに係属する訴訟を他の裁判所に移転させる行為を移送と呼びます。移送制度の目的は、大別すると2つに分けられ、1つは管轄を誤った訴えに対する救済のための移送であり、もう1つは、より適正な審理を実現するための移送です。その他に、事物管轄の弾力化としての簡易裁判所の裁量移送（民訴18）、合意管轄と同一の理念にもとづく必要的移送（民訴19）がありますが、ここでは割愛します（伊藤99頁）。

（ア）　管轄違いにもとづく移送

受訴裁判所が管轄権を有することが、訴えの内容である請求について審判をする前提です。したがって、管轄権が認められないときは、裁判所は訴えを却下、つまり審判を拒絶しなければなりません。そうすると原告は、管轄のある裁判所に再び訴えを提起し直さなければなりませんが、提訴手数料の負担や消滅時効の進行の関係（民147Ⅰ柱書かっこ書）で不利益を受ける可能性があります。

それに対処するために民事訴訟法16条1項は、「裁判所は、訴訟の全部又は一部がその管轄に属しないと認めるときは、申立てにより又は職権で、これを管轄裁判所に移送する」と定めています。移送の裁判に対しては不服申立てが認められますが（民訴21）、確定

すると、「訴訟は、初めから移送を受けた裁判所に係属していたものとみなす」（民訴22Ⅲ）との効果が生じますので、上記の不利益は回避することができます。

なお、「申立てにより又は職権で」の意味については、第1章**2(2)(オ)**の訴訟法律関係の説明を思い出してください。

（イ）　遅滞を避ける等のための移送

移送のもう1つの類型は、第1審の受訴裁判所が管轄を有するにもかかわらず、より適正な審理を実現するために事件を他の裁判所に係属させるものです。民事訴訟法17条が「第1審裁判所は、①<u>訴訟がその管轄に属する場合においても</u>、②<u>当事者及び尋問を受けるべき証人の住所、使用すべき検証物の所在地その他の事情を考慮して</u>、③<u>訴訟の著しい遅滞を避け、又は当事者間の衡平を図るため必要があると認めるときは</u>、④<u>申立てにより又は職権で</u>、訴訟の全部又は一部を他の管轄裁判所に移送することができる」（下線および付番は筆者による）と定めるのが、これにあたります。

下線①部分の意味はよろしいですね。下線④部分については、第1章**2(2)(オ)**の訴訟法律関係の説明を思い出してください。下線②は、下線③の判断のための考慮要素と位置づけられますが、証拠調べなどの適正な審理の遂行という公益的視点と、訴訟追行の負担という当事者間の衡平の視点の2つから、より適切な裁判所があると受訴裁判所が判断するときは、他の裁判所への移送を認めるものです。

なお、特許権等に関する訴えや人事訴訟についても類似の規定がありますが（民訴20の2、人訴8）、細かくなりますので、ここでは割愛します（伊藤99頁）。

2　除斥および忌避

　受訴裁判所を構成する裁判官は、公正中立でなければなりません。公正とは、当該事件の帰結について先入観を持たず、いわば白紙の状態で臨まなければならないことを、中立とは、事件の帰結や当事者との間に利害関係を持たないことを意味します。そして、裁判官の公正中立性を疑わせる事由が存在するときに、裁判官をその職務執行から排除するのが除斥および忌避の制度です。

　このように、2つの制度の趣旨は共通していますが、除斥は、一定の事由が存在すると認められる場合に、裁判官を職務執行から排除するのと比較して、忌避は、「裁判の公正を妨げるべき事情」（民訴24 I）という一般的判断枠組みに該当する事実があると認められる場合に、裁判官を職務執行から排除するという違いがあります。除斥が定型的な事由にもとづくのに対し、忌避は、非定型的な事由が裁判の公正を妨げるおそれがあるかどうかを具体的に判断する制度といってもよいでしょう。

●（1）除斥

　民事訴訟法23条1項は、6つの除斥事由を規定しています。1号から3号は、裁判官と当事者との関係を理由とするもの、4号から6号は、裁判官と事件との関係を理由とするものです。これらの事由のうち、6号にいう「裁判官が事件について……不服を申し立てられた前審の裁判に関与したとき」、いわゆる前審関与については、前審と関与の意義について議論があります。

　前審とは、当該事件についての直接または間接の下級審の裁判を

指すと解されています。たとえば、第1審裁判所の裁判官が控訴審の裁判官として関与したり（直接）、上告審の裁判官として関与したり（間接）することが、前審の典型です。また、関与とは、判決の判断に関与することを指し、審理への関与全体を指すわけではありません。

　除斥原因にあたる事実が認められるときは、その裁判官が自ら回避（民訴規12）するのが通常です。その措置がとられないときには、「裁判所は、申立てにより又は職権で、除斥の裁判をする」（民訴23Ⅱ）ことになります。除斥の裁判をする裁判所や裁判に対する不服申立てについては、民事訴訟法25条の規定がありますが、少し複雑になりますので割愛します（伊藤107頁、110頁）。

　民事訴訟法23条1項柱書本文は、「裁判官は、次に掲げる場合には、その職務の執行から除斥される」と定めていますので、除斥原因のある裁判官の行った職務執行行為は当然に無効です。絶対的上告理由（本書293頁）を定める民事訴訟法312条2項2号や再審事由（本書309頁）を定める338条1項2号は、それを前提とするものです。

●（2）忌避

　除斥と並んで、公正中立な裁判官による裁判を受ける権利を保障するための制度が忌避（民訴24）です。どのような事情が、同条1項にいう「裁判の公正を妨げるべき事情」にあたるかについては、多くの判例、下級審裁判例、学説の議論が存在します（伊藤108～109頁）。一般論としては、除斥事由に準ずるような裁判官と当事者との間の特別な関係（最判昭和30・1・28民集9巻1号83頁［百選4事件］参照）、訴訟の目的についての利害関係など、裁判官が良心およ

び法令に従って公正中立な立場から判断することに疑いを生じさせる客観的事情が忌避事由となります。

これに対し、審理中の訴訟指揮、争点整理や和解勧試のための心証開示などは、たとえそれが一方当事者にとって有利、他方当事者にとって不利に受け止められることがあっても、適正な職務執行として行われている限り、忌避事由とはなりません。

（ア）　忌避の手続

除斥と異なって忌避の手続は、当事者の申立てのみによって開始します（民訴24 I）。しかし、裁判官の面前において弁論などをしたときには、忌避権を失うのが原則です（同II本文）。その裁判官による審判を受け入れたとみなされるためですが、忌避の原因があることを知らなかったときなどの例外があります（同但書）。忌避の申立てに対する裁判は、除斥の場合と同様です（民訴25）。

（イ）　忌避申立ての濫用と簡易却下

民事訴訟法26条は、「除斥又は忌避の申立てがあったときは、その申立てについての決定が確定するまで訴訟手続を停止しなければならない。ただし、急速を要する行為については、この限りでない」と規定します。例外こそ認められていますが、忌避申立ての効果として訴訟手続が停止するのです。そのために、訴訟手続を遅延させる目的で理由のない忌避申立てが繰り返される可能性があり、これを忌避申立ての濫用といいます。除斥申立ても同様ですが、除斥事由は定型的なために（民訴23 I）、濫用が議論されることは多くありません。

刑事訴訟法24条は、忌避申立てに対する簡易却下手続として、

忌避された裁判官自身が申立てを却下することを認めていますが、これを民事訴訟手続に類推適用できるという議論が多数説で、下級審裁判例にも採用されています（伊藤111頁注162）。

第3章

当 事 者

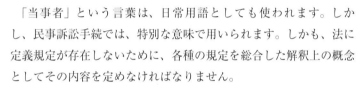

　「当事者」という言葉は、日常用語としても使われます。しかし、民事訴訟手続では、特別な意味で用いられます。しかも、法に定義規定が存在しないために、各種の規定を総合した解釈上の概念としてその内容を定めなければなりません。

　当事者とは、その者の名において判決を求める者（原告）、およびその者を名宛人とする判決を求められる者（被告）と定義され、控訴審では、控訴人と被控訴人、上告審では、上告人と被上告人と呼ばれます。なんとも分かりにくく、味気ない定義ですが、これを形式的当事者概念と呼びます。なぜこのような定義から出発するのでしょうか。たとえば、貸金返還請求訴訟を想定すれば、貸金返還請求権という訴訟物を前提として、自らがその権利の主体であると主張する者を原告、義務の主体であると主張される者を被告とする方が分かりやすいように感じられるでしょう。

　このような考え方を実質的当事者概念と呼びます。

　にもかかわらず、形式的当事者概念が一般に受け入れられているのは、訴訟物たる権利義務の主体ではない者が当事者となる場合が認められているからです。後に説明する、他人間の法律関係の確認

訴訟（本書70頁）や法定訴訟担当（本書70頁）がその例です。法律学の定義は、想定すべきすべての事例を過不足なく包摂するものでなければならないために、形式的当事者概念が支配的になっているのです。

　念のためですが、「訴えを提起する者（原告）と提起される者（被告）」といっては不正確なのでしょうか。訴えは、国家機関たる裁判所を相手方として訴訟物について審判を求める行為ですから、これでは当事者（被告）の定義として不正確ということになります。

　形式的当事者概念から分かるように、訴訟の成立には、原告と被告という2当事者の存在が不可欠です。なぜこれが強調されるかというと、同じく裁判手続であっても、当事者の権利義務や法律関係の確定を目的とするものではない非訟手続（本書11頁）では、2当事者対立構造が妥当しません。

　2当事者対立構造からは、訴訟物たる権利義務の存否について相対立する当事者双方に対等な攻撃防御の機会を与えなければならないという双方審尋主義など審理の基本原則が派生します。訴訟手続において当事者に与えられている様々な権能を当事者権と呼びますが、これらも2当事者対立構造を基礎とするものです。

　当事者に関する概念相互間の関係についていえば、形式的当事者概念を前提として、まず、訴訟手続を進めるためにも、また、判決の効力が誰に及ぶか（民訴115Ⅰ）を判断するためにも、当事者が誰であるかを確定する必要があります（当事者の確定）。次に、その者が当事者になりうる資格があるかどうかが問題となりますが、これは一般的な資格である当事者能力と、特定訴訟における訴訟物との関係での具体的資格である当事者適格とに分けられます。そして、当事者として自ら訴訟上の行為を有効にすることができるかど

うかに関わる資格が訴訟能力や弁論能力です。

I　当事者の確定

　訴状には、当事者を表示しなければなりません（民訴133 II①、改正134 II①）。当事者が誰であるかは、その表示に従って確定されるはずです（表示説）。それにもかかわらず、当事者の確定が問題となるのはなぜでしょうか。それは、表示された者と現に当事者として行動している者とが異なる（氏名冒用訴訟）、表示された者がすでに死亡している（死者を当事者とする訴訟）、表示を誤ったなどの理由からそれを変更したりする必要が生じる（表示の訂正、任意的当事者変更）など、正常でない現象が存在するためです。

●（1）氏名冒用訴訟

　冒用とは、権限なく用いることを意味します。原告A、被告Bを表示した訴状が提出されたとき、真実は、CがAの氏名を冒用して訴状を作成し裁判所に提出しているというケースが氏名冒用訴訟です。被告側についても同じことが考えられます。実際に被告として応訴しているのは、BではなくDであることが判明した場合です。

　原告側の氏名冒用の事実が明らかになったときには、裁判所は、訴えを不適法として却下し、被告側については、冒用者Dの訴訟追行を排除し、すでになしたDの行為を無効として、被冒用者Bに訴訟追行を行わせることになります。しかし、冒用の事実が明らかにならないままに判決を言い渡し、それが確定してしまった場合における被冒用者AまたはBの救済手段が議論の対象です。

救済は、控訴（民訴281以下）または上告（民訴311以下）という上訴、もしくは再審（民訴338以下）によることになりますが、その前提としては、判決の効力が被冒用者に及んでいることが必要です。当事者は、冒用者であるCやDではなく、訴状に表示された被冒用者AまたはBであるとする表示説が判例・通説ですが、それはAやBの救済を図るためであることが理解できるでしょう。

●（2）死者を当事者とする訴訟

　訴訟手続の途中で当事者である自然人（個人）が死亡したら、どのような結果になるでしょうか。訴訟手続の中断と受継という制度があります（本書105頁以下）。たとえば、当事者の死亡によって訴訟手続が中断し、相続人などが当事者の地位を受け継ぎます（民訴124 I①）。問題は、ここでいう訴訟手続ですが、原告が訴状を提出し（民訴133）、裁判所がそれを被告に送達した段階（民訴138 I）をもって訴訟係属が生じたといい、訴訟手続の中断と受継は、それ以降の取扱いと解されています。

　それでは、訴訟係属発生前に当事者が死亡しているときにはどうなるでしょうか。具体的には、訴状提出前の死亡、訴状提出から被告への送達までの期間における死亡が考えられます。もちろん、これらの時期における死亡の事実が明らかにならないままに訴訟が進行することは異常事態なのですが、たとえば、被告と表示された死者の相続人が、死亡の事実を明らかにせず、自らが被告であるかのごとく装って応訴し、訴訟の途中や、判決が確定した後でその事実が明らかになったなどの場合が想定されます。

　このような場合に、訴状に表示された死者が当事者であるとすれば、相続人が死者の名でした行為は無効であり、判決の効力も相続

人に及ばないことになりますが、それは不正な行為を行ったにもかかわらず相続人が何も不利益を受けない結果になりますね。それを避けるための理論として、訴状に表示された死者ではなく、当事者として行動した相続人を当事者とするという考え方もあります（行動説）。しかし、表示説を前提としても、このような場合には、訴訟係属後の死亡に準じて、自ら進んで応訴した相続人が黙示の受継をしたものとみなすなどの考え方が説かれています。

● （3）表示の訂正と任意的当事者変更

　訴状の当事者欄には、通称が記載されているが、それを本名に訂正するなど、当事者としての同一性を前提としてそれを改めるのが表示の訂正であり、同一性が認められる限り特段の制限はありません。もっとも、手形金支払請求訴訟において訴状における被告を法人代表者と表示しているときに、それを法人に改めるのは、別人格ですから表示の訂正の限度を超えるものです。自治体の長を自治体に改めるのも同様です。

（ア）　実質的表示説

　しかし、訴状の当事者欄のみならず、「請求の趣旨及び原因」（民訴133 II ②、改正134 II ②）の記載を含めてみれば、法人や自治体を被告にする趣旨が読み取れるときには、訴状に表示されているのは、法人や自治体であり、代表者や自治体の長の表記は、それを誤ったものであるから、表示の訂正が許されるとの考え方が有力であり、下級審裁判例にも採用されています（大阪地判昭和29・6・26下民集5巻6号949頁［百選A3事件］）。この考え方を、当事者欄の記載によって形式的に当事者を確定するのではなく訴状の記載全体にも

とづいて表示されている当事者を定めるという趣旨から、実質的表示説と呼んでいます。

（イ） 任意的当事者変更

しかし、実質的表示説を前提とした表示の訂正にも許容限度があります。訴状全体の表示を考慮しても、変更前後の当事者が同一と認められなければ、表示の訂正は許されません。そこで議論されるのが、任意的当事者変更です。任意という概念は、訴訟法学の中でしばしば登場しますが、当事者の意思にもとづくことを意味し、法律の規定にもとづく法定と対比されます。そして、当事者変更とは、訴訟係属の途中で当事者の変更を認めることを意味します。

法定当事者変更は、法律がそれを認めているのですから、その適法性は明らかです。上に述べた訴訟手続の中断と受継（民訴124）がそれにあたります。これと比較すると、任意的当事者変更はどうでしょうか。

たとえば、原告である建物所有者Ａは、被告である占有者Ｂに対する建物明渡請求訴訟を提起しましたが、訴訟係属中、占有者は、ＢではなくＣであったことが判明したと想定してください。係属中にＢからＣに占有が移転したときには、訴訟引受けの手続（民訴50。本書271頁）をとることができますが、当初からＣが占有者であったことが判明したというのがここでの設例で、原告Ａの意思にもとづいて被告をＢからＣに変更できるのかが、任意的当事者変更の問題です。考えられる方法としては、訴えの変更（民訴143。本書229頁）ですが、当事者の変更は「請求又は請求の原因を変更」に含まれません。

そうすると、当事者の変更という目的を達するためには、いった

んBに対する訴え（旧訴）を取り下げ（民訴261。本書174頁）、新たにCを被告とする訴え（新訴）を提起する以外にありません。しかし、これではBを被告とする訴えが無駄になってしまいますし、Aの負担もかなりのものになりますね。この問題を解決するために、BとCとの間に密接な関係があることなどを条件として任意的当事者変更という特別な行為を認めるべきであるとの議論もありますが、少数説にとどまっています。

　受け入れられる解決策としては、新訴を提起した上で旧訴と併合することを求め（民訴152Ⅰ）、併合後に旧訴を取り下げるなどが考えられます。併合は、裁判所の裁量的判断に委ねられるのが本則ですが、BとCとの間に密接な関係があるときには、併合が義務づけられるか、少なくとも望まれるというものです。

2　当事者能力

　当事者能力とは、当事者になりうる資格です。実体法でいえば、権利義務の主体になりうる資格を意味する権利能力に対応します。（民訴28）。したがって、人（自然人）には当事者能力が認められます（民3）。法人も同様です（民34）。もっとも、民事訴訟法28条は、「この法律に特別の定めがある場合を除き」としています。

●（1）法人でない社団等の当事者能力

　その特別の定めにあたるのが、民事訴訟法29条の「法人でない社団又は財団で代表者又は管理人の定めがあるものは、その名において訴え、又は訴えられることができる」との定めです。「その名において訴え、又は訴えられることができる」とは、当事者能力を

意味します。この種の社団または財団は、法人ではありませんから、28条の原則に従えば当事者能力は認められないはずなのに、特別の定めとしてそれが認められるのです。

● (2) 当事者能力と権利能力の関係

　Ａ大学の同窓会（Ａ大同窓会）を想定してください。数千人の会員によって組織され、会長（代表者）が存在し、年会費の定めがあり、代表者名義の銀行預金もあり、会費徴収や定例会議の準備や運営をする組織も存在します。ところが、資金管理を担当するＢが不正に預金を引き出し、費消してしまうという不祥事が起きました。そこで、Ａ大同窓会が原告として、不法行為を理由としてＢを被告として損害賠償請求訴訟を提起することとしました。(1)に述べる要件を満たし、Ａ大同窓会が当事者（原告）になれるとしても、なお問題があります。それは、被告Ｂに対する損害賠償請求権が誰に帰属しているかです。

　Ａ大同窓会は、法人ではなく、権利能力がありませんから、損害賠償請求権は同窓会構成員全員に帰属していることになるでしょう。それでは、原告であるＡ大同窓会は、どのような資格で同窓会員全員に帰属する損害賠償請求権を訴訟物とする訴訟を追行できるのでしょうか。この点の解説は複雑になりますので、伊藤127頁を参照してください。大切なことは、この問題を認識することです。

● (3) 法人でない社団の要件

　民事訴訟法28条の規定に関し、財団が問題になることは少なく、社団にあたるかどうかについて判例法理が確立し、学説の議論が存在します。一般に承認されている要件を整理すると、①対内的

独立性、つまり構成員の脱退・加入にかかわらず、団体としての同一性が保たれていること、②財産的独立性、つまり団体が構成員から独立した財産を持っていること、③対外的独立性、つまり代表者の定めがあること、④内部組織性、つまり代表者の選出や団体としての意思決定方法が確立されていることの4つになります。上記のA大学同窓会の当事者能力もこれらの要件に照らして判断することになります。

3　訴訟能力

　自らの名において訴訟行為をする資格、または訴訟行為の相手方となる資格を訴訟能力といい、実体法の行為能力に対応します（民訴28、民法第一編第二章第三節）。訴訟行為という言葉が出てきましたが、詳しくは本書132頁を参照していただくとして、ここでは、訴訟手続の中で行われる当事者の行為という程度の理解で結構です。

　自然人（個人）については、行為能力がある者は訴訟能力者であり、自ら有効に訴訟行為をすることができます。法人や民事訴訟法29条によって当事者能力を認められる社団や財団はどうでしょうか。民事訴訟法37条を参照してください。法定代理人に関する規定を法人、社団や財団の代表者や管理人について準用していますね。次に説明しますが、法定代理人は、訴訟能力を欠く当事者本人に代わって訴訟行為をする資格を持つ者です。法人の代表者などを法定代理人と同様に扱うことは、法人など自体には訴訟能力を認めないのと同様の取扱いを意味します。

　なお、外国人の訴訟能力については、民事訴訟法33条の特則があります。

●（1）訴訟無能力者

　訴訟能力を欠き、自ら有効に訴訟行為をすることができない者を訴訟無能力者と呼びます。民事訴訟法31条本文は「未成年者及び成年被後見人は、法定代理人によらなければ、訴訟行為をすることができない」と規定して、未成年者などを一律に訴訟無能力者としています。民法の行為能力の制限（民5Ⅰ本文・9）とは違いがあります。ただし、未成年者が独立して法律行為をすることができる場合（民6、会社584）には、その法律関係に関する訴訟能力が認められます（民訴31但書）。

　なお、法定代理人が当事者たる訴訟無能力者に代わって訴訟行為をする際に、後見監督人がいる場合には、その者の同意を得なければならないのが原則ですが（民864本文）、民事訴訟法は、これについても、受動的訴訟行為については同意などを不要とする（民訴32Ⅰ）、逆に、重大な効果を生じる訴訟行為については特別の授権を必要とする（同Ⅱ）などの特則を置いています。

●（2）制限訴訟能力者

　制限訴訟能力者とは、自ら訴訟行為をするについて第三者の同意や裁判所の許可が必要とされる者を意味します。民法上で制限行為能力者とされる者のうち、被保佐人および訴訟行為について能力の制限を受けた被補助人がそれにあたります（民13Ⅰ柱書本文・④・Ⅲ・17ⅠⅢ）。訴訟手続を組成する訴訟行為の性質上から、同意や許可は、包括的になされなければならないと解されています。受動的訴訟行為や重大な効果を生じる訴訟行為についての特則（民訴32）は、訴訟無能力者の場合と同様です。

その他、訴訟係属中に当事者が保佐開始の審判（民11）や補助人の同意を要する旨の審判（民17 I）を受けた場合の取扱いなどの問題がありますが、細かくなりますので、伊藤135頁を参照してください。

● （3）訴訟能力などが欠けている場合の取扱い

訴訟能力、法定代理権または訴訟行為をするのに必要な授権が欠けているときは、裁判所は、期間を定めて、その補正を命じなければなりません（民訴34 I 前段）。訴訟無能力者が訴訟行為をしている場合、法定代理人としての資格を有しない場合、後見監督人の同意をえていない場合、制限訴訟能力者が必要な同意や許可をえていない場合などがこれにあたります。

このような場合の訴訟行為は無効ですから、欠けていることを発見したときは、裁判所は、それを禁止すべきです。しかし、訴訟無能力者の訴訟行為も法定代理人による追認可能性がありますし、事後的に同意や許可を得る可能性もあります。補正を命じるのは、このような可能性を残すためです。

もっとも、緊急性のある証拠調べの申立てのように、遅れると損害を生じるおそれがあるときは、裁判所は、訴訟行為をさせることができます（民訴34 I 後段）。これを一時訴訟行為と呼び、後の補正を予定します。

補正がなされなければ、その訴訟行為は無効になります。ただし、訴訟能力を回復した当事者または法定代理人の追認によって、その訴訟行為は行為のときにさかのぼって有効になります（民訴34 II）。訴訟手続の安定の要請から、追認は、少なくとも1つの審級における訴訟行為全体についてなされなければならないと解されま

す。

　補正も追認もなされないままの訴訟行為にもとづいた判決は、違
法なものですから、控訴や上告によって取り消されます（民訴
306・312Ⅱ④）。再審による取消可能性もあります（民訴338Ⅰ③）。
もっとも、上訴審が原判決を取り消した後の処置については、原審
において補正が命じられたかなどの事情によって取扱いが異なりま
す（伊藤138頁）。

●（4）弁論能力

　訴訟能力と類似するものとして、弁論能力の概念があります。比
喩としていえば、訴訟能力の一部として弁論能力があるといってよ
いでしょう。訴訟能力は、訴訟法上の効果を生じる行為一切の資格
を含むのに対し、弁論能力は、口頭弁論期日などにおいて主張や陳
述をなしうる資格を意味します。したがって、訴訟能力のある者は
弁論能力もあるといってよいのですが、実は、訴訟能力が認められ
る場合でも、弁論能力を否定する法制がありうるのです。本書52
頁で述べる弁護士強制主義がそれにあたります。しかし、わが国は
弁護士強制主義をとっていませんので、訴訟能力者は弁論能力者と
いうことになります。

　もっとも、例外があります。それが民事訴訟法155条です。同条
1項は、当事者などの弁論能力を否定し、2項は、必要に応じて裁
判所が弁護士の付添いを命じることができることを規定していま
す。付添命令の効果などに関しては、伊藤140頁を参照してくださ
い。

4　訴訟上の代理人

　訴訟上の代理人とは、本人に代わって本人のために訴訟行為をなし、または訴訟行為の相手方となる資格を意味しますが、代理権の発生原因や代理人の資格などに応じて様々な種類や解釈問題があります。学習の方法としては、まず、訴訟上の代理人を最上位概念として、そこに含まれる代理人の種類を系統的に整理すること、次に、それぞれに関する規律と解釈問題を理解するのがよいでしょう。

●（1）法定代理人

　法律の規定にもとづいて訴訟上の代理権を与えられる者を法定代理人と呼びます。法定代理人には、次の(ア)および(イ)の2種類があります。

（ア）　実体法上の法定代理人

　民法など実体法上の法定代理人は、原則として訴訟上の法定代理人になります（民訴 28）。実体法上の訴訟代理人は、第1に、未成年者のための親権者（民 824）、未成年者や成年被後見人のための後見人（民 859 I）など、一定の地位にある者があげられます。代理権を付与された保佐人や補助人も同様です（民 876 の 4 I・876 の 9 I）。第2に、これらの法定代理人と本人との間に利益相反などが認められるときに、裁判所によって選任される特別代理人があります（民 775・826・860）。第3は、不在者の財産管理人（民 25・28）や相続財産管理人（民 918 など・28。最判昭和 47・11・9 民集 26 巻 9 号 1566 頁［百選 A5 事件］参照）など、裁判所によって選任される代理

人の3種類に分けられます。

遺言執行者については議論がありますが、民法1012条が独自の管理処分権を与えているところから、法定代理人ではなく、その管理処分権にもとづいて当事者本人になると解されます。

（イ）　訴訟法上の特別代理人

訴訟無能力者については、その者自身が訴訟行為をなしえないだけではなく、法定代理人がいない場合または法定代理人が代理権を行うことができない場合には、相手方も訴訟無能力者たる当事者に対する訴訟行為をなしえません。そのために、訴え提起による時効の完成猶予の効力（民147 I ①）を生じさせることができないなど、相手方が損害を受けるおそれがあります。民事訴訟法35条が、相手方の申立てにもとづいて受訴裁判所の裁判長が未成年者または成年被後見人の特別代理人を選任することを認めるのは、このような必要を満たすためです。

もっとも、判例および多数説は、訴訟無能力者側の申立てにもとづいて、実体法上の特別代理人（（ア））に代えて、35条の類推解釈にもとづく特別代理人の選任を認めていますが、35条の趣旨を考えれば、あくまで例外的な措置と考えるべきでしょう。

（ウ）　法定代理人の代理権

法定代理権の範囲は、民事訴訟法に別段の定めがある場合を除いて、民法等の法令が規定するところによります（民訴28）。したがって、親権者や後見人は、子のために、または被後見人のために一切の訴訟行為をすることができます（民824本文・859 I）。後見監督人があるときは、後見人は、訴訟行為をするについて後見監督人

の同意をえなければなりません（民864本文）。

　特則として、民事訴訟法32条1項は、相手方が提起した訴えまたは上訴に対して後見人が訴訟行為を行うことについては、後見監督人の同意を要しないと規定します。相手方の利益を重視したものです。これに対して同条2項は、訴えの取下げや和解など、判決によらずに訴訟を終了させる行為、および上訴や異議の取下げについては、後見監督人による特別の授権を必要としています。当事者である被後見人に与える影響の重大性を考慮したものです。

（エ）　法定代理人の地位

　法定代理人は当事者ではありませんが、当事者本人が訴訟無能力者であるために、訴訟手続上では、当事者に準じる扱いがされています。訴状や判決書における表示（民訴133 Ⅱ①・253 Ⅰ⑤、改正134 Ⅱ①・252 Ⅰ⑤）、送達の受領（民訴102 Ⅰ、改正99 Ⅰ）、訴訟手続の中断（民訴124 Ⅰ③）、口頭弁論期日への出頭命令（民訴151 Ⅰ①）、法定代理人の尋問（民訴211本文）などです。

　なお、保佐人または補助人が法定代理人となる場合（上記(ア)）には、当事者本人である被保佐人または被補助人が訴訟無能力者ではないため、両者がともに訴訟行為をなし、その内容が矛盾・抵触するときに、いずれの訴訟行為の効力を認めるべきかという問題が発生しますが、保佐人や補助人に法定代理権を与える趣旨から、代理人の訴訟行為の効力を優先させるべきでしょう。

（オ）　法定代理権の消滅

　法定代理権の消滅事由は、民法などの規定によることになります（民訴28）。ただし、この点についても民事訴訟法に特則が置かれ、

36 条 1 項は、「法定代理権の消滅は、本人又は代理人から相手方に通知しなければ、その効力を生じない」と規定します。消滅についての相手方の知・不知は問題になりません。通知の到達までに法定代理人がした訴訟行為は、有効なものとして扱われます。この特則が訴訟手続の安定を図るための規律であることを理解していただけるでしょう（最判昭和 43・4・16 民集 22 巻 4 号 929 頁［百選 A6 事件］参照）。

通知をすべき者は、訴訟能力を取得した本人、または法定代理人ですが、法定代理人が死亡したり、後見開始の審判を受けたりしたときには、通知をすべき者がいないので、通知がなくとも消滅の効果が生じると解されています（伊藤 149 頁）。なお、法定代理権の消滅は、訴訟代理人が存在しない限り、訴訟手続の中断事由ですが（民訴 124 Ⅰ③・Ⅱ）、通知が到達するまでは訴訟手続も中断しないとされています。

（カ）　法人等の代表者

3 の冒頭に述べたように、法人は、訴訟無能力者と同様に取り扱われ、代表者が法定代理人と同様の立場で訴訟行為を行います（民訴 37）。各種の法人などにおける代表者が誰か、特別の授権を要する場合は何か、代表権や特別の授権を欠く場合などにおける補正命令や追認、代表権の消滅の場合の取扱いなども、法定代理人の場合と同様です。

（キ）　表見法理の適用可能性

法人の代表者について特に議論される問題として、表見法理の適用可能性があります。法人を被告とする訴訟を提起する場合には、

登記された者を代表者とすることになります。ところが、後にその者が真実の代表者でなかったことが判明したとしましょう。その場合には、不実の代表者によってなされた訴訟行為およびその者に対してなされた訴訟行為はすべて無効となり、判決も上訴や再審によって取り消されることになります（民訴312Ⅱ④・338Ⅰ③）。

しかし、代表者の登記という外見を法人が自ら作り出していることを重視すれば、登記を信頼した原告が不実の登記であることについて善意・無過失であることを前提として、実体法上の表見法理を適用して、訴訟行為の効力を認め、判決を適法とできないかというのが、ここでの問題です。

判例は、表見法理が実体法上の法理であり、訴訟行為には適用されないこと、表見支配人に関する会社法13条（商法旧42Ⅰ但書）は裁判外の行為にのみ適用されることなどを根拠として否定説をとるのに対し、学説の多数は、実体と合わない登記を放置している法人よりは、それを信頼した相手方を保護すべきこと、民事訴訟法36条1項も代理権消滅後の代理人の地位の存続を認めていることなどを理由として、表見法理適用肯定説をとっており（伊藤151頁）、対立が解消されていません。

● （2）任意代理人

訴訟上の代理権が本人である当事者の意思にもとづく代理人を、任意代理人と呼びます。その中に訴訟代理人と個別的訴訟行為についての代理人が区別されます。訴訟上の代理人と訴訟代理人という用語は似ていますが、前者が上位概念で、その中に訴訟代理人が含まれると理解してください。また個別的訴訟行為についての代理人は、法が許容する例外的な場合に限られ（民訴104Ⅰにいう送達受取

人）、訴訟手続の安定のため、訴訟代理人は包括的な代理権を与えられます。

　訴訟代理人はさらに、訴訟委任にもとづく訴訟代理人と、法令上の訴訟代理人に分けられます。法令上の訴訟代理人は、法定代理人との区別が紛らわしいのですが、当事者の意思にもとづいて代理人の地位を与えられた者に法令が訴訟代理権を付与しているという意味で、任意代理人の一種です。

（ア）　訴訟委任にもとづく訴訟代理人

　当事者と代理人となる者との間の委任契約にもとづいて、特定の事件について包括的な訴訟行為の代理権を与えられる者を訴訟代理人と呼びますが、その資格、地位、職務の遂行についていくつかの規律があり、解釈問題が存在します。

（ⅰ）　弁護士代理の原則と弁護士強制主義との関係

　民事訴訟法54条1項は、「①法令により裁判上の行為をすることができる代理人のほか、②弁護士でなければ訴訟代理人となることができない。ただし、③簡易裁判所においては、その許可を得て、弁護士でない者を訴訟代理人とすることができる」（下線および付番は筆者による）と規定します。訴訟代理人の資格を弁護士に限る規律（②）を弁護士代理の原則と呼びます（最大判昭和42・9・27民集21巻7号1955頁［百選A8事件］参照）。ただし、司法書士や弁理士は、②の例外にあたりますし（伊藤152頁）、簡易裁判所における個別事件についての訴訟代理の許可（③）も同様です。

　しかし、訴訟代理人の資格こそ原則として弁護士に限られますが、それは当事者本人による訴訟追行を排除するわけではありません。これを本人訴訟と呼びますが、わが国では、審級管轄や職分管

轄を問わず本人訴訟が許容されています。これに対して本人訴訟を否定し、代理人弁護士による訴訟追行を強制する法制を弁護士強制主義と呼んでいます。

（ⅱ）　訴訟代理権の発生および範囲

委任契約の内容として、当事者本人が代理人たるべき者に対し代理権授与の意思表示をすることによって訴訟代理権が発生します。注意しなければならないのは、訴訟代理権授与行為それ自体が訴訟行為（訴訟代理権発生という訴訟法上の効果を発生させる行為）であるために、当事者本人が訴訟能力者でなければならないことです。訴訟代理権の証明については、一定の規律が存在します（伊藤154頁）。

訴訟代理権の範囲については、民事訴訟法55条1項は、「訴訟代理人は、委任を受けた事件について、反訴、参加、強制執行、仮差押え及び仮処分に関する訴訟行為をし、かつ、弁済を受領することができる」とし、同条3項本文は、「訴訟代理権は、制限することができない」と規定します。訴訟代理権の包括性を定め、当事者の意思によっても制限することができないとするのは、訴訟手続の安定を図るためです。

したがって、訴訟手続に限っても、訴訟代理人は、当事者を勝訴させるためのすべての訴訟行為をすることができ、その前提となる相殺、解除、取消しなどの実体法上の権利を行使することも許されます。もっとも、このような包括性は、弁護士でない訴訟代理人にはあてはまらず、当事者による制限が可能です（民訴55Ⅲ但書）。

ただし、反訴の提起、訴えの取下げ、和解、上訴の提起や取下げなどについては、当事者から特別の委任を受けなければなりません（民訴55Ⅱ）。これらは、本来の委任事項である提訴や応訴とは区別される行為であり、かつ、当事者の利害関係に重大な影響を生じる

ためです。

（iii） 個別代理の原則

「訴訟代理人が数人あるときは、各自当事者を代理する」（民訴56 Ⅰ）、これと異なる定め、つまり共同でなければならない旨を当事者が定めても、その効力を生じません（同Ⅱ）。これを個別代理の原則と呼びます。

（iv） 訴訟代理人の訴訟手続上の地位

訴訟代理人は、当事者本人とは区別されますが、当事者のために訴訟行為をする主体ですから、訴訟行為の許容性に関して、当事者の認識や認識可能性を基準とすべき場合（民訴24Ⅱ但書・46④・97 Ⅰ・157Ⅰ・167・338Ⅰ柱書但書など）には、訴訟代理人を基準として判断することになります。

（v） 当事者本人の訴訟手続上の地位——更正権

訴訟代理人の存在は、当事者本人の訴訟能力を失わせるものではありません。したがって、通常は生じないことですが、訴訟代理人の訴訟行為と当事者本人の訴訟行為とが矛盾・抵触する場合もありえます。民事訴訟法57条の規定は、その場面を想定したものであり、「訴訟代理人の事実に関する陳述は、当事者が直ちに取り消し、又は更正したときは、その効力を生じない」と規定し、これを当事者の更正権と呼んでいます。

いいかえれば、更正権が及ぶ範囲外の行為については、訴訟代理人の訴訟行為が確定的に効力を生じることです。なお、更正権の対象は、事実に関する陳述（自白〔本書142頁〕を含む）に限られ、法律上の主張などを含まないことに注意してください。

（vi） 訴訟代理権の不消滅

民事訴訟法58条1項柱書は、「訴訟代理権は、次に掲げる事由に

よっては、消滅しない」として、当事者の死亡等（民訴58 I ①）、当事者である法人の合併による消滅（同②）などの事由をあげています。民法111条1項が本人の死亡を代理権消滅事由の1つとして規定し、同653条が委任の終了事由の1つとして委任者または受任者の死亡を規定しているのと比較すると、不思議な印象を受けることでしょう。

　関連する規定として民事訴訟法124条を読んでください。そこには、訴訟手続の中断事由として当事者の死亡（民訴124 I ①上段）や当事者である法人の合併による消滅（同②上段）などが規定され、相続人など（同①下段）や新設法人など（同②下段）による受継を定めています。そして、同条2項をみると、「前項の規定は、訴訟代理人がある間は、適用しない」とされているのです。

　当事者の死亡を例にとると、訴訟代理人があれば、死亡しても訴訟手続は中断せず、その代理権は消滅しないことになります。しかし、死者が当事者たりえないことは当然ですから、これらの規定の基礎にある考え方は、当事者が死亡すると、中断と受継の手続を経ることなく、相続人などが当然に新当事者の地位を取得し、死者の訴訟代理人は新当事者の訴訟代理人となるというものです。これは訴訟手続の安定した進行を目的とし、訴訟代理人に対する信頼を基礎とした規律と理解できます。

　もちろん、以上に述べた事由以外の場合には、訴訟代理権が消滅します。たとえば、弁護士資格の喪失、訴訟委任契約の委任者（当事者）側からする解除（解任）、受任者（弁護士）側からする解除（辞任）などがこれにあたります。ただし、法定代理権の場合と同様に、訴訟代理権の消滅も、これを相手方に通知しない限りその効力を生じません（民訴59・36 I）。相手方の保護と訴訟手続の安定を

目的とする規律です。

（vii）　弁護士法 25 条違反と訴訟行為の効力

　弁護士法は、弁護士の資格や職務規律などを定める法律ですが、その 25 条柱書本文は、「弁護士は、次に掲げる事件については、その職務を行つてはならない」と定め、その 1 つとして同条 1 号は、「相手方の協議を受けて賛助し、又はその依頼を承諾した事件」を規定しています。たとえば、ある事件について Y（相手方）が弁護士 A に相談して、その助言を受け、または Y から A に訴訟代理人になることを依頼し、A がそれを承諾したとします。ところが、その後に弁護士 A は、事件の反対当事者である X からの訴訟委任を受諾し、X の訴訟代理人として Y を被告とする訴えを提起し、訴訟追行をする場合が 1 号違反の行為になります。

　このような弁護士 A の行為が懲戒事由（弁護 56 I）になることは明らかですが、問題は、代理人である弁護士 A が X のためにした訴訟行為が無効になるか、さらに弁護士 A の訴訟行為を基礎とした判決が違法なものとして取り消されるべきかどうかです。いくつかの考え方が対立していますが、現在では、保護されるべきは相手方である Y の利益であるとの理由から、Y が異議を述べれば、A の訴訟行為の効力が否定されるという異議説が判例（最大判昭和 38・10・30 民集 17 巻 9 号 1266 頁［百選 20 事件］）であり、学説もこれを支持しています。また、これに関連する最近の判例（最決令和 3・4・14 民集 75 巻 4 号 1001 頁）もあります（伊藤・補訂情報）。

（イ）　法令上の訴訟代理人

　支配人（商 21 I、会社 11 I）、社債管理者（会社 705 I）、社債管理補助者（会社 714 の 4 II②）、船舶管理人（商 698 I）、船長（商 708

Ⅰ）、代理委員（破110Ⅱ）など、当事者（法人など）が一定の法律上の地位を与え、法令がその地位に対して裁判上の行為をする権限（訴訟代理権）を与えている場合、それを法令上の訴訟代理人と呼びます。法律上の地位自体は当事者の意思にもとづいているため、任意代理人に属するものです。解釈問題としては、弁護士代理の原則を潜脱するために、ある者に支配人などの名称を付し、訴訟行為をさせた場合の効力などがあります（仙台高判昭和59・1・20下民集35巻1〜4号7頁［百選A7事件］）。

（ウ）　補佐人

保佐人（民12）ではなく、補佐人（民訴60）とは、当事者または訴訟代理人とともに期日に出頭し、専門的知識などを要する陳述をする主体です。当事者の意思にもとづく地位という意味で任意代理人に類するものですが、裁判所の許可が必要です（同Ⅰ Ⅱ）。補佐人の陳述は、当事者または訴訟代理人が取り消しまたは更正することができます（同Ⅲ）。更正権（民訴57。本書53頁）に類するものですが、事実に関する陳述のみに限定されないことが特徴です。

第4章

訴　え

　「訴え」という言葉は、日常用語としても使われますが、訴訟法では、以下の意味を持った概念です。

Ⅰ　訴えの概念

　訴えとは、一方当事者（原告）が他方当事者（被告）に対して特定の権利義務関係または法律関係にかかる主張（請求）をなし、裁判所に対して請求についての審判を求める行為を指します。訴えという訴訟行為の主体は、原告であり、相手方は裁判所（受訴裁判所）です。内容は、被告に対する権利義務関係または法律関係にかかる主張（請求）です。その請求の内容によって、**2**に述べる訴えの類型が区別されます。このような一般論を述べると分かりにくいと思いますが、取りあえず先に進んでください。

　なお、訴えに対する裁判所の判断は、訴え却下判決（訴訟判決）と本案判決に分けられます。訴訟判決とは、請求について判断しないという、いわゆる門前払いの判決です。これに対して本案判決とは、請求に理由があるかどうかの判断をするもので、請求認容と請

求棄却、両者の中間に位置する請求一部認容と請求一部棄却に区別
できます。

2　訴えの類型

　これは請求の内容による区別であり、訴えの3類型などとも呼ば
れます。

●（1）給付の訴え（給付訴訟）

　請求として給付請求権を主張し、その権利保護の形式として給付
命令を求める訴えをいいます。売買代金支払請求訴訟や所有権にも
とづく目的物引渡請求訴訟がその例です。さらに、給付請求権の履
行期が到来しているかどうかによって現在の給付の訴えと将来の給
付の訴えとに分けられます。給付の訴えに対する本案判決は、請求
認容と請求棄却とがありえますが、前者の性質は、給付命令を含む
という意味で給付判決、後者の性質は、給付請求権の不存在を確認
するという意味で確認判決です。給付判決には、それにもとづいて
強制執行を求める効力、すなわち執行力が認められます（民執22①
②）。

●（2）確認の訴え（確認訴訟）

　請求として特定の権利関係や法律関係の存在または不存在を主張
し、その確認を求めるのが確認の訴えです。所有権確認訴訟のよう
に存在を主張する場合が積極的確認の訴え、貸金返還債務不存在確
認訴訟のように不存在を主張する場合が消極的確認の訴えと呼ばれ
ます。確認の訴えに対する本案判決は、請求認容であれ、請求棄却

であれ、常に確認判決としての性質を持ちます。

● (3) 形成の訴え (形成訴訟)

　判決によって法律関係を変動させることを目的とする訴えの類型を形成の訴えと呼びます。婚姻関係の解消を目的とする離婚の訴え（民770）や決議の効力を消滅させる株主総会決議取消しの訴え（会社831Ⅰ）がその例です。民法424条にもとづく詐害行為取消訴訟については、議論がありますが、判例は、これを形成の訴えと解しています（伊藤169頁注7）。

　これらの訴えについて請求認容判決が言い渡され、それが確定してはじめて婚姻関係の解消、行為や決議の取消しなどの法律効果が生じるのが形成の訴えの特質です。この効力のことを形成力と呼びます。ただし、請求棄却判決は、給付の訴えの場合と同様に、形成を求める地位がないことを確認する確認判決になります。

　形成の訴えの種類としては、変動させる法律関係の性質に即して、実体法上の形成の訴えと訴訟法上の形成の訴えがあります。上記の例は、実体法上の形成の訴えですし、確定判決の変更を求める訴え（民訴117。本書194頁）、再審の訴え（民訴338。本書308頁）や請求異議の訴え（民執35）は、それぞれ、既判力（本書196頁）や執行力の消滅を目的とする訴訟法上の形成の訴えと解されています。

　それ以外に、特殊なものとして形式的形成の訴えという概念があり、民法258条1項にもとづく共有物分割の訴え、父を定めることを目的とする訴え（民773）、境界確定の訴え（最判昭和43・2・22民集22巻2号270頁［百選35事件］。不登147・148参照）などがその例とされています。権利義務の確定を目的とするものではなく、訴訟手続の形式を借りて法律関係の形成を目的とする類型とされます。

3 訴え提起の態様と時期

　訴えは、請求について裁判所の審判を求める原告の行為であり、1つの訴えに1つの請求が含まれるのが原型です。

● (1) 訴えと請求の個数

　1つの訴えの中に数個の請求が含まれることがあります。第1は、同一の訴えの原告および被告間に数個の請求が定立される場合であり、これを訴えの客観的併合と呼びます（民訴136。本書225頁）。第2は、数人の原告または被告間に数個の請求が定立される場合で、これを訴えの主観的併合または共同訴訟と呼びます（民訴38。本書237頁）。いずれの場合でも、訴えとしては1つであり、それに対応する判決も1つになります。

● (2) 独立の訴えと請求の追加

　ここで独立の訴えとは、訴訟係属を発生させる行為であり、その内容である請求が審判の対象となります。請求の追加とは、すでに係属している訴訟に請求を追加する行為であり、その主体は、原告、被告、第三者がありえます。訴えの変更（民訴143。本書228頁）および選定者にかかる請求の追加（民訴144。本書72頁）は原告による、中間確認の訴え（民訴145。本書231頁）は原告または被告による、反訴（民訴146。本書232頁）は被告による、独立当事者参加（民訴47。本書260頁）、共同訴訟参加（民訴52。本書267頁）は第三者による請求の追加です。

4　訴訟要件

　訴訟要件という用語も、言葉の響きとは切り離して、正確に理解する必要があります。

●（1）訴訟要件の意義

　原告は、訴えの内容である請求についての裁判、すなわち本案判決を求めます。これに対して裁判所は、無条件に本案判決をするのではなく、一定の要件が満たされていることを前提として本案判決をします。この一定の要件、つまり本案判決をするための前提要件を訴訟要件と呼びます。

　本案判決をするための要件ですから、訴訟要件が備わっているかどうかの判断は、本案判決の基礎とすべき資料を収集する口頭弁論の終結時を基準として行います。したがって、口頭弁論を開いたにもかかわらず、訴訟要件が備わっていないとの理由から、本案判決を拒絶する判断、つまり訴え却下の訴訟判決をすることもありえます。ただし、わが国の裁判所の裁判権（本書19頁）が及ぶかどうかという訴訟要件が問題になる場合には、その性質上から本案の審理をする前に訴訟要件の具備を判断すべきでしょう。

●（2）訴訟要件の種類と審理方法

　訴訟要件には様々な種類のものがあり、いくつかの視点から分けることができます。まず、その存在が求められる積極的要件と不存在が求められる消極的要件があります。当事者能力、訴訟能力、裁判権、管轄権、訴えの利益、当事者適格などが積極的要件の例であ

り、不起訴の合意や仲裁合意（仲裁14Ⅰ本文）の不存在、二重起訴にあたらないことなどが消極的要件の例です。消極的要件は、訴訟障害と呼ばれることもあります。

次に、主として当事者の利益にかかわるものか、それとも公益にかかわる性質が強いものかという区別ができます。不起訴の合意、仲裁合意、訴訟費用についての担保提供（民訴75）などが前者にあたり、これらについては、当事者が訴訟要件に欠けることを主張したときにのみ裁判所がそれを審理すれば足りると解されます。弁論主義が適用されるとは、このことを意味します。

それと比較し、後者にあたる裁判権、当事者能力、訴訟能力、二重起訴などは、公益にかかわる性質が強いために、疑いがあれば、当事者の主張の有無とかかわりなく裁判所が審理し（職権調査）、場合によっては、判断のための資料も職権で収集します（職権探知）。

●（3）訴えの利益

訴訟要件の1つであり、様々な場面で争いの対象となるのが訴えの利益です。民事訴訟が具体的権利義務や法律関係（訴訟物）をめぐる紛争の解決を目的とする以上、その目的を果たすことが期待できない場合には、本案判決をすべきではないというのが、訴えの利益を訴訟要件とする基本的な考え方です。その目的を果たすことができない場合として、2つのことが考えられます。

第1は、当該訴訟における請求が具体的権利義務や法律関係とみなされるかどうかという判断枠組みであり、権利保護の資格と呼ばれることもあります。第2は、権利保護の資格があることを前提として、当該事件の事実関係を考慮して、本案判決によって訴訟物についての紛争解決が期待できるかどうかという判断枠組みで、これ

が狭義の訴えの利益と呼ばれるものです。

（ア）　権利保護の資格──法律上の争訟と審判権の限界

　権利保護の資格は、実定法上は、裁判所法 3 条 1 項にいう「法律上の争訟」と一致するものと解されています。その解釈については、判例法理が確立されており（最判昭和 55・1・11 民集 34 巻 1 号 1 頁［百選 1 事件］）、第 1 に、訴訟物が当事者間の具体的権利義務または法律関係とみなされること、第 2 に、訴訟物についての攻撃防御方法が法令の適用に適するものという基準に照らして判断することになります。

　宗教団体の内部紛争についていえば、住職や司祭など宗教上の地位の確認を求める訴訟は、第 1 の基準に抵触し、宗教法人に対して寄付金の返還を求める訴訟は、第 1 の基準には適合するものの、訴訟物たる不当利得返還請求権についての攻撃防御方法の内容が宗教上の教義にかかわる事項であれば、第 2 の基準に抵触しますので、法律上の争訟にあたらず、訴え却下の訴訟判決をなすべきことになります。

　もっとも、この 2 つの基準を満たしているときであっても、なお団体の自律性などを尊重して訴えを却下し、本案判決を拒絶すべき場合があるかどうかという問題があります。最大判昭和 35・10・19 民集 14 巻 12 号 2633 頁は、地方議会における議員の懲戒処分についてその自律性（部分社会論）を根拠として、本案判決を拒絶すべきであるとしましたが、最大判令和 2・11・25 民集 74 巻 8 号 2229 頁は、それを変更しています（伊藤 178 頁注 14 補訂情報）。

（イ） 権利保護の利益

　権利保護の利益、つまり当該事件における具体的事実関係に照らして本案判決が訴訟物についての紛争解決に適するかどうかについては、訴えの３類型に共通する判断枠組みとそれぞれの類型に固有の判断枠組みとが存在します。

（ｉ） 訴え提起の必要性および許容性

　訴え提起は、請求について勝訴判決を得るための手段ですから、同一の請求についてすでに請求認容の確定判決を得ている場合などには必要がなく、訴えの利益を否定すべきです。また、当事者間に不起訴の合意や仲裁合意が存在するときには、訴えによって紛争解決を求めることが許されませんから、やはり訴えの利益を否定すべきです。

（ii） 給付の訴えの利益——将来の給付の訴えの利益

　給付の訴えについては、現在の給付の訴えと将来の給付の訴えとに区別します。現在と将来を分ける基準時は、口頭弁論終結時です。つまり、口頭弁論終結時に履行期が到来していると主張する請求権を訴訟物とするのが現在の給付の訴え、その後に履行期が到来すると主張する請求権を訴訟物とするのが将来の給付の訴えです。

　現在の給付の訴えについては、給付請求権の内容として強制履行を求める権能が含まれていることから（民414 I 本文）、訴えの利益が肯定されます。任意の履行のみを期待でき、訴えによって強制履行を求めることが否定される自然債務は別として、債務の性質上強制履行が許されない場合、実際上給付内容の実現が期待できない場合であっても、訴えの利益が否定されることはありません（最判昭和41・3・18民集20巻3号464頁［百選21事件］）。

これに対して、将来の給付の訴えについては、給付請求権の履行期が到来していないのですから、強制履行を求める権能はなく、訴えの利益が認められないのが原則です。しかし、民事訴訟法135条は、「将来の給付を求める訴えは、あらかじめその請求をする必要がある場合に限り、提起することができる」とし、例外的に訴えの利益を認めています。その要件は、「あらかじめその請求をする必要がある場合」ですが、これについては、2つの類型に分けられます。

第1は、たとえ将来履行期が到来しても、その履行を期待できないと認められる事情が存在する場合です。すでに履行期が到来していると原告が主張する元本債権や利息債権の存在を争っている被告は、将来の利息債権の履行をすることも期待できないでしょうから、訴えの利益を認めることができます。家屋所有権にもとづいて家屋明渡請求をするのに加えて、明渡済みまでの賃料相当額の損害賠償請求をする場合も同様です。口頭弁論終結までの損害賠償請求は、現在の給付の訴えになりますが、終結後から明渡しまでの損害賠償請求は、将来の給付の訴えになり、この理由から訴えの利益が認められます。

第2は、給付の性質上、将来到来する履行期において即時の給付がなされないと債務の本旨に反する結果となる場合、または原告が著しい損害をこうむる場合です。演奏会における演奏のように一定の日時に行われなければ債務の本旨に合致しない作為義務や、定期売買（民542 I ④）などがこれにあたります。

訴えの利益の有無に関して特に争われてきたのが、継続的不法行為にもとづく将来の損害賠償請求です。判例法理は、最大判昭和56・12・16民集35巻10号1369頁［百選22・A20事件］（大阪国際空

港事件）における「右請求権の基礎となるべき事実関係及び法律関係が既に存在し（①）、その継続が予測されるとともに（②）、右請求権の成否及びその内容につき債務者に有利な影響を生ずるような将来における事情の変動としては、債務者による占有の廃止、新たな占有権原の取得等のあらかじめ明確に予測しうる事由に限られ（③）、しかもこれについては請求異議の訴えによりその発生を証明してのみ執行を阻止しうるという負担を債務者に課しても格別不当とはいえない点において前記の期限付債権等と同視しうるような場合には（④）、これにつき将来の給付の訴えを許しても格別支障があるとはいえない」（下線および付番は筆者による）との判示です。

　①の下線部は、基礎となる事実および法律関係（将来の不法行為）は存在しないが、基礎となるべき、つまり基礎となることが想定される事実及び法律関係（現在の不法行為）は存在し、②ないし④の事情が認められる場合には、将来の訴えの利益を肯定してもよいというものです。その後の判例もこれを踏襲していますが、やや複雑な判断枠組みですので、正確な理解が求められます（伊藤 185 頁注 26）。

（ⅲ）　確認の訴えの利益

　（ア）の権利保護の資格として述べたことを当てはめれば、確認の訴えの対象は、具体的権利義務または法律関係でなければなりません。しかし、民事訴訟法 134 条（改正 134 の 2）は、「確認の訴えは、法律関係を証する書面の成立の真否を確定するためにも提起することができる」と規定しています。「成立の真否」とは、ある書面が作成名義人の意思にもとづいて作成されたかどうかという過去の事実を意味しますから、それ自体は、権利義務や法律関係ではありません。

しかし、この規定は、法律関係をめぐる争いの解決のために「成立の真否」という事実の確認を認めていることになります。これを一般化できるとすれば、過去の事実であっても、現在の権利義務や法律関係にかかる紛争の抜本的解決に適切かつ不可欠であれば、確認の対象として差し支えない、そうであるとすれば、問題は、確認の利益の有無に置き換えられます。

　①　現在の権利義務または法律関係（以下、「権利関係」または「法律関係」という）の原則　　私人間の権利関係は、時間の経過とともに、発生し、変化し、消滅します。それを前提とすると、すでに過去のものとなってしまった権利関係や将来発生するかどうかが不確定な権利関係を確認しても、紛争の解決に役立つかどうか疑わしいですね。そこで、確認の利益が認められるのは、現在の権利関係に限るという原則が立てられます。判例（遺産確認の訴えの適法性を認める最判昭和 61・3・13 民集 40 巻 2 号 389 頁［百選 24 事件］、具体的相続分確認の訴えの適法性を否定する最判平成 12・2・24 民集 54 巻 2 号 523 頁［百選 25 事件］）も、これを前提としています。

　しかし、この原則に対しては、多くの例外が認められています。株主総会決議不存在確認または無効確認の訴え（会社 830）を考えてください。決議の存在や効力は、過去の事実または権利関係ですね。それにもかかわらず、法は、決議から派生する様々な権利関係に関する紛争の抜本的解決に役立つという理由から、確認の利益を認めているのです（最判昭和 47・11・9 民集 26 巻 9 号 1513 頁［百選 A10 事件］参照）。同様のことは、明文の規定がない場合、たとえば、遺言無効確認の訴えについてもあてはまります（最判昭和 47・2・15 民集 26 巻 1 号 30 頁［百選 23 事件］）。過去の法律関係の確認の利益が認められることもあります（最大判昭和 45・7・15 民集 24 巻 7

号 861 頁［百選 A9 事件］)。

　②　**即時確定の利益**　　これは、訴訟物について確認判決をする
ことが、当事者間の具体的事情を考慮して紛争解決にとって必要で
あり、かつ、適切であるかどうかという判断枠組みです。必要性に
ついては、まず、権利関係やその基礎となる事実について被告とす
べき者が争っていることや、時効の完成猶予や更新（民 147 Ⅰ①）、
公簿の記載の訂正などが必要であることなどが考えられます（伊藤
189 頁）。

　次に、遺言者の生前における遺言無効確認の訴えについても、学
説上の議論はありますが、判例（最判平成 11・6・11 判時 1685 号 36 頁
［百選 26 事件］）は、即時確定の利益を欠くとしています（伊藤 189 頁
注 34）。未だ遺言の効力が発生しておらず、将来において遺言が取
り消される可能性を考えると、紛争解決に適切とはいえないからで
す。

　しかし、賃貸借契約期間中の敷金返還請求権のような将来発生す
る条件付権利などであっても、その存否を確認することが当事者間
の紛争解決にとって適切であると認められるときは、即時確定の利
益が認められます（最判平成 11・1・21 民集 53 巻 1 号 1 頁［百選 27 事
件］。将来における雇用者の地位を確認するものについて東京地判平成 19・
3・26 判時 1965 号 3 頁［百選 28 事件］）。

　その他、適切性を欠く例としては、自らの権利の存在確認を求め
れば足りるにもかかわらず相手方の権利の不存在確認を求める場
合、給付の訴えを提起できるときに給付請求権の確認を求める場
合、取消権や解除権などの形成権行使の効果を前提とした給付訴訟
や確認訴訟が可能であるにもかかわらず形成権の存在の確認を求め
る場合、債務不存在確認の訴えに対する反訴（本書 233 頁）として

給付の訴えが提起された場合（最判平成16・3・25民集58巻3号753頁［百選29事件］）などが考えられます。

　（iv）　形成の訴えの利益

　形成の訴え（本書59頁）は、訴えにもとづく請求認容判決の確定によってのみ法律関係を変動させるものであり、その根拠は法定されています。したがって、形成の訴えの利益が否定されるのは、例外的に、事情の変更によって対象となる法律関係の変動を求める法律上の利益が失われたと見られる場合です。

　取締役の選任を内容とする株主総会決議取消しの訴えの係属中に当該取締役の任期が満了して退任した場合とか（最判昭和45・4・2民集24巻4号223頁［百選30事件］）、同一内容の決議が繰り返された場合などがこれにあたります。ただし、どのような場合に法律上の利益が失われたとみるかについては、学説上の議論があります（伊藤192頁）。

　（ウ）　当事者適格

　訴えの利益は、訴訟物（請求）の内容とそれに関連する客観的事情の視点から本案判決の是非を問題とするのに対して、当事者適格は、当事者と訴訟物との関係の視点から本案判決の是非を判断する枠組みです。同じく当事者に関わる概念ですが、当事者能力や訴訟能力が訴訟物とはかかわりなく決定される点に差異があります。当事者適格は、本案判決を受ける資格という意味で、正当な当事者とも、訴訟追行権とも呼ばれます。また、当事者の立場に応じて、原告適格または被告適格とに分けられます。

　（i）　当事者適格の判断基準

　給付訴訟や確認訴訟においては、訴訟物たる権利関係の主体に当

事者適格を認め、形成訴訟においては、変動の対象とされる法律関係の主体に当事者適格を認めるのが原則です。それは、本案判決の帰結が権利関係や法律関係の存否や内容に直接の影響を与えるためです。給付訴訟において給付請求権の主体であると主張する者とその相手方に、確認訴訟において権利の主体であると主張する者とその相手方に、形成訴訟たる離婚訴訟において婚姻関係の当事者に当事者適格が認められるのは、このような理由からです。しかし、この原則については、2つの例外があります。

　第1は、法律の規定または権利主体の意思にもとづいて、訴訟物たる権利関係について第三者の管理権を認め、それが当事者適格の基礎とされる場合です。これが訴訟担当であり、法定訴訟担当と任意的訴訟担当に分けられます。訴訟担当に関連する規律として、権利帰属主体への判決効の拡張（民訴115Ⅰ②）があります（本書211頁）。

　第2は、確認訴訟に例がありますが、権利関係について独自の法律上の利益を認められる第三者です。最判平成7・2・21民集49巻2号231頁［百選14事件］も、一般論として、第三者に当事者適格を認める余地を肯定しています。

（ⅱ）　法定訴訟担当

　債権質権者（民366）、代位債権者（民423）、代表株主（会社847〜847の3）、一般社団法人の社員（一般法人278）、差押債権者（民執157）、破産管財人（破80）などが法定訴訟担当の例です。最近のものでは、所有者不明土地・建物管理人（民264の3Ⅰ・264の8Ⅴ）もこれにあたります。

　法定訴訟担当に類するものとして、職務上の当事者という概念があります。人事訴訟における検察官（人訴12Ⅲ、民744Ⅰ）、成年後

見人および成年後見監督人（人訴 14）、遺言執行者（民 1012 I。最判昭和 51・7・19 民集 30 巻 7 号 706 頁［百選 12 事件］）、船長（商 803 II）などがその例です。訴訟法上の地位は、法定訴訟担当と変わりませんが、本人の利益保護のためにこれらの職務にある者に当事者適格を認める趣旨です。

（iii）　任意的訴訟担当

権利関係の主体の意思にもとづき第三者に当事者適格（訴訟追行権）を認める場合を任意的訴訟担当と呼びます。任意的訴訟担当を無制限に許容すると、訴訟担当の形式を借りて弁護士代理の原則（民訴 54 I 本文。本書 51 頁）を潜脱するおそれがあり、訴訟信託の禁止（信託 10）にも反することになります。以下、①その許容性が法令上明らかにされている場合、②選定当事者の形式をとる場合、③法令上の根拠がなく、かつ、選定当事者の形式をとらない場合の 3 つに分けて検討します。

①　法令上の根拠がある場合　　手形の取立委任裏書にもとづく被裏書人（手 18）、区分所有建物の管理者（建物区分 26 IV）、サービサー（債権管理回収業に関する特別措置法 11 I）、適格都道府県センター（暴力団 32 の 4 I）などは、権利主体の意思にもとづく任意的訴訟担当を法令が許容している例です。

②　選定当事者の形式をとる場合　　民事訴訟法 30 条 1 項は、「①共同の利益を有する多数の者で②前条の規定に該当しないものは、その中から、全員のために③原告又は被告となるべき 1 人又は数人を選定することができる」（下線および付番は筆者による）と規定します。ここでいう前条とは、法人でない社団等の当事者能力を定めた 29 条（本書 40 頁）です。社団を形成しない（②）共同の利益を有する多数人（①）を想定すると、社団が当事者となる方法があり

ませんから、全員が当事者とならざるをえません。同一バス事故の多数の被害者などを想定していただくとよいでしょう。

このような状況において、その多数人（選定者）が、その中の1人または数人を当事者（選定当事者）として選定できるというのがこの規定です。多数人がそれぞれ持っている権利は、同一事故にもとづく損害賠償請求権ですね。本来であれば、その権利主体である多数人が当事者適格を有するのですが、その意思にもとづいて訴訟追行権を選定当事者に委ねるのですから、任意的訴訟担当の一種になります。ただし、選定当事者は、共同の利益を有する者の1人または数人でなければならず、それ以外の第三者を選定することは許されません。

選定の時期についてみると、訴え提起前のみならず、多数人が当事者となっている訴訟係属中でも差し支えありません。その場合には、選定当事者以外の他の当事者（選定者）は当然に訴訟から脱退します（民訴30Ⅱ）。また、共同の利益を有する多数人に属する者であれば、訴訟外の者であっても、すでに係属している訴訟の当事者を選定当事者とすることもできます（同Ⅲ）。これを追加的選定といいます。その場合には、選定当事者とされた者が新たな選定者のために請求を追加する必要があります（民訴144Ⅰ）。被告側について追加的選定がなされた場合も同様です（同Ⅱ）。

その他、選定の取消しまたは変更（民訴30Ⅳ）、選定当事者の資格喪失（同Ⅴ）、選定当事者ができる行為の範囲などの問題がありますが（最判昭和43・8・27判時534号48頁［百選A4事件］参照）、ここでは割愛します（伊藤201頁、203頁）。

　③　法令上の根拠がなく、かつ、選定当事者の形式をとらない場合

これを無制限に許容すると、弁護士代理の原則や訴訟信託の禁止

を潜脱するおそれが生じることは、上に述べた通りです。そこで、最大判昭和45・11・11民集24巻12号1854頁［百選13事件］は、第1に、弁護士代理の原則および訴訟信託の禁止の潜脱のおそれがないこと、第2に、訴訟担当をさせる合理的必要のあることという2つの要件が満たされる場合にのみ、任意的訴訟担当を適法とするという法理を確立しました。第1の要件については、訴訟物たる権利についての実体法上の管理処分権とともに訴訟追行権が授与されていることなど、第2の要件については、被担当者が多数で担当者による訴訟追行が権利の実現を容易にすることなどの事情がいわれてきましたが、下級審裁判例は、任意的訴訟担当の適法性を認めることについては概して否定的でした。

しかし、最判平成28・6・2民集70巻5号1157頁は、円貨債券管理会社による任意的訴訟担当の適法性を認めることによって、上記昭和45年大法廷判決が示した判断枠組みの適用のあり方を判示したので、今後は、それに沿って運用がなされていくものと思われます。

④ 拡散的利益と当事者適格　　環境や消費者の利益侵害が問題となる事案では、利益の帰属主体が不特定多数に上ることがあり、このような場合に任意的訴訟担当が許されるとしても、個別に訴訟追行権の授与を受けることが困難なために、個別的授権とかかわりなく一定の資格を備えた団体に当事者適格を認めるべきことが提案されました。それが紛争管理権にもとづく団体の当事者適格です（伊藤205頁）。最判昭和60・12・20判時1181号77頁［環境法判例百選6事件］はこれを否定しましたが、消費者裁判手続特例法（平成25法96）が特定適格消費者団体に共通義務確認訴訟の当事者適格を認める背景には、紛争管理権と同様の考え方が存在します（伊藤

206 頁注 68）。

（iv）　法人の内部紛争における被告適格

　法人の内部紛争から派生する株主総会決議取消しの訴えなどについては、原告適格に関する規定が設けられています（会社 831 I 柱書前段など）。被告適格についても同様です（会社 834 ⑰など）。しかし、明文の規定が存在しない場合、たとえば、取締役会決議の無効や不存在確認については、訴えの利益を認めるとしても、被告適格を会社とするのか、それとも、決議に関わった取締役とするのかについての議論があります。後者の考え方は、実質的利害関係を重視するためですが、決議は会社の意思決定ですから、その効力や存在について法律上の利害関係を持つのは会社であり、被告適格も会社に認めるべきです（最判昭和 36・11・24 民集 15 巻 10 号 2583 頁［百選 A33 事件］、最判昭和 44・7・10 民集 23 巻 8 号 1423 頁［百選 15 事件］）。

5　訴え提起の方式と訴訟物

　訴え提起は、原告が訴状を裁判所に提出して行います（民訴 133 I、改正 134 I）。ただし、簡易裁判所における訴え提起については、特則があります（民訴 271～273）。

● （1）訴状の記載事項——請求の趣旨

　訴状には、当事者および法定代理人（民訴 133 II①、改正 134 II①）と請求の趣旨および原因（民訴 133 II②、改正 134 II②）を記載しなければなりません。この記載を欠く訴状に対する裁判長の補正命令および訴状の却下（民訴 137 I 前段・II）については、すでに述べた通りです（本書 12 頁）。当事者および法定代理人についても本書 34

頁、46頁を参照してください。まず、請求の趣旨について説明します。

　請求の趣旨とは、訴えをもって審判を求める請求の表示を意味します。したがって、その内容は、訴えの類型（本書58頁）に対応します。給付の訴えの場合には、「被告は、原告に対して金○○円を支払え」などという給付の内容、確認の訴えの場合には、「原告が、長野県松本市○町○丁目○番○号の土地につき、所有権を有することを確認する」などという権利関係の内容、形成の訴えの場合には、「原告と被告とを離婚する」などという形成の結果となる法律関係の変動を表示します。不作為請求の場合には、請求の趣旨の特定が問題になることがあります（名古屋高判昭和60・4・12判時1150号30頁［百選32事件］）。

●（2）訴状の記載事項──請求の原因

　まず、民事訴訟規則53条1項を読んでください。そこでは、民事訴訟法133条（改正134）にいう請求の原因について、「請求の原因（請求を特定するのに必要な事実をいう。）」と定義し、「請求を理由づける事実」と区別しています。請求の原因と請求を理由づける事実とを区別する意味は何でしょうか。なお、以下では、請求の原因を請求原因と表記することもあります。

　上の給付の訴えの例で考えてみましょう。「被告は、原告に対して金○○円を支払え」という請求の趣旨だけでは、請求つまり具体的権利関係は特定していないことがお分かりになりますね。それは、ある売買契約にもとづく売買代金債権としての○○円の支払請求権なのか、ある消費貸借契約にもとづいて交付した貸金返還請求権としての○○円の支払請求権なのかなどが特定していないためで

す。

したがって、請求を特定するのに必要な事実としての請求の原因とは、ここでいう売買契約成立や消費貸借契約成立と金銭授受の事実を意味します。これを狭義の請求原因と呼ぶこともあります。これが訴状に記載されていないと、審判の対象とすべき請求（訴訟物）が特定されていないわけですから、裁判長による補正命令や訴状却下命令の理由になります（民訴137）。

これと比較して、上にあげた所有権確認の訴えを考えてください。所有権の客体である土地、主体である原告は特定されており、請求の趣旨のみで請求（訴訟物）が特定されています。したがって、請求を特定するのに必要な事実としての請求の原因は、不要です。原告が所有権を取得する原因となる売買や相続の事実は、請求を特定するのに必要な事実ではなく、請求を理由づける事実にあたるのですね。したがって、その記載がなくても、補正命令や訴状却下命令の対象にはなりません。もちろん、民事訴訟規則で記載が義務づけられているのですから、それらを記載すべき手続上の義務はあります。これを広義の請求原因と呼ぶこともあります。

狭義の請求原因は広義の請求原因の一部ともいえます。給付の訴えの例で売買契約や消費貸借契約は、狭義の請求原因にあたりますが、同時に請求を理由づける事実としての広義の請求原因にも含まれます。これに対して、確認の訴えの例で所有権取得原因事実は、広義の請求原因に含まれますが、狭義の請求原因にはあたりません。

● （3）訴え提起に対する裁判所の行為

これまで何度か触れた通り、原告が裁判所に訴状を提出して訴えを提起すると、裁判所は、事務分配の定めによって、その裁判所に

所属する特定の裁判体（単独体または合議体。本書19頁）に事件（訴状）を配点します。裁判体の裁判長は、必要な記載事項と提訴手数料の納付を審査し、場合によっては、補正命令や納付命令を出し、原告がそれに応じないときは、訴状を却下します（民訴137ⅠⅡ）。却下命令に対しては、即時抗告（本書304頁）による不服申立てが認められます（同Ⅲ）。

　適法な訴状であれば、裁判所はそれを被告に送達し（民訴138Ⅰ）、それによって訴訟係属の効果が発生し、裁判長は、口頭弁論の期日を指定し、当事者を呼びださなければなりません（民訴139）。ただし、訴訟要件（本書61頁）を欠き、訴えが不適法でその不備を補正することができないときは、無意味な審理を行う必要はありませんから、裁判所は、口頭弁論を経ないで、判決で訴えを却下することができます（民訴140）。裁判権が及ばない者（本書19頁）を被告とする訴えなどが例として考えられます。裁判の形式が命令でなく判決であること、却下の対象が訴状ではなく訴えであることに注意してください。

● （4）訴訟物

　これまでの説明でも何度か出てきましたが、訴訟手続の中心となる概念として「訴訟物（請求）」という用語があります。これは、原告が裁判所の審判を求める具体的権利義務や法律関係を意味しますが、主として給付訴訟、付随して形成訴訟の場面で、訴訟物の判断枠組みに関して考え方の対立があります。例としては、土地所有者である賃貸人が、賃貸借の終了後に目的土地の明渡しを求めて賃借人に対して明渡請求訴訟を提起する場合を考えましょう。

　目的とする給付の内容、すなわち土地の明渡しを求める権利とし

て2つのものが考えられます。第1は、所有権にもとづく物権的請求権としての占有者に対する明渡請求権です。第2は、賃貸借の終了にもとづく賃貸人の賃借人に対する目的物返還請求権（民601）です。この2つは、実体法上の権利の性質として区別されますから、訴訟物としても区別すべきであるというのが、実体法説の考え方です。占有を奪われた所有者が、占有権にもとづいて目的物の返還を請求する（民200 I）場合と、所有権にもとづいて目的物の返還を請求する場合についても、同様の議論があります。

　もちろん、同一事象にもとづく損害賠償請求権であっても、不法行為を根拠とするのと債務不履行を根拠とするのとでは法条の違いがあるに過ぎず、実体法上の請求権としては1つであると考える場合には、実体法説を前提としても訴訟物は1個になります。

　それに対して、目的とする給付の内容は同一であるから、たとえその根拠となる実体法上の請求権が複数存在するとしても、訴訟物は1個であるとするのが、訴訟法説の考え方です。学説としての登場順序に即して、実体法説を旧訴訟物理論、訴訟法説を新訴訟物理論と呼ぶのが一般的です。

　旧訴訟物理論に対する批判としては、訴訟物を基準として決定する各種の訴訟法上の規律、たとえば既判力の客観的範囲（民訴114 I。本書202頁）や二重起訴の禁止（民訴142。本書86頁）の適用について、社会的に1個の紛争が実体法上の請求権ごとに分断されることなどがいわれ、新訴訟物理論の長所として紛争の一回的解決が強調されます。また、1つの訴えにおいて同一の給付を目的とする2つの請求権が主張され、それぞれ理由があるとすれば、2つの訴訟物に対応して2つの請求認容判決が言い渡されるのかという疑問も提起されました。

しかし、後者については、2つの訴訟物は選択的併合の関係にある、つまり一方の請求が認容されることが他方の請求に関する審判要求の解除条件になっていると構成すれば、二重の請求認容判決を避けることができますし、前者のうち、訴訟物を区分することによる既判力の分断については、信義則（民訴2）の適用によって解決し（本書205頁）、二重起訴の禁止についても、民事訴訟法142条の規定を柔軟に解釈することによって対応できます（本書87頁）。また、なによりも裁判所の適切な訴訟指揮があれば、旧訴訟物理論の問題点とされることも適切に解決できると思われます。そして、訴訟物を実体法上の権利義務とする前提に立てば、旧訴訟物理論（実体法説）が妥当と考えます。なお、民法201条1項の規定も旧訴訟物理論の典拠とされますが、この点に関しては議論があります（伊藤220頁）。

　判例の説示は、旧訴訟物理論を前提としていると解され（最判昭和51・9・30民集30巻8号799頁［百選79事件］、最判昭和52・3・24集民120号299頁）、実務も旧訴訟物理論に沿って運用されています。旧訴訟物理論に立っても、1個の出来事にもとづく複数の損害費目を内容とする損害賠償請求権は、1個の訴訟物になります（最判昭和48・4・5民集27巻3号419頁［百選74事件］）。

　形成訴訟についても、訴訟物についての考え方の対立がありえます。たとえば、離婚訴訟において離婚事由（民770Ⅰ各号。最判昭和36・4・25民集15巻4号891頁参照）ごとに離婚を求める地位（訴訟物）が区分されるかという問題です。株主総会決議取消しの訴えについても同様です（会社831Ⅰ各号）。しかし、各離婚事由や各決議取消事由は「請求を理由づける事実」（本書75頁）であり、1個の婚姻関係にかかる離婚を求める地位や1個の決議にかかる取消しを

求める地位は、実体法上1個であると解することができれば、実体法説を前提としても、訴訟物を1個とすることができます。

---

6 訴訟物についての処分権主義

　民事訴訟法246条は、「裁判所は、当事者が申し立てていない事項について、判決をすることができない」と規定します。この規定の基礎となっている考え方を処分権主義と呼びます。どのような権利関係について、どのような形式の審判を求めるかは、当事者（原告）が決定する、いいかえれば訴訟物の内容やそれについての審判の形式をどのようなものとするかは、当事者の処分に委ねるという趣旨で、処分権主義という概念が用いられます。

　そこから、当事者の意思にもとづいて訴訟を終了させる訴えの取下げ（民訴261）、上訴の取下げ（民訴292・313）、請求の放棄・認諾（民訴267）、訴訟上の和解（民訴267）などの規律が派生します。

　また、処分権主義は、被告の防御権の視点からみると、原告によって定立された訴訟物についてのみ対応すれば十分であり、それを超えて不利益を受けることはないという理由から、不意打ちを防ぐ、あるいは手続保障としての機能を有しているということもできます。

● （1）申立事項——審判の形式および手続の指定

　民事訴訟法246条にいう「当事者が申し立てていない事項」の前提である「当事者が申し立てている事項」は、具体的権利関係としての訴訟物およびそれについての審判の形式の指定（給付判決、確認判決、形成判決）の2つを含みます。したがって、訴訟物について

いえば、質的にも量的にも原告が審判を求めている訴訟物を超える権利を認めることは許されませんし、審判の形式についていえば、確認判決を求めているのに対し給付判決をすることは許されません。しかし、具体的事例に即して考えると、特に訴訟物の範囲については、様々な問題が議論されています。

●（2）訴訟物の範囲

　当事者（原告）が特定した訴訟物の内容と判決の内容とを比較し、後者が前者を超えていなければ処分権主義違反の問題は生じません。ただし、超えているかどうかは、訴訟物の本質的内容を基準として判断しますので、細部における食違いがすべて処分権主義違反となるわけではありません（伊藤226頁）。また、現在の給付を求める訴えに対し将来の給付を命じることは、現在の給付請求権より質的に減縮された将来の給付請求権を認めるわけですから、処分権主義違反とはなりません（最判平成23・3・1判時2114号52頁、最判令和元・9・13判時2434号16頁）。

（ア）　一部認容判決

　一部認容判決とは、原告の請求の一部を認容し、残部を棄却する判決です。請求の内容が金銭債権のような可分的請求の場合には、分かりやすいですね。1000万円の給付請求について、500万円の支払を命じ、「その余の請求を棄却する」という判決がその例です。これを量的一部認容判決と呼びます。

　これと比較して、質的一部認容判決と呼ばれる類型もあります。売主が原告となって売買代金支払請求訴訟を提起した場合において、被告たる買主が目的物の引渡義務の履行の提供を受けるまで代

金支払を拒絶するとの同時履行の抗弁（民533）を提出し、判決がこれを認めて、原告が引渡義務の履行の提供をするのと引換えに被告に売買代金の支払を命じるのが、その例にあたります。賃貸人が一定額の立退料の提供と引換えに家屋の明渡請求をしたのに対し、裁判所が、相当範囲内で増額した立退料の提供と引換えに明渡しを命じるのも、質的一部認容判決に属します。明渡請求権の内容を一部減縮したとみなされるからです（最判昭和46・11・25民集25巻8号1343頁［百選75事件］）。

（イ）　債務不存在確認請求と一部認容

　金銭債務を例にとりますと、被告（貸主）から1000万円の貸付けを受けた原告（借主）が、300万円を返済済みであるにもかかわらず、被告がその弁済を受けていないと争うため、1000万円の債務のうち700万円を超える部分の不存在確認訴訟を提起したとします。この訴訟の訴訟物は、1000万円の債務のうち700万円を超える部分、すなわち300万円部分です。原告は、700万円の債務が残っていることを自認し、弁済について争いがある300万円部分について裁判所の審判を求めているからです（最判昭和40・9・17民集19巻6号1533頁［百選76事件］参照）。

　したがって、裁判所が弁済額は200万円であると認定したときには、「本件債務のうち700万円を超える部分のうち200万円を超える部分の不存在を確認する。原告のその余の請求を棄却する」との判決をすることになります。この中で、200万円を超える部分以下が訴訟物についての判断であり、不存在を確認している部分が一部認容、その余の請求を棄却している部分が一部棄却にあたります。ご自分で図を書いていただくと分かりやすいでしょう。

（ウ）　一部請求

　一部請求とは、金銭などの不特定物の給付を目的とする債権の一部のみの給付を求める訴えを意味します。金銭債権を例とすると、ある請負契約にもとづく請負代金債権1000万円を持つと主張する債権者が、そのうちの200万円部分のみの支払を求めて給付の訴えを提起することが考えられます。全体額が1000万円であることが示されているので、これを明示の一部請求と呼びます。ほかに、200万円の支払を求め、全体額が1000万円であることを明らかにせず、後の訴訟で残額の請求をする黙示の一部請求という概念もありますが、債権額が200万円であることを前提として判決がなされた以上、後に残額があるとの主張は許されません（最判昭和32・6・7民集11巻6号948頁［百選81事件］）。なお、この例は、数量的一部請求ですが、その他に損害費目を限定する形の一部請求もありえます。

　明示の一部請求についての議論は、訴訟物が一部なのか、全部なのかという点から出発します。私は、全部が訴訟物になるとの考え方をとっていますが、判例（最判昭和34・2・20民集13巻2号209頁、最判平成10・6・12民集52巻4号1147頁［百選80事件］。伊藤230頁注109参照）は、請求されている一部のみが訴訟物となるとの立場を明らかにしています。判例理論を前提としたときに、以下のいくつかの問題が派生します。

（ⅰ）　明示の有無の判断基準

　第1は、明示の有無をどのような基準で判断するかです。これは、請求の趣旨のみならず、請求の原因を総合し、加えて請求権の性質や相手方の認識可能性まで考慮するというものですから（最判

昭和 61・7・17 民集 40 巻 5 号 941 頁 [百選 83 事件]、最判平成 20・7・10 判時 2020 号 71 頁)、明示といっても厳格な形式が求められるわけではありません。

（ⅱ）　残額請求の遮断

第 2 は、一部請求の全部または一部について棄却判決が確定したことが、残額請求の後訴にどのような影響を及ぼすかです。両者の訴訟物が別であるとの判例理論を前提とすれば、影響は生じないことになりますが、金銭債権の性質上、一部または全部の棄却判決が確定した事実は、論理的には、残部または全部の金銭債権が存在していないことを意味しているはずです。それにもかかわらず、残部請求が許されるのでしょうか。これについては、信義則（民訴 2）を理由として残部請求を不適法として却下した判例があります（前掲最判平成 10・6・12）。訴訟物を区分することによって生じる不都合を信義則の適用によって補っているとみることもできます。

（ⅲ）　相殺の抗弁との関係

第 3 は、被告から相殺の抗弁が提出された場合に受働債権を訴訟物たる一部請求部分に限定するか、それとも明示された全額とするかという問題です。先の例で、被告が 500 万円の反対債権による相殺を主張したとします。一部請求部分を受働債権とするのであれば（内側説）、請求棄却判決になります。これに対して 1000 万円の全部を受働債権とするのであれば（外側説）、請求全部認容判決になります。

判 例（最判平成 6・11・22 民集 48 巻 7 号 1355 頁 [百選 113 事件]）は、外側説をとっています。実質的には、一部請求をする側の利益を優先させたものですが、一部と残部とに訴訟物を区分することから生じる問題に対処するものと評価できます。

（iv）　後遺症にもとづく損害賠償請求の取扱い

第4は、交通事故などの不法行為にもとづく損害の内容として、口頭弁論終結時までに顕在化したものと、その後に顕在化するものとの関係、つまり前者にもとづく損害賠償請求権と後者にもとづく損害賠償請求権との関係の問題です。1つの不法行為が原因となっている以上、損害賠償請求権として1つであるという考え方と、被侵害利益の違いを重視して、損害賠償請求権として別であるとの考え方が成り立ちます。私は後者の考え方なのですが（伊藤233頁）、判例は前者の考え方をとり、あわせて前訴と後訴との関係を一部請求と残部請求との関係と捉えています（最判昭和42・7・18民集21巻6号1559頁［百選82事件］）。

つまり、判例理論は、口頭弁論終結後に顕在化する後遺症にもとづく損害賠償請求権も前訴の損害賠償請求権も1個の請求権であるが、前訴において口頭弁論終結までに顕在化した損害を求める趣旨が明らかにされていれば、それは明示の一部請求になり、前訴と後訴の訴訟物は区別されるから、前訴判決の存在によって後訴が影響を受けることはないというものです。

7　訴え提起の効果

訴え提起の効果としては、訴訟係属の発生という訴訟法上の効果と時効の完成猶予および更新という実体法上の効果があります。まず、訴訟係属の発生にもとづく二重起訴（重複起訴）の禁止を説明します。

●（1）二重起訴（重複起訴）の禁止

　民事訴訟法 142 条は、「裁判所に係属する事件については、当事者は、更に訴えを提起することができない」と規定します。これについては、第 1 章で解説を加えましたが、もう一度復習しましょう。まず、この法理の趣旨ですが、同一事件について二重の応訴負担を強いられる被告の不利益を防ぐことと、重複する審理や矛盾する判決の可能性を避けるためのものです。

（ア）　二重起訴禁止の要件

　二重起訴禁止の法理が適用される要件は、ある事件について裁判所に訴訟が係属すること、その事件の当事者が更に訴えを提起することです。わが国の裁判所であれば、別の裁判所であってもこの法理が適用されます。ただし、「更に訴えを提起すること」は、新たに独立の訴えを提起することを禁止するので、係属中の訴訟において反訴を提起することなどは禁止の対象になりません。

（i）　当事者の同一性

　ある事件の原告がその事件の被告を相手方として更に訴えを提起する場合はもちろん、被告が原告を相手方として更に訴えを提起する場合も、当事者の同一性が認められます。債務不存在確認訴訟（本書 58 頁）の被告が原告に対して債務の履行を求める給付訴訟を別訴として提起する場合などがこれにあたります。また、当事者の同一性そのものは認められなくても、訴訟担当（本書 70 頁）のように、基礎となっている当事者適格が同一であるときは、この法理が適用されます（最判昭和 48・4・24 民集 27 巻 3 号 596 頁［百選 108 事件］参照）。

（ⅱ）　事件の同一性

　係属中の訴え（先行訴訟）と後行訴訟の訴訟物が同一の場合には、事件の同一性に議論の余地はありません（大阪高判昭和62・7・16判時1258号130頁［百選37事件］）。さらに、所有権にもとづく引渡請求の先行訴訟と所有権確認の後行訴訟のように、訴訟物が同一とはいえないときであっても、基礎となる社会生活関係が同一であり、訴訟物相互間に密接不可分の関係があるときには、民事訴訟法142条の趣旨を考慮して、二重起訴禁止の法理を適用できないかという問題があります。私は、このような考え方をとっています（伊藤235頁）。

　判例（最判昭和33・3・25民集12巻4号589頁）は、賃借権にもとづく土地引渡請求の先行訴訟と、賃借権確認の後行訴訟との間の二重起訴関係を否定する一方、最判平成10・6・30民集52巻4号1225頁［百選38②事件］は、先行訴訟である一部請求（本書83頁）が係属中に残部請求を後行訴訟として提起することが当然に許されるものではないと判示していますので、上記のような考え方を完全に排斥しているわけではありません。

（イ）　二重起訴禁止の効果

　二重起訴の禁止は訴訟要件の一種ですから（本書61頁）、それに違反する後行訴訟は不適法として却下されます。ただし、先行訴訟が債務不存在確認訴訟であり、後行訴訟がその債務の履行請求訴訟であるような場合には、後行訴訟にも訴えの利益（本書62頁）が認められますので、却下するよりも弁論の併合（民訴152Ⅰ）を通じて、反訴として取り扱うのが適当な場合もあるでしょう。

　なお、裁判所が二重起訴の禁止に抵触することに気付かないまま

に 2 つの訴訟について判決をして、それらが確定したときには、後に確定した判決が取り消されることになります（民訴 338 Ⅰ ⑩。本書310 頁）。

（ウ）　相殺の抗弁と二重起訴の禁止

相殺の抗弁とは、相殺の意思表示の事実にもとづいて、請求債権の全部または一部の消滅の効果を主張するものです。その効果の点では、弁済などの抗弁と異なるところはありませんが、相殺の意思表示の基礎として自らの債権（自働債権）の存在を主張するところに特色があり、既判力の点でも訴訟物に準じる特別の規律が設けられています（民訴 114 Ⅱ。本書 203 頁）。相殺の抗弁と二重起訴禁止の法理との接点は、次のような場合に生じます。

X が Y に対し 1000 万円の売買代金支払請求訴訟を提起しているとし（A 訴訟）、別に Y が X に対し 1000 万円の請負代金支払請求訴訟を提起しているとします（B 訴訟）。A 訴訟と B 訴訟は、訴訟物が異なりますから、二重起訴の禁止の対象とはなりません。それでは、B 訴訟で訴訟物としている請負代金債権を Y が A 訴訟における相殺の抗弁の自働債権として主張したらどうでしょうか。このような状況において、Y は、一方で請負代金債権を訴訟物として審判を求め（B 訴訟）、他方で、それを相殺の抗弁の自働債権として審判を求めています（A 訴訟）。形式こそ二重起訴とは異なりますが、実質をみると、請負代金債権について重複した審理がなされ、矛盾した判断が生じるおそれは共通しています。

判例（最判平成 3・12・17 民集 45 巻 9 号 1435 頁［百選 38 ①事件］など。伊藤 238 頁注 123 参照）は、上に述べた点などを考慮して、二重起訴禁止の法理を適用し、相殺の抗弁を提出することを許さないと

しています。この例は、請負代金債権を訴訟物とするB訴訟が係属し、その後に先行するA訴訟において抗弁を提出する形ですので、抗弁後行型と呼ばれます。

逆に、A訴訟においてYが請負代金債権を自働債権とする相殺の抗弁を提出し、その後にB訴訟を提起する、抗弁先行型と呼ばれる形態もあります。抗弁先行型においても、B訴訟に二重起訴禁止の法理を適用して訴えを却下すべきかどうかについては、議論が分かれています（伊藤239頁）。

以上が基本的問題とその解決ですが、その発展型として、①Yの請負代金支払請求がB訴訟という別訴ではなく、A訴訟における反訴の形で提起されているときにも、なおYの相殺の抗弁が許されないか、逆に、A訴訟の訴求債権をXが反訴に対する相殺の抗弁として用いることはどうか、②B訴訟が明示の一部請求であるときに、残額をA訴訟における相殺の抗弁の自働債権として用いることができるかという問題があります。

①については、本訴と反訴が同一手続で審理されることから、あえて二重起訴禁止の法理を適用すべき理由はない（最判平成18・4・14民集60巻4号1497頁［百選A11事件］、最判平成27・12・14民集69巻8号2295頁、最判令和2・9・11民集74巻6号1693頁）、②についても、一部請求部分のみが訴訟物となることを前提とすれば（本書83頁）、あえて二重起訴禁止の法理を適用すべき理由はない（最判平成10・6・30民集52巻4号1225頁［百選38②事件］）との判例法理が確立しています。

● **（2）時効の完成猶予および更新の効果**

訴え提起を基礎とする訴訟係属の発生という訴訟法上の効果とは

別に、時効の完成猶予および更新（民147）や悪意占有の擬制（民189 Ⅱ）など、実体法上の効果が発生します（伊藤239〜240頁）。

第5章

訴訟の審理

　訴訟の審理とは、原告による訴え提起を起点とし、訴訟係属（本書77頁）が発生したことを前提として、訴えの適法性および訴えの内容である請求に理由があるかどうかの判断資料を形成するための手続（本書11頁）です。審理を主宰し、手続を進行させるのは、基本的には、裁判所の権限と責任に属します。これを職権主義または職権進行主義と呼びます。他方、審理資料の形成などについては、当事者の権限と責任に委ねられるところが多く、これを当事者主義と呼びます。

　私人の権利義務や私人間の法律関係について適正な審理を実現するために、法および規則は、職権主義と当事者主義とを組み合わせた規律を設けています。民事訴訟法2条が「裁判所は、民事訴訟が公正かつ迅速に行われるように努め、当事者は、信義に従い誠実に民事訴訟を追行しなければならない」と規定するのは、それを象徴するものです。

I 審理手続の進行と裁判所の訴訟指揮権

訴訟指揮権とは、訴えの適否および請求の当否についての判断資料を形成するために手続を進行させる権限を意味します。具体的には、期日の指定や呼出し、期日における釈明権などの各種の権能を含んでいます。

●（1）訴訟指揮権の主体

訴訟指揮権は、受訴裁判所が行使するのが原則です（民訴89・151〜155）。受訴裁判所が合議体であるときには、裁判長がそれを行使することがあります（民訴148・149・203、民訴規118〜122など）。また、裁判長自身に訴訟指揮権が帰属することもあります（民訴93 I・137）。受訴裁判所の権限行使を委ねられた合議体構成員である受命裁判官、同じく権限行使を委ねられた受訴裁判所構成員以外の裁判官である受託裁判官に訴訟指揮権が与えられることもあります（民訴206・215の4、民訴規35）。

●（2）訴訟指揮権の内容

訴訟指揮権には、様々な内容の権能が含まれますが、目的から区分すれば、①審理の進行に関する行為、具体的には、期日の指定および変更（民訴93）、期間の伸縮（民訴96）、中断手続の続行命令（民訴129）など、②効率的な審理を行うための整序行為、具体的には、弁論の制限・分離・併合（民訴152）、弁論の再開（民訴153）、裁量移送（民訴17・18）、時機に後れた攻撃防御方法の却下（民訴157）など、③期日における当事者の訴訟行為に対する指揮（民訴

148)、④訴訟関係を明瞭にするための措置、具体的には、釈明権の行使（民訴149）および釈明処分（民訴151）の4種類に整理できます。

● （3）訴訟指揮権の行使方法

訴訟指揮権は、口頭弁論の指揮のように事実行為としてなされる場合もあり、裁判所や裁判長などによる裁判の形式をとってなされる場合もあります。裁判は、決定（裁判所の場合）または命令（裁判長の場合）の方式によりますが、状況の変化に柔軟に対応するために、いつでも取り消すことができます（民訴120）。

また、訴訟指揮権に関する裁判のうち当事者の利害関係に重大な影響を生じるものについては、当事者に申立権が認められています。裁量移送（民訴17・18）、攻撃防御方法の却下（民訴157）、期日の指定・変更（民訴93ⅠⅢ）、中断手続の受継（民訴124以下）などがその例です。申立てがなされれば、裁判所は、裁判の形でその判断を示さなければなりません（本書16頁）。

2　期日、期間および送達

ここでは、期日、期間および送達の概念についての説明を中心にします。

● （1）期日

期日とは、当事者および訴訟関係人ならびに裁判所が会合して訴訟行為をなすための時間を意味します。会合の場所や方法については、口頭弁論期日（民訴139・149・159Ⅲ）、弁論準備手続期日（民訴

170Ⅱ)、進行協議期日（民訴規95）、判決言渡期日（民訴規156）、証拠調べの期日（民訴240）、和解期日（民訴261Ⅲ、改正261Ⅳ、民訴275ⅡⅢ）など期日の種類によって違いがあります。期日の指定は、申立てまたは職権で、審理を主宰する裁判長などが行います（民訴93Ⅰ、民訴規35）。

　期日の呼出しは、呼出状の送達などによって行います（民訴94Ⅰ）。期日のうち、審理の中核となる口頭弁論期日については、事件の呼上げによって開始するとの特別の規律（民訴規62）があります。呼上げは、裁判長またはその命を受けた者が事件名などを特定して行います。

　期日の変更とは、指定期日の実施前にその指定を取り消し、これに代わる期日を指定する裁判所の決定を指し、延期や続行とは区別されますが、審理の段階に応じて要件が定められています。弁論準備手続や同手続を経ていない口頭弁論の最初の期日の変更は、両当事者の合意にもとづく申立てがあれば無条件に許されます（民訴93Ⅲ但書）。未だ審理が開始されていないことを顧慮した規定です。

　これに対して、それ以外の口頭弁論および弁論準備の期日の変更は、顕著な事由がある場合に限り許されます（同本文）。すでに審理が開始されていることを重視したものですが、顕著な事由にあたるかどうかの判断には幅があると思われます。

　さらに、弁論準備手続を経た口頭弁論の期日の変更は、やむをえない事由がある場合でなければ許されません（同Ⅳ）。これは、すでに弁論準備手続による争点整理が行われ、計画的審理の進行（民訴147の2）が予定されているためです。当事者本人や代理人の急病などがこれにあたるでしょう。

● （2）期間

　期間とは、一定の時間の経過に訴訟法上の効果を付与することを意味します。それは、審理の適正かつ迅速な進行のための規律ですが、それによって生じる不利益を救済するために期間の伸縮や追完が認められています。以下では、代表的な期間の種類と追完について説明します。なお、期間の計算方法は、民法の例によることとされていますが（民訴 95 Ⅰ、民 139 以下）、民事訴訟法 95 条 3 項は、期間の末日が日曜日などに当たるときの特則を置いています。また、伸縮や追完が認められている期間のことを真正期間と呼び、それが認められない除斥期間（民訴 342 Ⅱ など）と区別することがあります。

（ア）　行為期間・猶予期間

　これは、当事者の行為に関する概念です。行為期間とは、当事者が一定の行為をなすべき期間であり、期間内にそれがなされないと（徒過）、行為をする資格の喪失（失権）などの不利益が生じます。上訴期間（民訴 285・313・332）が代表的なものです。猶予期間は、一定時間の猶予を意味し、公示送達（本書 101 頁）の効力発生の時期（民訴 112）がその例です。

（イ）　法定期間・裁定期間

　これは、期間の定めの根拠にもとづく区別です。法定期間は、法や規則によって定められている期間で、上訴期間（民訴 285 など）などがあり、裁定期間は、裁判等によって定める期間で、控訴審における攻撃防御方法の提出等の期間（民訴 301）などがあります。

（ウ）　不変期間・通常期間

　法定期間のうち、裁判所がその期間を伸縮できないものを不変期間と呼びます（民訴96Ⅰ但書）。上訴期間が代表的なものです。ただし、不変期間についても特別の事情があれば、裁判所が付加期間を定めることができます（民訴96Ⅱ）。これに対して、不変期間以外の法定期間や裁定期間については、裁判所がこれを伸縮することができます（同Ⅰ本文、民訴規38）。これを通常期間と呼びます。

（エ）　訴訟行為の追完

　当事者がその責めに帰することができない事由によって不変期間を遵守することができなかった場合には、その事由が消滅した後、1週間に限って期間内にすべき訴訟行為の追完をすることができます（民訴97Ⅰ本文）。外国にいる当事者については2か月です（同但書）。追完期間の伸縮は認められません（民訴97Ⅱ）。

　追完とは、不変期間の徒過によって失権した訴訟行為を有効にすることができるという意味ですが、解釈上の議論が生じるのは、「その責めに帰することができない事由」の意義です（最決平成15・11・13民集57巻10号1531頁［百選A34②事件］）。

　第1に、大地震などの天災地変がこれにあたることは疑いがありません。第2に、訴状や判決書の送達が公示送達（民訴110・111。本書101頁）の方法によってなされ、相手方当事者が訴え提起や判決言渡しの事実を知りえなかったことが含まれるかについては、公示送達の効力を認めることが送達を受ける側の合理的期待に反するような事情が認められる場合に限って追完を認めるべきです（最判昭和42・2・24民集21巻1号209頁［百選A12事件］）。第3に、訴訟

代理人やその補助者の過失が当事者本人にとって「その責めに帰することができない事由」にあたるかどうかですが、これらの者の過失は本人の過失と同視されるという理由から否定されています。

● （3）送達

送達とは、当事者その他の訴訟関係人に対して、訴訟上の書類の内容を知らせるために、法定の方式に従って書類を交付し、または交付を受ける機会を与える裁判所の行為を意味します。訴状や判決書が代表的なものですが、送達は、当事者などが攻撃防御を展開するために不可欠の前提となるものであり、手続保障の理念と不可分に結びついています。送達に類似する概念として、通知、公告、送付、および直送があります。送達という厳格な方式を要求しているのは、訴状（民訴138Ⅰ）、控訴状（民訴289Ⅰ）など、判決書（民訴255Ⅰ）、訴訟告知書（民訴規22Ⅰ）など、重要な訴訟法上の効果の前提となる書面です。

なお、送達は、職権送達主義といって、裁判所の職権によってなされますが（民訴98Ⅰ）、公示送達のみは、当事者の申立てにもとづいてなされるのが原則です（民訴110Ⅰ柱書）。

（ア）　送達機関

送達行為の主体は裁判所であり、送達事務の取扱いは裁判所書記官であり（民訴98Ⅱ）、送達実施機関は、郵便の業務に従事する者または執行官です（民訴99、改正101）。ただし、送達実施機関については、いくつかの例外があります（伊藤255頁）。

（イ）　受送達者

　受送達者は、送達名宛人とも呼ばれ、その者を名宛人として送達が行われるべき者を意味します。誰が送達名宛人となるかは、送達書類の内容によって法定されています。訴状の場合であれば、被告（民訴138Ⅰ）、判決書の場合であれば、当事者です（民訴255Ⅰ）。例外として、訴訟無能力者（本書43頁）に対する送達については法定代理人（民訴102Ⅰ、改正99Ⅰ）、刑事施設に収容されている者に対する送達については刑事施設の長（民訴102Ⅲ、改正99Ⅲ）が名宛人となります。なお、訴訟代理人（本書51頁）が選任されているときには、その者が名宛人となります。

（ウ）　送達場所

　送達は、送達名宛人の住所や営業所などにおいて行われるのが原則ですが（民訴103Ⅰ）、就業場所もありえます（同Ⅱ）。また、送達場所の届出がなされれば、そこにおいて送達がなされます（民訴104）。

（エ）　送達の方法

　送達の目的は、送達名宛人に訴訟書類の内容を知らせ、または知る機会を与えることですから、書類を交付してする送達、つまり交付送達が原則です（民訴101、改正102の2）。

（ⅰ）　交付送達

　交付送達は、送達場所、送達受領者、および送達実施機関に即して以下のいくつかの類型に分けられます。

　①　就業場所における送達　　交付送達は、名宛人の住所や営業所

においてなされるのが原則ですが、生活形態の変化などの事情によって送達が困難な場合があることを考慮して、補充的な送達場所として設けられたのが、この制度です（民訴103 II）。したがって、これが利用できる場合は、第1に、住所等の本来の送達場所が知れないとき、第2に、本来の送達場所における送達に支障があるとき、第3に、名宛人が就業場所における送達を申し出たときの3つです。その判断は、送達事務取扱者である裁判所書記官が行います。

② **出会送達**　　これは、送達実施機関が名宛人と出会った場所において書類を交付することによる送達方法です（民訴105）。日本国内に住所等を有することが明らかでないものや、日本国内に住所等を有することが明らかな者、送達場所の届出（民訴104）をしている者であっても、送達を受けることを拒まないときは、送達実施機関が名宛人と出会った場所で送達ができるという簡易な送達方法です。

③ **裁判所書記官送達**　　これは、裁判所書記官が送達実施機関となって、その所属する裁判所の事件について出頭した者に対して行う送達方法です（民訴100、改正102）。簡易送達とも呼ばれます。

④ **補充送達**　　これは、送達名宛人以外の者を送達受領者とする交付送達です。就業場所以外の送達すべき場所において送達を受けるべき者に出会わないときは、使用人その他の従業者または同居者であって書類の受領について相当のわきまえのある者に書類を交付することができます（民訴106 I前段）。代人と呼ばれる受領者は、その限りで法定代理人としての性格を持ちます。

これは、送達の実効性確保を目的とした制度ですが、実際に書類を受領した者が「相当のわきまえのあるもの」に該当するか、受領した配偶者と名宛人との間に事実上の利害関係の対立（名義の無断

使用による借財など）があり、名宛人が送達の事実を知りえなかった場合の送達の効力などについて紛争が生じる可能性があります（最決平成19・3・20民集61巻2号586頁［百選40事件］）。

補充送達は、郵便の業務に従事する者が日本郵便株式会社の営業所において書類を交付すべきときも可能です（民訴106Ⅰ後段）。また、就業場所における補充送達も可能ですが、受領者が拒まないときに限ります（同Ⅱ）。就業場所の第三者に過度の負担をかけないためです。

⑤　**差置送達**　交付送達は、書類を現実に交付するのが原則ですが、名宛人や代人が書類の宛名違いなどの正当な理由なく受領を拒んだ場合には、送達実施機関は、送達すべき場所に書類を差し置くことができます（民訴106Ⅲ）。これを差置送達と呼びます。送達実施を円滑に行うことを目的とする制度です。

差し置くとは、名宛人などの支配権に属する場所に書類を置くことを意味します。ただし、差置送達は、受領義務があることを前提としますから、受領義務がない場合（民訴105後段・106Ⅱ参照）には、差置送達は許されません。

（ⅱ）　**付郵便送達**

付郵便送達は、語感とは違って、交付送達ではありません。交付送達は、名宛人などに対する手交や差置によってその効力を生じるのですが、民事訴訟法107条3項は、「書類を書留郵便等に付して発送した場合には、その発送の時に、送達があったものとみなす」と規定しています。つまり、書留郵便等が名宛人等に到達したかどうかを問題にせず、発送の時に送達の効力を発生させるのですから、交付送達とは異なります。したがって、交付送達の原則からすれば、本来の送達場所や就業場所などにおける交付送達、補充送

達、差置送達ができなかった場合にのみ付郵便送達が許されます（民訴107ⅠⅡ。最判平成10・9・10判時1661号81頁［百選39①事件]）。

　この意味で付郵便送達は、送達の機能を確保するための補充的な手段といってよいでしょう。実際には、付郵便送達の前提となる調査をめぐって後に紛争が起きることがあります（最判平成10・9・10判時1661号81頁［百選39②事件]）。なお、付郵便送達については、裁判所書記官が送達事務取扱者と送達実施機関の地位を兼ねることになります（民訴107Ⅰ柱書）。

（ⅲ）　公示送達

　送達場所や名宛人の所在が不明であれば、交付送達はもちろん付郵便送達も不可能です。しかし、このような場合であっても、訴状などの書類を送達し、訴訟手続を進めることは、裁判を受ける権利（憲32）を保障するために不可欠です。そこで、いわば最後の手段として認められる送達の方法が公示送達です（民訴110）。公示送達は、当事者の申立てにもとづいて裁判所書記官によってなされるのが原則ですが（同Ⅰ）、例外的に職権でなされることもあります（同ⅡⅢ）。

　公示送達の方法は、裁判所書記官が送達書類を保管し、名宛人が出頭すればいつでもこれを交付する旨を裁判所の掲示場に掲示して行い（民訴111）、送達の効力は、掲示を始めた日から一定期間を経過したときに生じますから（民訴112）、交付送達の原則に対する例外になります。

　公示送達が実施されるときは、名宛人が実際に送達書類の内容を知る機会は実際上容易ではありませんから、状況によっては、名宛人の救済を図る手段を考えなければなりません。

　第1は、訴訟行為の追完です（民訴97。本書96頁）。例として

は、第1審判決書の送達が公示送達によってなされたときに、後にそれを知った当事者が2週間の控訴期間（民訴285本文）の追完を主張することが考えられます。ただし、このときには、公示送達の申立人が名宛人の住所を知りながら公示送達の申立てをしたとか、裁判所書記官が十分な調査をしないままに公示送達を実施したとか、「その責めに帰することができない事由により不変期間を遵守することができなかった」ことを名宛人が主張・立証しなければなりません。

第2は、公示送達にもとづく判決が確定したことを前提とする再審の訴えです（民訴338Ⅰ⑤。本書310頁）。原告が裁判所書記官を欺いて訴状の公示送達をなさしめた場合などがこれにあたります。

3　訴訟手続の停止

裁判所は、係属する訴訟を進行させる責務を負っていますが、一定の事由が生じたときには、進行が法律上禁止されることがあります。これが訴訟手続の停止です。停止の事由は、中断と中止とに分けられます。中断は、訴訟追行をする責務を負う当事者や法定代理人について、その資格や能力の喪失という事由が生じたときに、その者またはその者に代わる者が訴訟追行できる状態になるまで手続を停止することです（民訴124）。

中止は、裁判所または当事者が訴訟行為を行うことを不可能にする事由が生じたときに、その事由が止むまで手続を停止することです（民訴130・131）。期間（本書95頁）も進行を停止し、受継の通知（民訴127）または続行の時から新たに全期間の進行を始めます（民訴132Ⅱ）。

●（1）訴訟手続の中断

　訴訟手続の中断事由は、当事者能力の喪失、訴訟能力の喪失、法定代理権の消滅、当事者適格の喪失に分けられます。

（ア）　当事者能力の喪失

　当事者能力の喪失による中断事由は、当事者である自然人（個人）の死亡（民訴124 I ①）および法人の合併による消滅です（同②）。法人の解散の場合には、清算の範囲内で法人格が存続しますから、中断事由にはなりません。清算が終了すれば、訴訟が終了します。また、自然人の死亡の場合にも、訴訟物が一身専属的な権利であれば、中断ではなく、訴訟が終了します（最大判昭和42・5・24民集21巻5号1043頁）。

（イ）　訴訟能力の喪失、法定代理人の死亡、法定代理権の消滅

　後見開始の審判などによって当事者が訴訟能力を喪失したときには、有効に訴訟行為をすることができなくなりますから、訴訟手続は中断します。当事者に代わって訴訟行為をすべき法定代理人の死亡や法定代理権の消滅も同様です（民訴124 I ③）。訴訟代理人の死亡や訴訟代理権の消滅は、当事者本人の訴訟追行が可能ですから、中断事由ではありません。

（ウ）　訴訟担当者の当事者適格の喪失

　第三者が権利関係の帰属主体に代わって当事者として訴訟追行をすることを訴訟担当といいます（本書70頁）。訴訟担当者が資格を喪失すると、当事者としての地位も失いますから、訴訟手続は中断

します。具体的には以下のような場合です。

　第1は、信託財産に関する訴訟の係属中に当事者である受託者等の任務が終了（信託56Ⅰなど）した場合です（民訴124Ⅰ④）。

　第2は、一定の資格を有する者が、他人のために当事者となっている訴訟において、その者が死亡その他の事由によって資格を喪失した場合です（同⑤）。法定訴訟担当者（本書70頁）、職務上の当事者（本書70頁）、任意的訴訟担当者（本書71頁）の資格喪失がこれにあたります。ただし、法定訴訟担当者のうち代位債権者（民423）と取立債権者（民執157）は、他人のためではなく、自らの権利を保全または実現するために当事者適格を与えられている者ですから、ここには含まれません（伊藤267頁）。

　第3は、選定当事者の全員の死亡その他の事由による資格の喪失です（民訴124Ⅰ⑥）。一部の者がその資格を喪失しても、残りの者が訴訟を追行しますから、訴訟は中断しません。

　第4は、当事者が破産手続開始決定を受けた場合です（破44Ⅰ）。破産者の財産の管理処分権が失われ、破産管財人に専属することが（破78Ⅰ）、その根拠です。

（エ）　中断が生じない場合

　民事訴訟法124条2項は、「前項の規定は、訴訟代理人がある間は、適用しない」と規定します。ここでいう前項の規定とは、（ア）〜（ウ）に述べた中断の規定です。たとえば、当事者が死亡しても、訴訟代理人（本書51頁）がいる限り、訴訟手続は中断しないのです。この規定は、中断事由が生じても訴訟代理権が消滅しないとする民事訴訟法58条（本書53頁）と一体のものです。つまり、訴訟代理人は新しい当事者の代理人として訴訟追行ができますから、訴

訟を中断させる必要がないわけです。その他にも、中断が生じない場合についての特則があります（民訴124 ⅣⅤ）。

　なお、判決の言渡しは、訴訟手続の中断中であっても、することができます（民訴132 Ⅰ）。

（オ）　中断の解消

　中断事由の発生によって停止した訴訟を進行させるための手続として受継と続行命令があります。

（ⅰ）　受継

　受継とは、停止している訴訟手続を新当事者などに続行させる手続です。当事者の死亡（民訴124 Ⅰ①上段）によって訴訟が中断したときには、相続人などが新当事者の地位を取得しますが、当事者としての訴訟行為をなすためには、受継の手続をとらなければなりません（同下段）。考え方としては、当事者の死亡によってその地位は相続人などに当然に移転しますが、新当事者として訴訟追行するためには、受継の手続を経る必要があるといえます。

　申立てをすべき者は、それぞれの中断事由に対応して規定されていますが（民訴124 Ⅰ各号下段）、相手方当事者にも受継申立権が認められています（民訴126）。訴訟を進行させることについて相手方の利益を尊重したものです。いずれの場合でも、受継申立ての事実は相手方に通知しなければなりません（民訴127）。これも、相手方の利益を考慮したものです。

　申立ては、訴訟が係属する受訴裁判所に対して行います。すでに判決書などの送達がなされた後の中断についても同様です（民訴128 Ⅱ）。申立てを受けた裁判所は、申立人の適格などについて職権で調査し、理由がないと認めるときは、決定で、その申立てを却下

しなければなりません（民訴128 I）。却下決定に対しては、抗告による不服申立てが認められます（民訴328 I）。

　それでは、受継申立てに理由があると認めるときは、どうでしょうか。民事訴訟法128条2項は、判決書等の送達後に受継の申立てがあった場合には、その判決をした裁判所は、その申立てについて裁判をしなければならないと規定します。この場合には、受継を却下するときもその旨の決定をしなければなりません。判決に対する上訴の資格の有無を明らかにするためです。現在の一般的解釈は、この規定を類推して、口頭弁論終結後の中断の場合にも、受継の申立てに対する裁判をしなければならないとしています。判決の名宛人を明らかにするためです。

　それ以外の場合、つまり口頭弁論終結前に受継申立てがなされ、それを認めるときには、独立の裁判をする必要はありません。申立人を当事者として審理を進めれば足りるからです。受継について争いがあれば、それは申立人を当事者とする判決に対する不服申立てに委ねられます。

（ii）　続行命令

　当事者が受継の申立てをしない場合においても、裁判所は、職権で訴訟の続行を命じることができます（民訴129）。受訴裁判所は、審理を進行させる責務を負うからです。なお、受継を命じられたにもかかわらず、当事者双方が指定期日に欠席すれば、訴え取下げとみなされる可能性があります（民訴263）。

● （2）訴訟手続の中止

　訴訟手続を進めることを不可能にする事由が発生した場合には、その事由が止むまで手続が中止します。

（ア）　裁判所の職務執行不能による中止

天災地変その他の事由によって裁判所がその職務を行うことができないときは、訴訟手続は、その事由が消滅するまで中止します（民訴130）。事由が止めば、手続は当然に進行を再開します。

（イ）　当事者の訴訟続行について不定期間の故障がある場合

天災等の事由による交通途絶とか当事者が重病にかかるなどの故障が相当期間続くと認めるときに、裁判所は、決定で訴訟手続の中止を命じることができます（民訴131 I）。故障が止んだ場合には、裁判所はその決定を取り消すことができます（同 II）。裁判所の決定によるところが(ア)との違いです。

4　口頭弁論およびその準備

審理の目的は、訴訟物について裁判所が審判する資料を形成することですが、そのために当事者が必要な事実を主張し、主張された事実に対する認否を明らかにすることを弁論と呼び、争いある事実について当事者が証拠の申出をなし、裁判所が証拠調べを行うことが審理の内容です。憲法82条1項にいう対審とは、この弁論および証拠調べの双方を含んでいますので、公開の法廷で行うことになります。民事訴訟法87条1項本文が「当事者は、訴訟について、裁判所において口頭弁論をしなければならない」と規定する、必要的口頭弁論の原則もこれを指しています。以下に、口頭弁論を中核とする審理方式の諸原則を説明します。

● （1）審理方式に関する諸原則

　民事裁判権は、主権者である国民から裁判所に負託されたものですから、憲法32条で保障された裁判を受ける権利の具体化として、適正かつ迅速な審理を行うことを求められます。以下の諸原則は、その基本理念を具体化したものということができます。

（ア）　双方審尋（審理）主義

　双方審尋主義とは、訴訟物についての判断の基礎となりうる事実および証拠を含む攻撃防御方法の提出について、両当事者に平等な機会を与えなければならないという原則です。明文の規定があるわけではありませんが、憲法82条1項にいう「対審」の概念は、この原則を基礎としていると考えられます。なお、当事者が与えられた機会を行使しなかったときには、それによる不利益を受忍しなければなりません。責問権の喪失（民訴90）は、それを示すものです（最判昭和50・1・17判時769号45頁［百選A13事件］）。

（イ）　口頭主義

　口頭弁論の用語に含まれているように、事実の主張などの行為を公開の法廷において口頭で行う原則を口頭主義と呼びます。口頭主義の長所としては、弾力的かつ柔軟な審理の実現や直接主義と結びついて裁判所が新鮮な心証を形成できることなどがあげられます。他方、短所としては、一定の時間を要すること、複雑な事実について正確な陳述が困難なことなどがあげられます。
　このような点を考慮し、法は、口頭主義を基本としつつも、訴えの提起における訴状（民訴133Ⅰ、改正134Ⅰ）、控訴状（民訴286

Ⅰ)、上告状（民訴 314 Ⅰ）など重要な行為について書面を要求し、また、準備書面（民訴 161 Ⅰ）や上告理由書（民訴 315 Ⅰ）など主張の整理が求められる場面でも書面を求め、口頭主義の短所を補うこととしています。もっとも、実際には、口頭の陳述といっても、書面の内容を援用することが多く、口頭主義の形骸化が指摘されています。

（ウ）　直接主義

　弁論や証拠調べを受訴裁判所の裁判官の面前で直接に行う原則を直接主義といい、他の者が聴取した弁論や取り調べた証拠を基礎として受訴裁判所の裁判官が事実認定を行う間接主義と対比されます。民事訴訟法 249 条 1 項が「判決は、その基本となる口頭弁論に関与した裁判官がする」と規定するのは、直接主義を明らかにしたものです。

　もっとも、裁判官の異動可能性を前提とすれば、受訴裁判所の構成員が代わる可能性があります。同条 2 項が弁論の更新、すなわち「裁判官が代わった場合には、当事者は、従前の口頭弁論の結果を陳述しなければならない」と規定するのは、このような場合にも直接主義の趣旨を維持するためです。

　更に、同条 3 項は、単独の裁判官が代わった場合または合議体の裁判官の過半数が代わった場合において、すでになされた証人尋問について当事者が更に尋問の申出をしたときには、裁判所に再度の証人尋問を実施する義務を課しています。裁判官の五感の作用が特に重要な証人尋問について、直接主義の実質を確保するための規定です。

（エ）　公開主義とその例外

　弁論、証拠調べ、判決の言渡しを公開法廷において行う原則を公開主義といいます。これは憲法上の要請です（憲82）。これに対して、弁論準備手続などの争点整理や和解手続については、公開主義は適用されません。

（ⅰ）　訴訟記録の閲覧等

　訴訟記録については、公開原則そのものが適用されるわけではありません。しかし、民事訴訟法91条1項が「何人も、裁判所書記官に対し、訴訟記録の閲覧を請求することができる」と規定するのは、公開主義の趣旨を反映したものです。したがって、「公開を禁止した口頭弁論に係る訴訟記録については、当事者及び利害関係を疎明した第三者に限り、前項の規定による請求をすることができる」（同Ⅱ）として、閲覧も制限されます。

　これに対して、謄写（コピー）などに関しては、当事者および利害関係を疎明（明らかに）した第三者に限り裁判所書記官に対して請求することができます（同Ⅲ）。謄写などによる情報の拡散を一定範囲に限定する趣旨です。録音テープやビデオテープの複製などについても、同様です（同Ⅳ）。ただし、閲覧、謄写および複製の請求は、訴訟記録の保存または裁判所の執務に支障があるときは、することができません（同Ⅴ）。

（ⅱ）　公開主義の例外

　憲法82条2項は、「裁判所が、裁判官の全員一致で、公の秩序又は善良の風俗を害する虞があると決した場合には、対審は、公開しないでこれを行ふことができる」と定めます。この趣旨を具体化したのが、人事訴訟法22条や特許法105条の7の規定です。これら

の規定は、公開法廷で審理が行われることによって私生活上の重大な秘密や事業活動の基礎となっている営業秘密が第三者に知られるおそれを生じ、そのことがかえって適正な審理の妨げとなることを考慮し、非公開審理の可能性を定めたものです。

（ⅲ）　秘密保護のための閲覧等の制限

審理の非公開にあわせて、私生活についての重大な秘密や営業秘密が記載または記録されている訴訟記録については、当事者の申立てにもとづいて、裁判所がその部分の閲覧や謄写等を当事者に限る決定をすることができます（民訴92）。

（オ）　集中審理主義と併行審理主義

多数の事件を受理している裁判所を想定したときに、ある事件の審理を集中的に行い、その終了後に他の事件の審理に移る形態を集中審理主義と呼び、複数の事件の審理を併行して行う形態を併行審理主義といいます。現在の実務は併行審理主義にもとづいて運用されていますが、争点および証拠の整理が終了した後の証人および当事者本人の尋問は、できる限り、集中して行わなければならないとして（民訴182、民訴規101）、適正かつ迅速な審理の実現を予定しています。

（カ）　職権進行主義と当事者進行主義

審理は、訴訟物について判断の責務を負う裁判所がその資料を収集するための手続ですから、基本は、職権進行主義です。しかし、判断の基礎となる事実や証拠の提出は当事者の責任に委ねられているところから、審理の進行にあたっては、当事者の意思に委ねたり（民訴93Ⅲ但書）、その意見を聴く旨の規定が置かれています（民訴

168・175・202 Ⅱ・207 Ⅱ、民訴規 121 など)。これらは当事者進行主義を意味するものではありませんが、裁判所と当事者との協働という理念のあらわれとみることができます。

(キ)　適時提出主義

民事訴訟法 156 条は、「攻撃又は防御の方法は、訴訟の進行状況に応じ適切な時期に提出しなければならない」と規定し、これを適時提出主義と呼びます。旧民事訴訟法 137 条は、「攻撃又ハ防禦ノ方法ハ別段ノ規定アル場合ヲ除クノ外口頭弁論ノ終結ニ至ル迄之ヲ提出スルコトヲ得」と規定し、これを随時提出主義と呼んでいました。随時提出主義は、攻撃防御方法の提出時期を厳格に区分する法定序列主義の硬直性に対する批判を踏まえたものですが、その趣旨が誤解され、審理の遅延につながっているとの反省から、現行法は適時提出主義を明定しました。

これを前提とする具体的な規律としては、時機に後れた攻撃防御方法の却下等（民訴 157）、準備書面の提出期間の定め（民訴 162）、準備的口頭弁論等終了後の攻撃防御方法の提出に関する規律（民訴 167・174・178）があります。

(ク)　計画的進行主義

裁判所が訴訟物たる権利関係について適正かつ迅速に判断をするためには、必要な事実が適時に提出され、争いのある事実とない事実を区分し、それに関連する証拠が提出され、その取調べを行うという順序で審理を進めることが不可欠です。このような基本理念を計画的進行主義といいます。

民事訴訟法 147 条の 2 が、「裁判所及び当事者は、適正かつ迅速

な審理の実現のため、訴訟手続の計画的な進行を図らなければならない」と定めるのは、この理念を表したものですし、同147条の3は、更に具体的に、事件が複雑である場合などにおいて、裁判所は、当事者双方と協議をし、争点整理や証拠調べの期間などを含む審理の計画を定めなければならないとしています。

●（2）口頭弁論の必要性

民事訴訟法87条1項本文は、「当事者は、訴訟について、裁判所において口頭弁論をしなければならない」と規定し、これを必要的口頭弁論と呼びます。必要的口頭弁論の原則が適用される訴訟手続では、裁判所は、口頭弁論の場に提出された資料以外を判断の基礎とすることは許されません。これに対し、訴訟手続上の裁判など、決定で完結すべき事件においては、裁判所が、口頭弁論をすべきか否かを定めるとされ（同但書）、これを任意的口頭弁論といいます。任意的口頭弁論の手続では、口頭弁論以外の場で提出された資料を判断の基礎とすることもできます。

したがって、訴訟の中核をなすのは、口頭弁論であり、口頭弁論は審理そのものとして表現されることもあります（民訴152・153）。ただし、法律に特別の規定がある場合（民訴78・140など）には、口頭弁論を開くことなく訴えなどを却下することができます。訴えの不適法性が明白な場合などです。

●（3）口頭弁論の準備

口頭弁論においては、訴訟物である権利関係を基礎づける事実（請求原因事実）、それに対する被告の認否、請求原因事実に対抗して被告側からする訴訟物に関わる事実（抗弁事実）とそれに対する

原告の認否、更に原告側の再抗弁事実とそれに対する被告の認否などの主張を交換し、それらの事実に関連する事実や証拠を明らかにする必要があります。適正かつ迅速な審理を実施するためには、これらの事実の中で争いの対象となり、証拠調べの必要がある事実を確定する作業が不可欠であり、これを争点整理といいます。

（ア）　争点整理の手段と方式

　争点整理は、当事者と協働しつつ裁判所が主宰して行うものですが、当事者に与えられる手段としては、準備書面と当事者照会の2つがあり、裁判所が主宰して行う手続としては、準備的口頭弁論、弁論準備手続、書面による準備手続の3種類があります。

（イ）　準備書面

　口頭弁論は、書面で準備しなければなりません（民訴161Ⅰ）。この書面を準備書面と呼びます。訴状における請求を理由づける事実の記載など（民訴規53Ⅰ）は、原告側の準備書面としての性質を持ち、また、被告側の最初の準備書面は、答弁書と呼ばれます（民訴規80）。

　準備書面に記載すべき事項は、攻撃防御方法（請求を理由づける事実、抗弁事実または再抗弁事実、これらに関連する事実）、相手方の請求および攻撃防御方法に対する陳述、重要な証拠などを含みます（民訴161Ⅱ、民訴規79Ⅱ・80・81）。

　裁判長は、準備書面を提出する当事者に対し、相手方が記載事項について準備するのに必要な期間を見越して裁判所に提出することを要求し（民訴162、民訴規79Ⅰ）、同時に提出当事者は、準備書面を相手方に直送しなければなりません（民訴規83）。

準備書面は、あくまで口頭弁論の準備資料ですので、そこに記載した事項は、口頭弁論で陳述することによって裁判所の判断資料となります。ただし、提出当事者が最初の口頭弁論期日などに欠席したときには、準備書面記載の事項を陳述したものとみなし、出頭した相手方に弁論をさせることができます（民訴158）。訴訟手続を迅速に進めるための措置です。

　逆に、準備書面に記載されていない事項でも口頭弁論に上程することが許されないわけではありませんが、不意打ちとなることを避けるために、相手方が在廷していない口頭弁論においては、準備書面に記載した事実でなければ、主張することができません（民訴161Ⅲ）。

（ウ）　当事者照会

　当事者照会は、当事者間の直接の応答を通じて、主張および立証を準備するための手続です（民訴163）。その対象事項は、当事者が主張または立証を準備するために必要な事項のすべてを含みますが、具体的または個別的でない照会や証言拒絶権の対象事項についての照会などの除外事項があります（同①〜⑥、改正163Ⅰ①〜⑥）。照会は書面によって行い、書面による回答を求めるものですが（民訴163柱書本文、民訴規84）、回答拒絶が正当な事由にもとづくものかどうかについて裁判所が判断することは予定されておらず、不当な回答拒絶に対する制裁も存在しないとされているために、実効性に欠けるとの指摘があります。

（エ）　弁論準備手続

　弁論準備手続とは、争点整理手続の1つですが、口頭弁論期日外

で、受訴裁判所または受命裁判官が主宰し、当事者双方が立ち会うことができる期日において、争点および証拠の整理を行うものです（民訴168・169Ⅰ・171）。争点整理の手続としては、（オ）の準備的口頭弁論もありますが、裁判所は、公開を要しない期日で行われる手続であるという特質（民訴169Ⅱ参照）を考慮し、当事者の意見を聴いて、事件を弁論準備手続に付することができます。

　また、裁判所は、相当と認めるときは、申立てによりまたは職権で弁論準備手続に付する決定を取り消すことができます（民訴172本文）。この手続による争点整理の円滑な進行が期待できないと認めるような場合です。ただし、当事者双方の申立てがあるときは、これを取り消さなければなりません（同但書）。争点整理は、当事者の協働を前提としているからです。当事者の取消申立てと当事者双方の申立ての違いについては、訴訟法律関係についての説明（本書15頁）を参照してください。

　裁判所は、この手続において争点および証拠の整理をするために、口頭弁論におけるのと同様の行為をすることができますし（民訴170Ⅴ）、準備書面を提出させることもできます（同Ⅰ）。また、裁判所は、当事者が遠隔の地に居住しているとき、その他相当と認めるときは、当事者の意見を聴いて、いわゆる電話会議システムの方法によって弁論準備手続を行うことができますが、当事者の一方は期日に出頭していなければなりません（同Ⅲ）。ただし、令和4年改正が施行されると、上記の記述に変化が生じます。

　争点整理の目的が達せられた場合、または達せられないことが明らかになった場合には、裁判所は、弁論準備手続を終結します（民訴170Ⅴ・165・166）。達せられた場合には、裁判所は、その後の証拠調べによって証明すべき事実を当事者との間で確認します（民訴

170 V・165 I）。確認した内容は、調書や準備書面の形で記録化し（民訴 170 V・165 II、民訴規 90・86）、口頭弁論に提出されます（民訴173）。

このような形で弁論準備手続が終了した後に、新たな攻撃防御方法の提出を許さないこととするか（失権効）については、立法の段階で議論がありましたが、現行法は、失権効に代えて、理由説明義務を課すこととしています（民訴 174・167）。理由説明義務を怠ることは、時機に後れた攻撃防御方法の却下（民訴 157 I）の考慮要素になります。

（オ）　準備的口頭弁論

準備的口頭弁論の目的は、弁論準備手続と同様に争点整理ですが、口頭弁論の方式を取り、公開の法廷において裁判所によって行われる点が特徴です（民訴164）。その他の点は、弁論準備手続と基本的に同様ですが、争点整理の結果を改めて口頭弁論に提出する必要はありません。

（カ）　書面による準備手続

書面による準備手続とは、当事者の出頭なしに準備書面の提出等により争点整理をする手続をいいます（民訴 175 かっこ書）。裁判所は、当事者が遠隔の地に居住しているときその他裁判所が相当と認めるときに、当事者の意見を聴いて、この手続を実施します。

この手続の特徴は、準備書面の提出と交換（民訴 176 II 参照）に加え、電話会議システムの利用（同III）によって、書面と口頭陳述を結合し、裁判所と当事者との間で争点を確認し（民訴177）、集中証拠調べ（民訴182）を予定するところにあります。手続終了後の攻

撃防御方法の提出に関する理由説明義務（民訴178）や口頭弁論への上程（民訴177）は、弁論準備手続とほぼ同様です。ただし、令和4年改正が施行されると、上記の記述に変化が生じます。

●（4）口頭弁論の実施

民事訴訟法139条は、「訴えの提起があったときは、裁判長は、口頭弁論の期日を指定し、当事者を呼び出さなければならない」と規定します。口頭弁論の指揮権は裁判長にあり（民訴148）、その指揮に従って当事者が口頭弁論においてなした陳述や証拠調べの結果が訴訟物に関する裁判所の判断資料になります。このように口頭弁論は、審理の中核として位置づけられるものですが、その進行に関して法はいくつかの規律を置いています。いずれも裁判所の権限を定めたものであり、それを行使するかどうかは、裁判所の裁量判断に委ねられるのが原則です。

（ア）　弁論の続行・更新・終結・再開

ある期日において審理が終結しない場合には、次回期日を指定し、弁論を続行します。弁論が数期日にわたるときでも、そこに提出された資料は一体のものになります。これを口頭弁論の一体性と呼びます。

数次にわたる口頭弁論の途中で受訴裁判所を構成する裁判官の交代が生じたときは、直接主義（本書109頁）の要請を満たすために、当事者が従前の口頭弁論の結果を陳述しなければなりません（民訴249Ⅱ）。これを弁論の更新と呼びます。

審理が進行し、終局判決をするに十分な資料がえられたと裁判所が判断するときには、弁論を終結します（民訴243Ⅰ参照）。ただ

し、裁判所は、いったん終結した口頭弁論を再開することもできます（民訴153。最判昭和56・9・24民集35巻6号1088頁［百選41事件］参照）。

（イ）　弁論の制限・分離・併合

弁論の制限、分離、併合は、いずれも適正かつ迅速な審理を行うことを目的として審理の範囲を限定したり、拡張するために裁判所に与えられている権限です（民訴152 Ⅰ）。

（ⅰ）　弁論の制限

1つの訴訟手続の中で数個の請求を審理し、または1つの請求について数個の争点を審理する状態にあるときに、弁論や証拠調べの対象を特定の請求や争点に限定することを弁論の制限といいます。損害賠償請求事件において責任の有無と損害額の双方が争点になっている場合に、責任の有無に弁論を制限し、責任がないことが明らかになれば請求棄却の終局判決をし、責任があると認めれば中間判決（民訴245）をした上で、損害額の審理に移るのが一例です。

（ⅱ）　弁論の分離

訴えの併合などの原因によって、1個の訴訟手続の中で数個の請求が審判の対象となっているときに、審理の遅滞を避けるために、ある請求についての審判を他の請求についての審判から切り離すことを弁論の分離といいます。ただ、必要的共同訴訟（民訴40。本書243頁）、同時審判申出共同訴訟（民訴41。本書241頁）などのように、統一した審判が求められるときは、弁論の分離は許されません。

（ⅲ）　弁論の併合

同一の裁判所に係属している数個の訴訟を1つの手続で審判する決定を弁論の併合といいます。弁論の分離と逆の効果を生じさせる

ものと理解してよいでしょう。共同訴訟（民訴38以下。本書237頁）や訴えの客観的併合（民訴136。本書226頁）は、当事者の行為によって数個の請求を1つの手続で審判する効果を生じさせるものですが、弁論の併合は、裁判所の行為によって同様の効果を生じさせるものということができます。ただ、併合前の資料が併合後の手続においてどのように取り扱われるべきかについては、議論があります（伊藤302頁）。

● （5）口頭弁論の懈怠（けたい）

当事者は、審理の中核をなす口頭弁論において信義に従い、誠実に訴訟追行する責務を負っていますが（民訴2）、ここで懈怠とは、その責務を怠る行為ということができます。

（ア） 時機に後れた攻撃防御方法の却下

訴訟物に関する判断の基礎となる事実や証拠の提出は、当事者の権限と責任に委ねられるのが原則ですが、それが訴訟の進行に合わせて適時になされないことは、訴訟を遅延させ、迅速な紛争の解決という目的の実現を妨げる結果となります。なお、「時期」ではなく、「時機」つまりタイミングであることに注意してください。

（ⅰ） 適時提出主義と時機に後れた攻撃防御方法

現行法が適時提出主義の原則をとっていることは、すでに述べた通りですが（本書112頁）、時機に後れた攻撃防御方法の却下は、それを具体化したものです。いいかえると、時機に後れたかどうかは、争点整理の進行状況などとの関係から期待される提出の時機を基準にして判断することになります。

（ii） 時機に後れた攻撃防御方法の却下の要件

民事訴訟法157条1項は、時機に後れた攻撃防御方法の却下、つまり、それに該当する事実の主張や証拠の申出を審判の資料としないという判断の要件として、3つのことを定めています。

第1に、時機に後れていることです。提出を期待される時機より後れているかどうかは、具体的な審理の進行状況を基礎として判断すべきです。第2に、後れたことについての主観的要件、つまり故意または重過失が求められます。争点整理手続終結後の理由説明義務（民訴167など）を怠ることは、重過失を認める根拠になるでしょう。第3に、訴訟の完結を遅延させることです。遅延させるかどうかは、その攻撃防御方法を却下した場合に予想される訴訟完結の時点と、却下せずに審理を行った場合の訴訟完結の時点とを比較して判断します（最判昭和46・4・23判時631号55頁［百選45事件］）。

却下の判断の形式は、独立の決定または終局判決の理由中の双方がありえます。独立の決定の場合にも、それに対する不服申立ては、終局判決に対する上訴によります（民訴283本文）。

（イ） 趣旨不明瞭な攻撃防御方法の却下

民事訴訟法157条2項は、趣旨不明瞭な攻撃防御方法について裁判所が釈明権（民訴149）を行使しても、当事者が適切にそれに対応しない場合には、裁判所が攻撃防御方法（事実の主張）を却下できることを定めています。

（ウ） 口頭弁論における当事者の欠席

指定された口頭弁論期日に当事者が出頭せず、または出頭しても弁論を行うことなく退廷することは、懈怠の1つですが、法は、欠

席の態様および期日の性質に応じて、異なった規律を定めています。

（ⅰ）　双方の欠席

口頭弁論期日を開始しても、当事者双方が出頭せず、または出頭しても弁論をすることなく退廷したときは、裁判所は期日の終了を宣言します。ただし、当事者の出頭を要しない証拠調べの期日や判決言渡しの期日は別です（民訴183・251Ⅱ）。

期日の終了後、事件が裁判に熟した、つまり終局判決ができると判断すれば（民訴243Ⅰ）、裁判所は、弁論を終結します。それ以外の場合には、職権または申立てにもとづいて次回期日を指定することになりますが、1か月以内に期日指定の申立てをしないときは、訴えの取下げがあったものとみなして、訴訟が終了します（民訴263前段）。連続して2回、口頭弁論期日に出頭せず、または弁論をしないで退廷したときも同様です（同後段）。

ただし、例外として民事訴訟法244条の規定があります。審理の現状にもとづく判決と呼ばれていますが、期日を欠席するという不熱心な訴訟追行の状況を考慮して、たとえ、客観的にはなお主張・立証の可能性があるようなときでも、終局判決をすることを認めるものです。

（ⅱ）　一方の欠席

一方当事者が口頭弁論期日に欠席し、または出席しても弁論をすることなく退廷したときにも、相手方の裁判を受ける権利を保障するために、裁判所は手続を進める必要があります。そこで期日の性質に応じて以下のような取扱いをすることになります。

第1に、最初の期日の欠席のときには、欠席したのが原告であれば訴状、被告であれば答弁書その他の準備書面に記載した事実を陳述したものとみなし、出頭した相手方に弁論をさせることができ

（民訴158）、審理を進めます。いいかえれば、欠席の事実のみにもとづいて欠席当事者を敗訴させる（欠席判決主義）のではなく、準備書面記載の事実を口頭で陳述したものとみなし、それにもとづいて審理を進め、判決をするのが現在の法制です。これを対席判決主義と呼びます。

第2は、続行期日の欠席です。これについては特別の規定はありません。したがって、裁判所は、訴えに対する判断をすることができるときには、判決をすることになりますし（民訴243 I）、なお審理の必要があると判断すれば、続行期日を指定します。その例外として、双方欠席の場合と同様に、審理の現状にもとづく判決をすることができます（民訴244本文）。ただし、出席当事者に予想しない不利益を与えることを避けるために、この規定が適用されるのは、その者の申出があるときに限ります（同但書）。

● （6）口頭弁論調書

口頭弁論（証拠調べを含む）の経過を明らかにするために裁判所書記官が期日ごとに作成する文書を口頭弁論調書と呼びます（民訴160 I）。口頭弁論調書は、双方審尋主義などの口頭弁論に関する各種の準則の遵守を明らかにし、当事者や裁判所の訴訟行為の内容を公証する役割を持ちます。

（ア）　調書の作成者

調書の作成は、裁判所書記官の権限です。裁判所書記官の記名押印（民訴規66 II）はそれを前提とするものであり、裁判長の認印（同）は記載内容の正確性を認証するためのものです。

（イ）　調書の記載内容

調書の記載内容は、事件の表示などの形式的記載事項（民訴規66 Ⅰ）と実質的記載事項（民訴規67 Ⅰ Ⅲ）とに分けられます。実質的記載事項は、訴えの取下げなど重要な訴訟行為、審理の計画の内容、証人などの陳述の内容等、期日においてどのような行為がなされたかを明らかにするものです。

（ウ）　関係人への開示など

調書は、訴訟記録の一部ですので、閲覧等（民訴91。本書110頁）の対象になります。また、当事者その他の関係人が調書の記載について異議を述べたときは、調書にその旨を記載しなければなりません（民訴160 Ⅱ、改正160 Ⅲ）。

（エ）　調書の証明力

口頭弁論の方式に関する規定の遵守、すなわち弁論の公開や原本にもとづく判決の言渡し（民訴252、改正253 Ⅰ）などは、調書によってのみ証明することができます（民訴160 Ⅲ本文、改正160 Ⅳ本文）。調書作成の方式が法定され、当事者に異議申立ての機会が与えられていることを前提とし、証拠方法を調書に限ったという意味で、法定証拠主義（本書146頁）の一種です。

5　事案の解明

ここでいう事案の解明とは、事実および証拠を口頭弁論に提出することを通じて、訴訟物についての判断資料を形成する作用をいい

ます。その柱となるのが提出の責任を当事者に委ねる弁論主義であり、その適正な機能を確保するのが裁判所の釈明権です。まず、弁論主義について説明しますが、その際には、弁論主義の内容、根拠、適用対象を区別して理解することが必要です。

● （1）弁論主義

弁論主義とは、訴訟物たる権利関係に関する裁判所の判断資料となる事実および証拠の提出を当事者の権限と責任に委ねる原則を意味します。当事者が弁論において判断を求める事実および提出した証拠のみが裁判所の判断資料になるといってもよいでしょう。裏返せば、裁判所が職権によって事実を調査し、証拠を収集することは許されないという原則といいかえることもできます。

（ア）　弁論主義の内容

具体的には、弁論主義の内容として3つのことがいわれます。第1は、訴訟物たる権利関係に関する判断を基礎づける事実は、当事者が主張したものに限ることです。この種の事実を主要事実とか直接事実といい、それを提出する当事者の責任という視点から主張責任の原則といいます。ただし、同じく事実であっても、主要事実の存否に関する判断の資料となる間接事実や補助事実については、弁論主義は適用されません。たとえば、貸金返還請求訴訟における弁済の事実は、それが訴訟物たる返還請求権の消滅を直接に基礎づけるという意味で主要事実であり、弁論主義が適用されますから、当事者が主張しない限り、裁判所の判断対象となりません。

これに対して、弁済の時点における被告の資力は、弁済の事実の有無に関する判断資料であり、訴訟物との関係では、間接的な役割

を果たす間接事実と呼ばれます。また、領収書など弁済の事実の有無に関する証拠の信憑性に関わる事実は補助事実と呼ばれますが、間接事実や補助事実については、弁論主義は適用されず、必ずしも当事者の主張がなくとも、裁判所は判断の基礎とすることができます。

　もっとも、具体的な事件になると、特に主要事実と間接事実との区別が問題となります（大判大正5・12・23民録22輯2480頁［百選49事件］、最判昭和33・7・8民集12巻11号1740頁［百選47事件］、最判昭和41・4・12民集20巻4号548頁［百選A16事件］、最判昭和46・6・29判時636号50頁［百選A15事件］、最判昭和55・2・7民集34巻2号123頁［百選46事件］）。主要事実に関しても、当事者が主張した事実と裁判所が認定した事実との同一性が問題となることもあります（最判昭和39・7・28民集18巻6号1241頁［百選59事件］）。

　また、弁論主義の適用対象に関して、権利抗弁と呼ばれる概念があります。抗弁とは、原告が主張する請求原因事実に対抗するために被告側が主張する主要事実の主張を意味しますが、留置権（民295Ⅰ）や同時履行の抗弁（民533本文）については、その基礎となる事実だけではなく、それらの権利を行使する旨の当事者の意思表示の主張が必要とされます（最判昭和27・11・27民集6巻10号1062頁［百選51事件］）。過失相殺（民418）は権利抗弁ではありませんが、基礎となる過失は弁論主義の適用対象です（最判昭和43・12・24民集22巻13号3454頁［百選A17事件］）。

　第2は、裁判上の自白、つまり相手方が主張する事実を争わない旨の陳述の拘束力です（民訴159・179。本書147頁、145頁）。裁判所が判断すべき事実を当事者間に争いのあるものに限定するという自白の拘束力も、弁論主義の発現であることを理解してください。

第3は、職権証拠調べの禁止で、当事者間に争いのある事実の認定について裁判所が用いることができる証拠は、当事者が提出したものに限るという原則です。

（イ）　弁論主義の根拠

　民事訴訟の基本原理として弁論主義が妥当すること自体に争いはありませんが、どのような理由から弁論主義が採用されているのかについては、学説上の議論があります（伊藤316頁）。現在の支配的考え方は、本質説と呼ばれるもので、民事訴訟は、私的自治に服する私人または私人間の権利関係（訴訟物）に関する紛争の解決を目的とするところから、権利関係に関する判断の基礎となる事実の主張や証拠の提出も当事者の権限と責任に委ねられるべきであり、その理念を具体化したものが弁論主義であると説明します。したがって、公序良俗違反などによる無効（民90）の主張は、弁論主義の適用対象にはなりません（最判昭和36・4・27民集15巻4号901頁［百選48事件］）。

　ただし、民事訴訟の基本原理であるにもかかわらず、弁論主義を正面から規定する条文が存在しないことも、学習上の障害になっています。弁論主義の根拠条文としてあげられる民事訴訟法159条（擬制自白）や179条（裁判上の自白）は、判断対象とすべき事実を当事者の主張と陳述にもとづいて限定する趣旨の規定ですので、上に述べた民事訴訟の本質としての弁論主義のあらわれということができます。

　これに対して、人事法律関係や行政法律関係では、私的自治が排除または制限されますので、弁論主義が妥当しないことになります。人事訴訟法19条や20条、行政事件訴訟法24条は、それを明

らかにした規定です。

● （2）釈明権

民事訴訟法 149 条は、裁判所の釈明権を規定しています。日常的には、釈明とは説明することと似た意味に使われますが、ここでいう釈明権とは、裁判所（裁判長または陪席裁判官）が「事実上及び法律上の事項に関し、当事者に対して問いを発し、又は立証を促す」（民訴 149 Ⅰ）権限を意味します。なお、釈明権に類似するものとして、釈明処分（民訴 151）があります。釈明権が当事者に対して事実の主張や立証を促す手段であるのに対し、釈明処分は、一定の行為をすることを当事者や第三者に対して命じるものです。

（ア） 釈明権の行使

弁論主義の下では、事実の主張と証拠の提出は当事者の権限と責任に委ねられていますが、訴訟物たる権利関係について適正な判断をすることは、裁判所の責務です。それを果たすために、当事者の主張の意味を明らかにすることを求め、証拠の提出を促す権限を裁判所に認めているのです。釈明権の行使主体は、裁判長または陪席裁判官であり、釈明権の行使は、口頭弁論期日でも、期日外でも可能です（民訴 149 Ⅰ Ⅱ）。

ただし、口頭弁論期日外で一方当事者に対して釈明権行使がなされたときには、それが攻撃防御方法に重要な変更を生じうる事項であるときには、その内容を相手方に通知しなければなりません（同Ⅳ）。相手方当事者の利益を保護するための規律です。また、当事者は、裁判長や陪席裁判官による釈明権の行使に対し異議を述べることができ、裁判所は、決定でその異議について裁判をします（民

訴150）。

　なお、釈明権自体は裁判所の権限ですが、当事者は、裁判所に対して釈明権行使を求めることができます（民訴149Ⅲ）。これを求釈明といいます。

（イ）　釈明権行使の限界

　事案を解明し、訴訟物に関する適正な判断をするためには、釈明権の適切な行使が不可欠です。釈明権行使がときに釈明義務といわれる理由です。したがって、釈明権不行使または釈明義務違反によって判決が違法とされる場合があり（民訴312Ⅲ・318Ⅰ参照）、多くの判例が存在します（伊藤327頁、328頁）。具体的には、訴えの変更を促す釈明（最判昭和45・6・11民集24巻6号516頁［百選52事件］）や、新たな主要事実の主張や証拠の提出、たとえば時効や権利抗弁の主張を促す釈明などが問題となりますが（最判昭和39・6・26民集18巻5号954頁［百選53事件］）、裁判所としては、訴訟の進行などからみて、合理的に期待される変更や主張を促すべき状況にあると認められるときには、積極的に釈明権を行使すべきでしょう（最判平成9・7・17判時1614号72頁［百選50事件］）。

　もっとも、釈明は、あくまで当事者の行為に対する促しですから、それに応じるかどうかは当事者の判断ですが、釈明権行使の結果として釈明を受けた当事者が有利に、相手方当事者が不利な立場になることもありえますので、裁判所としては、行使の時機や態様を含めて慎重な判断を求められます。

● （3）職権調査・職権探知

　弁論主義の根拠は訴訟物に関する私的自治に求められますから、

同じく裁判所の判断対象であっても、私的自治ではなく、公益性に関わる訴訟要件（本書61頁）については、弁論主義を適用すべきではなく、判断の基礎となる事実を職権で調査したり、更に進んで、関連する証拠を職権で収集すべきであるといわれます。前者を職権調査、後者を職権探知と呼びます。

　もっとも、訴訟要件の公益性といっても、そこには濃淡の差があり、裁判権（本書19頁）、専属管轄（本書20頁）、当事者能力（本書40頁）、訴訟能力（本書42頁）、二重起訴の禁止（本書86頁）などについては、職権探知を適用しますが、任意管轄（本書20頁）、訴えの利益（本書62頁）、当事者適格（本書69頁）など当事者の利益保護に重点が置かれる訴訟要件については、職権調査にとどめ、さらに仲裁契約の存在（本書62頁）や不起訴の合意（本書62頁）などのようにもっぱら当事者の利益に関わる訴訟要件については、弁論主義を適用することが妥当です。

● （4）専門委員

　医事関係訴訟、知的財産関係訴訟、建築関係訴訟などが代表的なものですが、事案の解明に専門的知見を要する訴訟類型があります。それが争いとなる事実に関する場合には、鑑定（民訴212以下。本書158頁）という証拠調べの方法が設けられていますが、争点整理、つまり当事者の主張事実や提出証拠を整理し、証拠調べの対象を定める段階でも専門的知見が必要になることが通例です。その必要を満たすために設けられたのが専門委員の制度で、民事訴訟法92条の2以下の規定が設けられています。専門委員の関与の場面には、争点整理、証拠調べ、和解という3つがあります（民訴92の2。伊藤331頁以下）。専門委員の関与の決定の取消し（民訴92の

4）については、訴訟法律関係の例として説明しましたので（本書16頁）、そちらを参照してください。

● （5）訴えの提起前における証拠収集の処分等

当事者が訴訟物たる権利関係について攻撃防御を展開するためには、必要な事実を把握し、それに関する証拠を収集する必要があります。そのための方法として、訴訟係属後は、当事者照会（民訴163。本書115頁）があり、また求釈明（民訴149Ⅲ。本書129頁）も利用できるでしょう。文書提出命令（民訴221。本書162頁）も、証拠収集の手段としての機能が認められます。しかし、訴訟係属前についてみると、証拠保全（本書171頁）が存在する程度で、その要件も厳格です（民訴234参照）。民事訴訟法平成15年改正の立法者は、このような状況に対応するために、以下の2つの制度を設けています。

（ア）　訴えの提起における予告通知者等照会

これは、予告通知者照会と被予告通知者照会の2つからなります。予告通知者照会とは、訴えを提起しようとする者が訴えの被告となるべき者を相手方として、提訴予告通知をして、訴えを提起した場合の主張または立証を準備するために必要であることが明らかな事項を照会する手段です（民訴132の2）。

被予告通知者照会とは、提訴予告通知を受けた者が、予告通知者に対して、訴えを提起された場合の主張または立証を準備するために必要であることが明らかな事項を照会する手段です（民訴132の3）。予告通知者照会は原告となるべき者に与えられた、被予告通知者照会は被告となるべき者に与えられた手段といってよいでしょ

う。いずれについても、照会の方式や回答義務免除事由についての定めがあります（民訴132の2 I柱書但書・132の3 I後段）。

（イ）　訴えの提起前における証拠収集の処分

　こちらは、予告通知者または被予告通知者が、文書の送付嘱託、調査の嘱託、専門的な知見にもとづく意見陳述の嘱託、執行官による現況調査などの処分を行うよう裁判所に申し立てることを認める制度です（民訴132の4）。対象となる証拠収集の内容がこのように限定されているのは、処分の相手方に生じる負担を考慮したためです。処分申立ての時期や要件については、法律の定めがあります。

6　口頭弁論における当事者の訴訟行為

　第1章11頁において述べたように、訴訟手続は、行為の連鎖として進行します。行為の主体としては、裁判所と当事者とが中心になりますが、ここでは訴訟の中核たる口頭弁論における当事者の行為に焦点をあててみましょう。

●（1）訴訟行為概念の意義と種類

　訴訟手続に関して当事者が行う行為として、訴訟行為と事実行為という区別がされます。訴訟行為とは、それにもとづく主たる効果が訴訟法上の効果である行為、事実行為とは、それ以外の行為という区別です。訴訟行為のこのような定義を主要効果説と呼びます。ただし、広義では、事実行為も訴訟行為に含めて用いることがあります。

　訴訟行為に含まれるかどうかは、行為の主要効果によって決まり

ますので、管轄の合意（民訴11。本書25頁）、不起訴の合意（本書62頁）、訴訟代理人に対する訴訟委任（本書51頁）など、訴訟係属発生前の行為も含まれます。

（ア）　訴訟行為にもとづく法律効果

内容としては、訴え（民訴133Ⅰ、改正134Ⅰ）や上訴の提起（民訴281Ⅰ本文・311Ⅰ・318Ⅰ・328）、期日指定の申立て（民訴93Ⅰ）など、裁判所による裁判の義務づけという法律効果を発生させる各種の申立て、訴えの取下げ（民訴261）、上訴の取下げ（民訴292・313）、請求の放棄または認諾（民訴266）のように、訴訟終了の法律効果を発生させるものなどがあります。上記の管轄の合意などもそれぞれの法律効果を発生させる訴訟行為といえます。

（イ）　判断資料提出行為——否認・不知・沈黙・自白・抗弁・再抗弁

広義の訴訟行為に含まれる事実行為には、法律上の主張、事実上の主張、証拠の提出（立証または挙証）などがあります。このうち主要事実に関わる事実上の主張については、弁論主義（本書125頁）が適用されます。証拠の提出についても同様です。また、一方当事者がする事実上の主張に対する相手方の対応としては、その事実を否定する否認、不知（民訴159Ⅱ）、沈黙（同Ⅰ本文）、その事実を認める自白（民訴179）があります。その他に、主張された事実とは独立した事実を主張して訴訟物に関して自己に有利な判断を求める抗弁や再抗弁があります。

一例を示してみましょう。貸金返還請求訴訟で、原告が請求原因事実として、①一定の金銭交付と②返還約束の事実を主張したとします（民587参照）。被告が、これらの事実を否定するのが否認で

す。知らない（不知）と陳述すれば、否認と推定します。これに対して、沈黙は、これらの事実を認めたものとみなします。争わないという陳述（自白）は、これらの事実を認めたものと扱われます。

　それでは、被告が①の事実は争わないが、③金銭は贈与として受け取ったという事実を主張した場合はどうでしょう。これは、②返還約束の事実を否定するための根拠としていわれるものですから、否認の一種で理由付否認と呼ばれます。これと比較して、被告が、④弁済すべき時期から10年が経過しているので（民166 I ①）、貸金返還請求権は時効によって消滅したと主張する（民145）場合は、どうでしょうか。④の事実は、③と異なって、原告が主張する①や②の事実を否定するための理由ではなく、それらとは独立して、貸金返還請求権の消滅という法律効果を基礎づけるものです。これが抗弁にあたります。

　さらに、原告が、⑤弁済期から３年を経過した時点で貸金の返済を求めたところ、債務の存在は認めるが、手許不如意であるからしばらく待ってほしいと被告が申し入れ、原告もこれを了承した事実があると主張したときはどうでしょうか。これは、債務の承認による時効の更新（民152）という法律効果を導くためのものですが、④の事実を否定する理由としてではなく、それと独立して、貸金返還請求権の消滅という法律効果の発生を妨げる根拠としていわれるものです。これを再抗弁といいます。

　主張の性質についてのこれらの区別は、概念の整理にとどまらず、主張責任（本書125頁）や証明責任（本書147頁）の前提となるものです。概括的にいえば、請求原因事実である①や②、抗弁事実である④、再抗弁事実である⑤は、それぞれ訴訟物との関係で、主要事実にあたり、それらの事実を主張する当事者に主張責任や証明

責任が課されます。なお、相殺の再抗弁については、法律関係を不安定にするという理由から、不適法とされています（最判平成10・4・30民集52巻3号930頁［百選44事件］）。

●（2）訴訟行為と条件

ここでいう条件とは、停止条件（民127 I）と解除条件（同 II）です。私法行為について条件を付すことは、特段の規定がない限り制限されませんが、訴訟行為については、訴訟手続を不安定にするために、合理的理由があると認められる場合を除いて、許されないと解されています。たとえば、予備的申立て、つまり主位的申立てが認められることを解除条件として予備的申立てについての審判を求めることは、売買契約にもとづく売買代金請求（主位的申立て）と同契約の無効を理由とする目的物返還請求（予備的申立て）のように、両請求の間に論理的矛盾関係があり、予備的申立てを適法と認めることに法律上保護されるべき利益があると考えられる場合に限って許されます。

このような場合には、主位的・予備的という条件付けは、裁判所を拘束し、裁判所は、予備的請求に先立って主位的請求について審判することを義務づけられます。

これと比較すると、事実の主張に関しては、仮定的主張とか予備的抗弁などの用語が存在するように、ゆるやかに条件付けが認められますが、相殺の予備的抗弁などの例外を除いて、裁判所に対する法律上の拘束力は認められません。

●（3）訴訟行為と私法行為

訴訟行為は訴訟法上の効果を生じさせる行為であり、私法行為は

私法上の効果を生じさせる行為として区別できますが、実際には、ある行為が訴訟行為としての性質と私法行為としての性質の2つを持つことが考えられます。取消権、解除権、相殺権など実体法上の形成権が訴訟手続上行使される場合がそれにあたります。たとえば、訴訟上の主張として取消権が行使された後に、時機に後れた攻撃防御方法として却下されたり（民訴157）、訴えが取り下げられたりして訴訟行為としての効力が失われれば、取消しという私法上の効果も消滅するのでしょうか。

いくつかの考え方が存在しますが（伊藤345頁）、外形上は1個の行為の中に、訴訟行為と私法行為が併存することを前提とし、訴訟行為としての効力が失われれば、私法行為の効力も失われるという考え方が一般的で、これを新併存説と呼んでいます（東京地判昭和45・10・31判時622号92頁［百選43事件］参照）。

訴訟行為と私法行為の関係については、その他に、訴えの取下げ契約など訴訟法上の効果を目的とした当事者間の合意の法的性質、民法上の意思表示の瑕疵に関する規定（民93以下）の訴訟行為に対する適用可能性などの問題がありますが（伊藤346頁、347頁）、ここでは省略します。

● （4）訴訟行為と信義則

民事訴訟法2条は、「……当事者は、信義に従い誠実に民事訴訟を追行しなければならない」と定め、信義誠実の原則（信義則）が当事者の訴訟行為に適用されることを明らかにしています。訴訟行為について信義誠実の原則違反を問題とする判例が多いこと（最判昭和48・10・26民集27巻9号1240頁［百選7事件］、最判昭和51・9・30民集30巻8号799頁［百選79事件］、最判平成10・6・12民集52巻4号

1147 頁［百選 80 事件］、最判令和 3・4・16 判時 2499 号 8 頁）は、これ
を具体化するものです。信義則違反は、次の 4 類型に分けられます。

（ア） 訴訟上の権能の濫用の禁止

しばしば問題とされるものに、忌避申立て（民訴 24）や期日指定
の申立て（民訴 93 Ⅰ）を訴訟を遅延させる目的でなされたものとし
て却下するのが、この類型にあたります。前掲最判昭和 51・9・30
や最判昭和 63・1・26 民集 42 巻 1 号 1 頁［百選 36 事件］に登場す
る訴権の濫用もこれに含まれます。

（イ） 訴訟上の禁反言

当事者がすでに行った訴訟行為と矛盾する内容の訴訟行為を行う
ときに問題となる信義則の類型です。前訴で、相手方に対して契約
上の義務の履行を求めて勝訴した者が、当該契約について自らの履
行を求められた後訴で、契約の無効を主張する場合などがこれにあ
たります（前掲最判昭和 51・9・30、最判昭和 51・3・23 判時 816 号 48 頁
［百選 42 事件］）。ただし、信義則違反とされるためには、先行行為
にもとづいてどの程度の信頼が生じていたか、矛盾する後行行為を
認めることによって相手方にどのような不利益が生じるかなどの事
情を考慮して判断することになります。前掲最判令和 3・4・16
は、このような考慮を経て、信義則違反を否定しています（伊藤
350 頁注 184 補訂情報）。

（ウ） 訴訟上の権能の失効

上訴期間などの不変期間（民訴 96・97）の制限がない場合でも、
合理的理由のないままに訴訟上の申立てなどを長期間怠ったときに

は、その権能を行使することが信義則に反するとされる可能性があります。ただし、出訴期間の制限のない訴え提起についても、この法理の適用可能性があるかどうかについては、裁判を受ける権利の保障（憲32）との関係を考慮しなければなりません（最判昭和53・7・10民集32巻5号888頁［百選31事件］）。

（エ）　訴訟状態の不当形成の排除

自己に都合のよい地の裁判所に管轄権を生じさせるために共同被告を加え、併合請求の裁判籍（民訴7。本書25頁）にもとづく管轄を取得するような行為が、その例です（札幌高決昭和41・9・19高民集19巻5号428頁［百選A2事件］）。土地管轄を不当な手段によって形成したとみられます。執行力を不当な手段によって形成したとみられる最判昭和43・2・27民集22巻2号316頁［民事執行・保全判例百選8事件］もこの類型に属します。

7　証　拠

訴訟物についての判断の前提となる事実の確定方法としては、いくつかのものがあります。第1に、自白した事実、つまり当事者間に争いのない事実です（民訴179）。これは弁論主義（本書125頁）の帰結です。第2に、裁判所に顕著な事実です（同）。これには、公知の事実と裁判所が職務上知りえた事実の2つがあります。これらの事実の客観性が根拠となっています。第3に、第1および第2以外の事実については、口頭弁論の全趣旨および証拠調べの結果にもとづいて裁判所が認定します（民訴247）。口頭弁論の全趣旨とは、口頭弁論に現れた当事者の訴訟行為全体を指すものですが、証拠調

べの結果を補充するものです。

● （1）証拠方法・証拠資料・証拠原因

証拠に関しては、関連する概念がいくつかありますので、まず、それらを整理して理解することが必要です。通常いわれる意味での証拠、たとえば証人や文書は、証拠調べの対象となる証拠方法と呼びます。証拠調べの結果として得られる判断資料を証拠資料と呼び、更にその中で裁判官の心証形成の原因として働くものを証拠原因と呼びます。証拠原因が心証形成に寄与する程度を証拠価値とか証明力といいます。

証拠価値の判断は、裁判官の自由な心証に委ねられ、これを自由心証主義と呼びます（民訴247）。その下で、契約の成立の事実に関する契約書のように、主要事実についての判断資料として直接の証拠価値を持つ証拠を直接証拠、契約成立の動機となる事実に関する証言のように、間接事実についての判断資料として証拠価値を持つ証拠を間接証拠といいます。

証拠方法の種類は法定されており、証人、鑑定人、当事者本人、文書、検証物の5つです。前3者は、人証と呼ばれ、後2者は、物証と呼ばれます。そして、特定の人証または物証が証拠方法となりうる資格を証拠能力といいます。現行法は、証拠能力についての制限を設けていませんが、違法収集証拠（本書146頁）の証拠能力については、議論があります。

● （2）証明と疎明

当事者間に争いのある事実について、裁判所は、証拠資料にもとづいて認定しますが、主張事実を認定するためには、確信に至る程

度の心証が必要といわれます（最判昭和50・10・24民集29巻9号1417頁［百選57事件]）。これを証明度に達した心証ということもあります。

　ここでいう確信とは、主張事実の存在が高度の蓋然性をもって基礎づけられる心理状態を意味します。したがって、ある事実を主張する当事者の証明活動（立証または挙証）も、高度の蓋然性の形成に向けて行われますし、相手方当事者の証明活動（反証）は、高度の蓋然性の形成を妨げることを目標として行われます。これは、権利関係の確定が民事訴訟の目的である以上、その基礎となる事実の存在については、真実性の確信を要求するものと理解できます。

　なお、証明に関する特則として、民事訴訟法248条があります。損害の発生は証明されたが、損害額を立証することが極めて困難であるときは、裁判所が、口頭弁論の全趣旨および証拠調べの結果にもとづいて相当な損害額を認定することができるという規定ですが、損害額に関する証明度を軽減した趣旨を含むと解されています（東京高判平成21・5・28判時2060号65頁［百選58事件]。伊藤377頁）。

　これに対して、訴訟物である権利関係確定以外の裁判においては、争いある事実であっても、このような意味での証明まで求める必然性はありません。たとえば、権利の保全を目的とする民事保全手続では、疎明（民保13Ⅱ）の概念を用いています。それは、高度の蓋然性ではなく、相当程度の蓋然性の心証を意味します。それを反映して、証拠方法についても、即時に取り調べることができる証拠に限定しています（民訴188）。これを疎明方法の即時性と呼びます。

●（3）厳格な証明と自由な証明

　証拠調べの方式も法定されていますが（民訴180以下）、これを厳格な証明と呼び、訴訟要件など職権調査事項（本書130頁）については、厳格な証明でなく、法定の方式によらない自由な証明が許されると解されています。

●（4）証明を要しない事項

　証明の対象となるのは、事実であり、法規は含まれません。しかし、事実以外であっても証明の対象となりうるもの、また、事実であっても、証明の対象とならないものが存在します。

（ア）　外国法規

　わが国の法規についての知識は、裁判官がその職責上備えるべきものであり、当事者がその材料を提供することはありえても、ここでいう証明の対象にはなりません。しかし、法の適用に関する通則法の適用の結果として、裁判所が外国法規を適用することになったときには、文書や鑑定の方法によって当事者がその内容を証明することとなります。この意味で外国法規は、判断基準としての機能についてみれば、わが国の法規と同様ですが、その存在や内容を裁判所が知る方法についてみれば、事実に類似するといえるでしょう。

（イ）　経験則

　事実を基礎とした推論の基礎となる経験則（判断法則）についても、専門的経験則は鑑定などの証拠方法による証明の対象となりますが、裁判官が通常備えるべき一般的経験則は証明の対象となりま

せん。ただし、両者の境界は常に明確とはいえません。なお、経験則違反は、結果としては事実認定の誤りにつながりますが、経験則自体は一般的判断法則として法規に類似の性質を持っていますので、法律審である上告審が原判決を破棄する理由となる場合があります。

（ウ）　争いのない事実

民事訴訟法179条は、「裁判所において当事者が自白した事実……は、証明することを要しない」と規定します。これを裁判上の自白と呼びますが、自白とは、相手方当事者が主張する事実を争わない意思を積極的に表明する訴訟行為です。類似のものとして、「当事者が口頭弁論において相手方の主張した事実を争うことを明らかにしない場合には、その事実を自白したものとみなす」（民訴159Ⅰ）という規定があります。これを擬制自白と呼びますが、争うことを明らかにしないという不作為であることが、裁判上の自白と異なります。ただ、証明する必要がないという意味では共通していて、その根拠が弁論主義にあることはすでに説明した通りです（本書126頁）。

（ⅰ）　裁判上の自白

まず、自白成立の要件の1つである「裁判所において」とは、口頭弁論期日または弁論準備手続期日を意味します。それ以外の場における相手方の主張を争わない旨の陳述は、裁判外の自白と呼ばれ、裁判上の自白の効力としての、証明することを要しないという効果（不要証効）や裁判所が自白された事実を判断の基礎としなければならないという効果（審判排除効）、撤回の制限（不可撤回効）は認められません。もっとも、裁判外の自白の事実が1つの証拠とな

ることは当然です。以下では、裁判上の自白について説明します。

自白の対象となるのは事実です。それでは、所有権にもとづく目的物の引渡請求訴訟において被告が、「原告の所有権を認める」という陳述をしたときはどうでしょうか。この種の陳述は、権利自白と呼ばれ、本来の自白とは区別されますが（最判昭和30・7・5民集9巻9号985頁［百選55事件］）、自白としての効果を認めてよいというのが一般的な考え方です。損害賠償請求訴訟の被告が自らの過失を認める旨の陳述をしたときも、同様に考えられます（東京地判昭和49・3・1下民集25巻1～4号129頁［百選A18事件］）。

① **自白の対象** 自白の対象となりうるのは、事実の中でも主要事実に限られます。自白の効果の根拠が弁論主義にもとづくためです。したがって、間接事実や補助事実についての自白は、自由心証にもとづく裁判所の事実認定のための証拠としての役割にとどまります（最判昭和41・9・22民集20巻7号1392頁［百選54事件］）。ただし、この点については、自白としての効力の全部または一部を認める学説も有力です（伊藤363頁参照）。

さらに、主要事実の中でも自白した当事者に不利益な事実でなければならないと解されていますが、ここでいう不利益の意味については、議論があります。判例や多数説は、証明責任説または挙証責任説と呼ばれる考え方をとっています。たとえば、貸金返還請求訴訟において、金銭授受の事実は主要事実であり（民587参照）、原告が証明責任を負っていますが（本書148頁）、被告がそれを認める、または争わない旨の陳述をしたとすれば、原告には証明責任の負担を免れるという利益が生じ、その反面として被告には原告の証明責任を免れさせるという不利益が生じます。この不利益をとらえて被告の陳述が自白にあたるとする考え方です。

これに対して、証明責任の所在ではなく、陳述をした当事者の敗訴につながる可能性を不利益ととらえる敗訴可能性説もありますが、私は、基準の明確性と予測可能性という理由から証明責任説を支持しています。

　なお、一方当事者が対象となる事実を陳述し、相手方がそれを援用する主張をすることを一方当事者による先行自白といいます。消滅時効の更新事由としての債務の承認（民152）に該当する事実を債務者たる被告（一方当事者）が陳述し、原告（相手方）がそれを援用するような場合です。

　②　**自白の効果および撤回**　　自白の効果としては、第1に不要証効、第2に審判排除効があり、これに加えて、第3に不可撤回効があります。もっとも、不可撤回効については、以下の場合には、撤回が許されます。

　まず、相手方の同意がある場合です。相手方の同意は、実質的にみれば、自白によってえられる利益を放棄することですから、当然ですね。次は、自白が相手方または第三者の刑事上罰すべき行為によって行われた場合です。この種の行為が再審事由（民訴338Ⅰ⑤）とされている趣旨から考えても、撤回を許すべきでしょう。

　最後は、自白が錯誤にもとづいてなされた場合です。この場合の錯誤とは、真実に反するにもかかわらず、相手方の主張を真実であると誤信して自白したことを意味します（大判大正4・9・29民録21輯1520頁［百選56事件］）。したがって、錯誤の内容として、対象事実の反真実性の証明を求められます。本来であれば、対象事実について証明責任を負っているのは相手方ですから、撤回を求める自白した当事者に証明責任が転換（本書149頁参照）される結果となります。

なお、以上の理由により撤回が許される場合には、当然のことながら、不要証効や審判排除効も消滅します。

（ⅱ）　擬制自白

これは、明らかに争わないという不作為にもとづいて自白の成立を認めるものです（民訴159・170Ⅴ）。自白の対象、不要証効および審判排除効は、裁判上の自白と変わりません。ただし、不作為を根拠としていますから、争いさえすれば、擬制自白の効力は消えるために、不可撤回効に相当する拘束力はありません（最判昭和43・3・28民集22巻3号707頁［百選A19事件］）。もちろん、争うこと自体が時機に後れた攻撃防御方法（民訴157）とされる場合は別です。なお、争わないことをもって自白とみなす考え方を肯認的争点決定主義と呼びます。

（ⅲ）　裁判所に顕著な事実

「顕著な事実」は、証明することを要しません（民訴179）。「顕著な事実」とは、当事者および一般人が疑いを差しはさむ余地のない事実を意味し、公知の事実と裁判所が職務上知りえた事実の両者を含みます。後者の例としては、裁判官が自ら関与した判決の内容などがあげられます。

●（5）証拠による事実認定——自由心証主義

証明を要しない事実以外は、裁判所は、口頭弁論の全趣旨および証拠調べの結果にもとづいて判断します（民訴247）。口頭弁論の全趣旨は補充的な役割で、中心となるのは証拠調べの結果ですが、そこに適用される規律が「自由な心証」、すなわち自由心証主義です。

（ア）　自由心証主義

　これは、一定の事実、たとえば契約成立の事実を認定するには、必ず契約書という書面によらなければならないなどの規律を設ける法定証拠主義に対立する原則で、証拠の評価にもとづく裁判所の事実認定について制限を設けない原則をいいます（最大判昭和56・12・16民集35巻10号1369頁［百選22・A20事件］）。

　もっとも、訴訟手続の安定などの要請から、いくつかの事項については、その基礎とすべき証拠方法に関する制限が置かれていることがあります。法定代理権や訴訟代理権などの書面による証明（民訴規15・23Ⅰ）、口頭弁論の方式遵守に関する調書による証明（民訴160Ⅲ本文、改正160Ⅳ）がこれにあたります。疎明のための証拠方法の制限、手形訴訟や少額訴訟における証拠方法の制限（民訴188・352Ⅰ・371）は、特定の事項に関するものではありませんが、事実認定のための証拠方法の限定という意味では、自由心証主義の例外にあたります。

　これに対して、刑事訴訟と異なって（刑訴320以下参照）、伝聞証言つまり証人が自ら見聞した事実ではなく、第三者が見聞した事実について証人が第三者の認識を陳述する証言の証拠能力は否定されず、裁判所の自由心証にもとづく評価に委ねられます（最判昭和27・12・5民集6巻11号1117頁）。反対尋問を経ていない証言についても、同様です（最判昭和32・2・8民集11巻2号258頁［百選65事件］）。

　盗取した文書とか、無断録音テープなどのいわゆる違法収集証拠の取扱いについても、同様に自由心証にもとづく評価に委ねるべきであるとされていますが（神戸地判昭和59・5・18判時1135号140頁

［百選66事件］）、違法の程度が刑事上罰すべき行為といえるような場合については、公正な裁判という視点からみても、証拠能力を否定すべき場合があるでしょう。

関連する概念として、証拠制限契約と呼ばれるものがあります。これは証拠に関する当事者間の契約、つまり証拠契約の一種ですが、特定の事実に関する証拠方法を文書に限るなどの合意です。弁論主義の下では証拠の提出は当事者の権限と責任に委ねられていることから、証拠制限契約も有効とされています。

（イ）　証明責任

弁論の全趣旨および証拠調べの結果にもとづいて、裁判所は特定の主要事実についての心証を形成することになりますが、真偽不明の状態に陥ることもありえます。ここでいう真偽不明とは、その事実についての心証が高度の蓋然性（証明度）に達しない状態をいいます。このような場合でも裁判所は、訴訟物たる権利関係について本案判決をしなければなりません。それを可能にするための規律が証明責任です。

主要事実、つまり訴訟物たる権利関係の有無や内容を判断する基準である法令適用の前提となる事実について、弁論の全趣旨および証拠調べの結果にもとづいても真偽不明の状態が生じたときには、その法律効果が発生しないとされる当事者の負担を証明責任といいます。たとえば、貸金返還請求訴訟において、返還請求権の発生原因の1つである返還約束の有無が真偽不明となれば、返還約束にもとづく貸金返還請求権の発生が認められません。したがって、返還約束について証明責任を負うのは、原告である債権者ということになります。このように、証明責任は真偽不明の状態を前提として法

律効果の発生の有無を判断する規範として働きます。この意味での証明責任を客観的証明責任と呼びます。

　そして、弁論主義の下では、証拠の提出は当事者の権限と責任ですから、客観的証明責任を負う当事者は、それを果たすために真偽不明状態を超える、いいかえれば裁判所の確信を形成するための立証活動をしなければなりません。これを主観的証明責任と呼びます。弁論主義の下では、客観的証明責任が主観的証明責任として現れるといってもよいでしょう。主観的証明責任を負う当事者がする立証活動を本証と呼び、反対当事者が行う立証活動を反証と呼びます。反証の目的は、立証主題たる事実についての裁判所の心証を真偽不明に追い込めば足りるとされる意味がお分かりになりますね。

（ⅰ）　証明責任の分配

　このように、証明責任をいずれの当事者に負担させるかは、法の適用による適正な裁判を行う上でも、また当事者間の公平の視点からみても重要な意義を持っています。これが証明責任の分配です。証明責任の分配が法文の規定によって明らかにされていれば（民117Ⅰ、自賠3但書など）、それに従うことになりますが、それ以外の場合には、解釈によって分配を定めることになります。その基準に関しては、いくつかの考え方が存在しますが、現在は法律要件分類説と呼ばれる考え方が支配的です。以下、それに即して説明します。

　権利関係にかかわる判断の基礎となる法律効果を権利発生、権利障害、権利阻止または権利消滅の4つに大別し、それぞれの効果を自己に有利に援用する当事者が、その法律効果を基礎づける主要事実について証明責任を負うことになります。

　売買代金請求訴訟を例にとれば、売買契約の成立を権利発生事実として原告に、通謀虚偽表示による無効（民94Ⅰ）を権利障害事実

として被告に、消滅時効期間（民166 I）の経過と援用（民145）を権利消滅事実として被告に、証明責任を分配します。そして、原告がその請求を基礎づけるために証明責任を負う事実を請求原因事実、被告が原告の請求の棄却を求めるために証明責任を負う事実を抗弁事実と呼び、以下、攻撃防御の態様に応じて、再抗弁事実、再々抗弁事実の形で展開します。

このように説明すると、議論の余地はないようにみえますが、ある事実を権利発生事実とするか、権利障害事実とするかなどに関して判断が分かれることがあります。準消費貸借に関する民法588条にいう「金銭その他の物を給付する義務を負う」こと、すなわち旧債務の存在を権利発生事実とするか、その不存在を権利障害事実とするかについて両論が成り立ちうるため、いずれが当事者の公平に合致するかという実質的考慮が不可欠です（伊藤386頁）。

虚偽表示における第三者の善意（民94 II）、民法612条2項にもとづく賃貸人の解除権を制限する「背信行為と認めるに足りない特段の事情」についても同様です（最判昭和35・2・2民集14巻1号36頁［百選63事件］、最判昭和41・1・27民集20巻1号136頁［百選64事件］）。

（ii）　証明責任分配の修正

（ i ）に述べた証明責任分配の原理を修正する法理として2種類のものがあります。第1は、法による証明責任の転換、第2は、法律上の推定です。

①　**証明責任の転換**　　これは、権利関係の特質を考慮して、立法者が特則を設け、一般原理にもとづく証明責任の分配を修正し、相手方に負担させるものです。たとえば、不法行為にもとづく損害賠償請求権を訴訟物とする訴訟においては、加害者とされる被告の

過失が権利発生事実にあたるために（民 709 参照）、原告が証明責任を負担することになりますが、自動車損害賠償保障法 3 条但書は、自動車損害賠償責任の特質を考慮して、これを転換し、被告に無過失の証明責任を課しています。

また、解釈上の概念として、証明妨害をした当事者に証明責任を転換すべきことが説かれます（東京高判平成 3・1・30 判時 1381 号 49 頁［百選 61 事件］、最判平成 4・10・29 民集 46 巻 7 号 1174 頁［百選 62 事件］）。

② **法律上の推定**　推定とは、一般的な用語としては、ある事実にもとづいて他の事実を推論することを意味します。民事訴訟における事実認定の過程でも、川の上流にある工場において有害物質が組成されているという事実から、その物質によって下流住民の健康が害されたという事実を推論するという意味での推定を働かせることがありえます。このような推定を事実上の推定と呼び、事実認定の過程では、経験則（この例では、物質は水流にしたがって下流に到達するという経験法則）と結合し、常時用いられるものです。これに関連して、一応の推定という概念が説かれることがあります（最判昭和 43・12・24 民集 22 巻 13 号 3428 頁［百選 60 事件］。伊藤 393 頁参照）。

これと比較し、法律上の推定はどのように異なるのでしょうか。法律に根拠があるという点でしょうか。しかし、後に説明するように、法律に「推定」という文言が使われている場合でも、法律上の推定にあたらないとされているものがありますので、より実質的な定義が求められます。

法律上の推定とは、裁判所が、ある事実（前提事実）にもとづいて別の事実（推定事実）または権利を認定すべきことを定める法規範を指し、法律上の事実推定と法律上の権利推定とに分けられます。

（a）　法律上の事実推定　　民法186条2項は、「前後の両時点において占有をした証拠があるときは、占有は、その間継続したものと推定する」と規定します。ここでいう前後の両時点における占有が前提事実、その間の占有継続が推定事実にあたります。一定期間の占有継続は、取得時効の成立という法律効果を基礎づける主要事実にあたりますが（民162）、それ自体を証明することに代えて、20年または10年の前後、つまり最初と最後の時点の占有を証明すれば、その間の占有の継続が推定されるのです。

　この例でお分かりのように、占有の継続が主要事実であるのに対して、前後の両時点の占有の性質は、間接事実ですね。本来であれば、裁判所が自由心証にもとづいて、間接事実である前後の両時点の占有の事実から主要事実である占有の継続を認定することもできるし、しないこともできるはずです。しかし、民法186条2項が適用される結果、裁判所は、前後の占有が認定できるのであれば、占有の継続を認めなければなりません。この意味では、法律上の事実推定は、法が自由心証主義の例外を設けているということもできます。民法619条1項前段が定める賃貸借の更新なども同様です。

　もっとも、たとえ前提事実が証明されても、相手方にはなお推定事実を覆す機会が残されています。上の例でいえば、前後両時点の占有を前提としても、途中で占有が途切れ、継続していないことを証明すれば、推定は破れます。ただ、そのためには、占有の中断を証明（本証）しなければなりません。本来は、取得時効の成立を主張する側が占有の継続について証明責任を負っているのですが、推定規定が適用されると、時効の成立を否定する側が占有の中断について証明責任を引き受けることになります。推定が証明責任の転換の効果を持つことを示しています。

（b）　法律上の権利推定　　民法188条は、「占有者が占有物について行使する権利は、適法に有するものと推定する」と規定します。ここでいう適法な権利とは、所有権など占有を正当化する権原（占有正権原）を指します。前提事実は占有なのですが、推定の対象は権利であるところが、（a）の法律上の事実推定と違います。推定を覆すために相手方は、占有正権原の不存在や消滅を基礎づけるあらゆる事実を証明しなければならず、その困難さから悪魔の証明と呼ばれることもあります。

③　**法律上の推定と区別されるもの**　　以下のものは、法文では推定との文言が用いられていますが、法的性質については、法律上の推定と異なるとされています。

（a）　意思推定　　民法136条1項は、「期限は、債務者の利益のために定めたものと推定する」と規定します。推定という文言が使われていますが、前提事実と推定事実という構造にはなっておらず、期限を定める債権者と債務者の意思表示の解釈を定めています。債務者は、この規定に従って、期限の利益を放棄することができますし（民136Ⅱ本文）、放棄の効力を争おうとする債権者は、期限が債務者の利益のために定められたものではないことを証明しなければなりません。

（b）　法定証拠法則　　民事訴訟法228条4項は、「私文書は、本人又はその代理人の署名又は押印があるときは、真正に成立したものと推定する」と規定します。同条2項も類似の規定です。前提事実が本人などの署名または押印、推定事実が文書の真正な成立（作成名義人の意思にもとづく作成）という構造は、法律上の事実推定と同様です。ただし、推定事実は文書の真正な成立という補助事実（本書126頁）であるところに違いがあり、真正な成立を覆す証明も

反証（本書148頁）で足りると解されています。

(c)　暫定真実　民法186条1項は、「占有者は、所有の意思を
もって、善意で、平穏に、かつ、公然と占有をするものと推定す
る」と規定します。占有が前提事実にあたり、所有の意思、善意、
平穏、公然が推定事実にあたりますから、構造は、法律上の事実推
定と同じですね。それにもかかわらず、これを暫定真実と呼んで区
別するのは、前提事実も推定事実も、ともに同一の法律効果の前提
となる主要事実にあたるためです。効果としては、取得時効にかか
わる主要事実（民162参照）のうち占有を時効取得の成立を主張す
る側の証明責任に、善意、平穏または公然のいずれかが欠けること
を時効取得の成立を争う側の証明責任に分配したのと同じことにな
ります。

● (6) 証拠調べの手続

弁論主義の内容について説明したように、証拠調べは当事者が申
し出た証拠について行われるのが原則です。ただし、管轄に関する
証拠調べ（民訴14）、調査の嘱託（民訴186）、当事者尋問（民訴207
Ⅰ）など、職権証拠調べを認めるいくつかの例外があります。以下
では、当事者が申し出た証拠についての証拠調べの手続を説明しま
す。

（ア）　証拠の申出および証拠調べの実施

証拠の申出は、証明すべき事実を特定し（民訴180Ⅰ）、それと証
拠との関係を具体的に明示してしなければなりません（民訴規99
Ⅰ）。証拠の申出は、期日においても、期日前にもできます（民訴
180Ⅱ）。申し出られた証拠の証拠能力や証明力を争う主張を証拠抗

弁といいます。

　証拠の申出は当事者の申立てとしての性質を持つので、裁判所はこれに対する判断を示さなければなりません。ただし、判断は証拠調べの必要性を中心にしてなされる裁量的なものであり（民訴181 Ⅰ）、その方式も独立の決定のみならず、判決の理由中で行うこともできます。証拠の申出を採用して、証拠調べをするとの判断を証拠決定と呼びます。これは、訴訟指揮に関する裁判ですので、いつでも取り消すことができ（民訴120）、また独立の不服申立てはできません。証拠の申出は撤回できますが、その時期については、争いがあります（最判昭和32・6・25民集11巻6号1143頁［百選A21事件］）。

　なお、証拠調べについて不定期間の障害があるとき、たとえば、病気回復の見込みが立たない証人の場合などにおいても、裁判所は証拠調べをしないことができます（民訴181 Ⅱ）。

　証拠調べの期日は、広義の口頭弁論期日に属するので、直接主義および公開主義の要請にもとづいて公開の法廷でなされるのが原則です。ただし、外国における証拠調べ（民訴184）や裁判所外における証拠調べ（民訴185）の例外があります。それらの場合には、証拠調べの結果を当事者が改めて口頭弁論に提出しなければならないというのが判例・通説の考え方ですが、議論はあります（伊藤400頁）。

　証拠調べを実施する期日および場所は、当事者に告知し、当事者を呼び出さなければなりません（民訴94 Ⅰ）。これは、手続保障の見地から当事者の立会権を保障するものですが、証拠調べは、当事者が期日に出頭しない場合においても、することができます（民訴183）。当事者がその立会権を放棄したものとみられるからです。

（イ）　証人尋問

証人とは、証拠方法の1つであり、自ら認識した事実や状態について陳述する人で、当事者本人およびその法定代理人以外の者を指します。証人に対する証拠調べが証人尋問です。同じく人を証拠方法とするものですが、鑑定人は、特定の事実や状態ではなく、一般的経験則を陳述する点で証人と異なります。両者の中間にあるものとして、鑑定証人は特別の学識経験によって知りえた事実に関して陳述する証拠方法です（民訴217）。

（ⅰ）　証人能力

法は証人たりうる資格、すなわち証人能力について特別の制限を設けていません。もっとも、当事者本人およびその法定代理人には、当事者尋問という別個の証拠調べの方法が設けられているので、これを証人として尋問することは違法です。

（ⅱ）　証人義務

「裁判所は、特別の定めがある場合を除き、何人でも証人として尋問することができる」（民訴190）との規定は、証人義務がわが国の裁判権に服する者の一般的義務であることを明らかにしたものです。具体的には、証人義務は、出頭義務（民訴192～194参照）、証言義務（民訴200、民訴規112Ⅳ参照）、宣誓義務（民訴201Ⅰ、民訴規112）の3つを含みます。

（ⅲ）　証言拒絶権

証人義務は、真実を発見し、適正な裁判を実現するための国法上の義務ですが、社会的価値を保護するために、真実発見を犠牲にしても一定の事項について証言を拒絶する地位を認めています。これが証言拒絶権です。

現行法が認める証言拒絶権は、第1に、公務員等の職務上の秘密に関する証言拒絶権（民訴191・197 I①）、第2に、専門職業人の職務上の秘密や社会活動の基礎となっている秘密を保護するための証言拒絶権（民訴197 I②③）、第3に、証人自身の社会的地位または証人と第三者との間の社会的関係を保護するための証言拒絶権（民訴196）です。

　①　公務員の証言拒絶権　　民事訴訟法191条1項は、「公務員又は公務員であった者を証人として職務上の秘密について尋問する場合には、裁判所は、当該監督官庁……の承認を得なければならない」と規定し、同条2項は、これを受けて「前項の承認は、公共の利益を害し、又は公務の遂行に著しい支障を生ずるおそれがある場合を除き、拒むことができない」と定めます。いったん証人として採用された者が尋問に際して職務上の秘密を理由として証言拒絶権を行使する場合も同様です（民訴197 I①）。これが公務員の証言拒絶権であり、国家公務員法100条1項や地方公務員法34条1項などにもとづく公務員の秘密保持義務を根拠としています。

　上記の規定からすると、証言拒絶権を行使するかどうかは、監督官庁の判断に委ねられることになりますが、監督官庁の承認の是非について裁判所が判断できるかについては、議論が分かれています。多数説は、民事訴訟法199条1項を根拠として裁判所の判断権を否定しますが、私は、監督官庁の判断権行使について適正な審査を行うべきという理由から、肯定説です（伊藤405頁）。

　②　黙秘義務を負う私人の証言拒絶権　　民事訴訟法197条1項2号は、医師や弁護士などの専門職、宗教職にある者またはあった者が職務上知りえた事実で黙秘すべきものについての証言拒絶権を認めます。これらの専門職や宗教職に対する信頼が証言拒絶権の基礎

になっていますが、保護される秘密の帰属主体は、患者、依頼者、信徒などですから、これらの帰属主体が秘密保持の利益を放棄したときには、黙秘の義務が免除され、証言拒絶権は認められません（民訴197Ⅱ）。

　上記以外の職にある者、たとえば金融機関の役職員や報道業務の従事者が民事訴訟法197条1項2号の類推または拡大解釈によって証言拒絶権を認められるかどうかです。しかし、立法の経緯からいっても、否定すべきです（伊藤407頁）。もっとも、これらの者についても、民事訴訟法197条1項3号による証言拒絶権が認められる可能性があります。

　ただし、最近の判例である最決令和3・3・18民集75巻3号822頁は、電気通信事業法上の守秘義務（電通事4）を根拠として民事訴訟法197条1項2号にもとづく証言拒絶権を認めていますので、今後も法令上の守秘義務を根拠として、同項2号が類推適用される可能性があります（伊藤408頁注301補訂情報）。

　③　技術または職業の秘密に関する証言拒絶権　　民事訴訟法197条1項3号は、「技術又は職業の秘密に関する事項について尋問を受ける場合」に証言拒絶権を認めています。技術または職業の秘密の代表例は、営業秘密（不正競争2Ⅵ）ですが、それ以外であっても、秘密として管理している技術や事項が第三者に知られると、それらを基礎とした社会経済活動が不可能または困難になるものを指すとされ、製品の原価や顧客リスト、報道機関の取材源などがあげられます。

　ただし、判例は、技術または職業の秘密に含まれる場合であっても、証言拒絶権が認められるためには、秘密の公表によって秘密帰属主体が受ける不利益と、証言拒絶権の行使によって犠牲になる真

実発見や裁判の公正との比較考量が必要であるとします。具体的には、当該事件の公益性の程度や代替的証拠の有無などと秘密の重要性とを比較して結論を出すべきであるというのです。このような考え方を利益考量説と呼びます（最決平成18・10・3民集60巻8号2647頁［百選67事件］、最決平成20・11・25民集62巻10号2507頁［百選68事件］）。私自身は、利益考量説に反対ですが（伊藤409頁）、通説は利益考量説をとっています。

④　証人または第三者の刑事処罰または名誉侵害を理由とする証言拒絶権　　民事訴訟法196条は、証言が、証人自身またはその者と一定の身分関係にある者に対する刑事処罰を招くおそれのある事項、または名誉を害すべき事項に関わるときに、証言拒絶権を認めています。自己負罪供述強要禁止（憲38 I）と類似の趣旨にもとづくものですが、身分関係に含まれる者の範囲（民訴196①②）が広いこと、名誉を害すべき事項までが含まれていることが特徴です。名誉を害すべき事項の典型は前科ですが、プライヴァシーより狭く、社会的地位の保持が困難になる程度に社会的・道徳的非難を招く事項を指します。

（ウ）　鑑定

裁判官が事実を認定するためには、経験則、つまり判断法則の助けを借りる必要があります。ある医療行為からどのような経過を経て結果が発生するのかという医学上の判断法則が代表的なものです。もっとも、一般的教養に属する経験則については、裁判官自身が備えているはずですから、改めてそれを外部から取得する必要はありません。しかし、専門的な経験則であり、かつ、その内容が争いの対象となっている場合には、客観的信頼性を確保するためにも、

証拠調べの手続によってその内容を確認する必要があります。そのための方法が鑑定です。

　なお、争いの対象となっていることを前提とすることなく専門的経験則を知るための方法としては、調査の嘱託（民訴186）、鑑定の嘱託（民訴218）、専門委員制度（民訴92の2以下）、裁判所調査官制度（裁57Ⅱ）などがあります。

　また、鑑定人と類似するものとして鑑定証人（民訴217）があります。患者の治療に当たった医師のように、特定の事実について特別の学識経験にもとづいて証言する人です。証拠調べの方法は、証人尋問の手続によります。

　鑑定は、証人義務と同じく一般的義務であり、必要な学識を有する者に課されます（民訴212Ⅰ）。したがって、裁判所によって指定された鑑定人が正当な事由なく鑑定や宣誓を拒むと制裁が科されます（民訴216）。ただし、証言拒絶権と同様に、鑑定拒絶事由が認められています（民訴212Ⅱ）。

　鑑定の方法は、当事者が鑑定の対象とすべき立証事項を明らかにして鑑定の申出をする点で証人と共通していますが（民訴180Ⅰ）、裁判所が申出を採用するときには、鑑定人を指定する（民訴213）点が異なります。当事者が鑑定人を指定しても、それは裁判所に対する判断資料提供の意味しかありません。これは、裁判所の判断枠組みである専門的経験則を提供するという鑑定の特質を重視したものです。鑑定意見を書面で述べることが許されること（民訴215Ⅰ）や、口頭で意見を述べる場合でも、証人尋問（民訴202）とは異なって、鑑定人質問（民訴215の2）という方式がとられるなどの違いがあるのも、同様の理由からです。

（エ）　書証

　書証とは、文書についての証拠調べの方法です。文書とは、作成者の思想、判断または認識を表現した媒体を指します。証拠価値が高いために、その取調べ方法などに関して多くの規定が置かれています。

（ⅰ）　文書の種類

　文書の種類は、第1に、公文書と私文書に分けられます。公文書とは、公務員がその職務の遂行として権限にもとづいて作成した文書をいい、それ以外のものが私文書です。公文書については、後に述べるように（本書166頁）、提出義務に関する特別の規律が置かれています。

　第2に、処分証書と報告文書の区別があります。処分証書とは、契約書が代表例ですが、意思表示その他の法律行為が行われたことを示す文書、報告文書とは、作成者の認識や判断が記載された文書です。処分証書は、それが名義人の意思にもとづいて作成されたことが認められれば、直ちに法律行為の存在を認定できるという特色があります。

　第3に、原本、謄本、抄本、正本、副本という区別があります。これは、作成者を基準にした区別であり、記載内容である認識や判断の主体自身が作成した文書を原本といい、それ以外の謄本などと区別します（民訴91Ⅲ参照）。

（ⅱ）　文書の証拠能力および証拠力

　証拠一般と同様に、文書の証拠能力、すなわち証拠調べの対象となりうる適格について法は、特段の制限を置いていません（刑訴321〜323参照）。ただし、違法収集証拠（本書146頁）とみられるも

のは別です。また、証人たるべき者の陳述内容を記載した文書、いわゆる陳述書などの扱いについては、議論があります（伊藤430頁）。

　文書の証拠力とは、ある文書が立証事項に関する裁判所の心証形成に寄与する程度をいいますが、形式的証拠力と実質的証拠力とに分けられます。

　①　形式的証拠力　　形式的証拠力とは、文書の記載内容が作成者の認識や判断の表現であると認められることをいいます。厳密には若干の違いがありますが、文書の真正（民訴228Ⅰ）、つまり作成者の意思にもとづいて文書が作成された事実とほぼ同意義として扱われます。

　法律上の推定に関して説明したように（本書150頁）、公文書と私文書については、それぞれ真正の推定規定があります（民訴228Ⅱ Ⅳ）。公文書は、「文書は、その方式及び趣旨により公務員が職務上作成したものと認めるべきときは、真正に成立した公文書と推定する」（同Ⅱ）とされています。この推定は、法定証拠法則ですので、反証があれば覆ります。

　私文書は、「本人又はその代理人の署名又は押印があるときは、真正に成立したものと推定する」（同Ⅳ）。このうち押印については、二段の推定という概念が説かれます（最判昭和39・5・12民集18巻4号597頁［百選70事件］参照）。文書に現れている印影が作成者の印章と一致していることを証明すると、作成者本人の意思にもとづく押印の事実を推定し（第1段の推定）、押印の事実から作成者の意思にもとづく文書の作成を推定するのです（第2段の推定）。第1段の推定は、事実上の推定で、第2段の推定が法定証拠法則ですが、いずれの推定も反証によって破ることができます。

　②　実質的証拠力　　形式的証拠力の存在を前提として、文書の

記載内容が立証主題である事実の証明にどの程度寄与するかが実質的証拠力で、裁判所は、自由心証によってそれを評価します。ただし、処分証書（本書160頁）の場合には、形式的証拠力が認められれば、意思表示の存在についての実質的証拠力も認められることになります。

（iii）　新種証拠

文書の概念は、紙媒体を前提としたものですが、磁気媒体、光媒体、無形の電子データなどは新種証拠と呼ばれ、それを書証の対象とするかどうかについては、議論があります（伊藤435頁）。

（iv）　書証の手続

書証、つまり文書に対する証拠調べを行うには、文書を裁判所に提出し、裁判官がその内容を読むことが必要です。そのための方法としては、3種類のものがあります。第1は、当事者が自ら所持する文書を裁判所に提出する方法（民訴219）。第2は、文書提出命令の申立て（民訴219）、第3は、文書送付の嘱託（民訴226）です。第1は別として、所持者に対する強制力をもつのは第2の文書提出命令ですので、その手続や義務の範囲が問題となります。

①　文書提出命令の申立てと文書の特定　　相手方または第三者が所持する文書について文書提出命令を申し立てる当事者は、文書の表示、文書の趣旨、文書の所持者、証明すべき事実、および文書提出義務の原因を明らかにして書面による申立てをしなければなりません（民訴221 I、民訴規140 I）。これは、提出を求める文書を特定し、証拠としての必要性、提出義務の根拠を明らかにさせるためです。

ただし、申立人にとっては、文書の表示（表題、作成日時、作成者）や内容を正確に把握することが困難な場合が少なくありません

ので、厳密な特定を求めるのは、この制度の機能不全を招くことになりますから、特定の程度は、所持者が形式および内容から当該文書を識別できる程度で足りるとされています（大阪地決昭和61・5・28判時1209号16頁［百選71事件］）。

　もっとも、概括的特定のままで文書提出命令を発することは、所持者に不合理な負担をかけるおそれがあります。そこで、民事訴訟法222条は文書の特定のための手続を定めています。申立人が文書の表示や趣旨を明らかにすることが著しく困難であるときは、所持者が文書を識別できる事項を明らかにすれば足りるとし、申立人である当事者の申出にもとづいて、裁判所が文書の表示や趣旨を明らかにするよう所持者に求める手続です。裁判所の求めに従わない場合の直接の制裁はありませんが、識別できる程度の特定で文書提出命令が発せられる可能性があります。

　②　**文書提出義務**　　証人義務（民訴190）や鑑定義務（212 I）と異なって、文書提出義務は一般的義務ではなく、民事訴訟法220条各号に列挙された文書についての限定的義務とされてきましたが（民訴220柱書参照。伊藤441頁）、現行法は、220条4号の一般義務文書の概念を創設しましたので、必ずしも限定的義務とはいえません。

　(a)　**引用文書**　　「当事者が訴訟において引用した文書を自ら所持するとき」（民訴220①）、その文書を引用文書と呼び、文書提出義務を認めます。口頭弁論や弁論準備手続等において積極的に文書の存在または内容を引用した以上、それを秘匿する意思はなく、相手方当事者との公平の視点からも提出義務を認めるべきであるとの判断にもとづくものです。

　(b)　**引渡しまたは閲覧請求の対象となる文書**　　「挙証者が文

書の所持者に対しその引渡し又は閲覧を求めることができるとき」（民訴220②）は、文書提出義務が認められます。法令の定め（民487・503Ⅰ・646Ⅰなど）や契約によって引渡しや閲覧請求権が与えられるときには、その請求権を基礎として文書の提出を認めることに合理性があるというのが立法者の判断です。

(c)　利益文書　「文書が挙証者の利益のために作成され……たとき」（民訴220③前半部分）を利益文書と呼び、文書提出義務が認められます。挙証者を受益者とする遺言書や挙証者を代理人とする委任状、挙証者の債務の消滅を基礎づける領収書などが利益文書の例にあたります。これに対して、裁判例の中で問題になったものとして診療録（カルテ）や賃金台帳があります。診療録については、診療行為の内容を記録するものであり、患者や、その家族、医師の利益のために作成される文書とする考え方が一般的です。賃金台帳については、考え方が分かれていますが、作成目的の中に労働者の賃金の内容を適正に管理することが含まれているとみれば、利益文書性を肯定することができます（伊藤446頁）。

(d)　法律関係文書　「文書が……挙証者と文書の所持者との間の法律関係について作成されたとき」（民訴220③後半部分）を法律関係文書と呼び、文書提出義務が認められます。ここでいう法律関係とは、挙証者たる当事者の一方と所持者との間の関係を指しますが、「法律関係について」の意義については、議論があります。

契約書など法律関係そのものを記載した文書が法律関係文書に含まれるのは当然ですが、法律関係の構成要件事実を記載した文書やそれを基礎づける事項を記載した文書も法律関係文書にあたるとされています。懲戒処分の基礎となる状況報告書、転倒事故にもとづく損害賠償請求訴訟における死体解剖にかかる情報を記載した電磁

的記録媒体（最決令和 2・3・24 民集 74 巻 3 号 455 頁）などがその例です。

　ただし、上記の意味での法律関係について作成された文書であっても、所持者がもっぱら自己利用の目的で作成した文書は、法律関係文書にあたらないとするのが判例・通説です。これを自己利用文書と呼びますが、それは法律関係を明らかにする目的で作成されたものとはいえないというのが理由です。代表例としては、金融機関の貸出稟議書などがあります（最決平成 11・11・12 民集 53 巻 8 号 1787 頁 [百選 69 事件]。その他の自己利用文書例に関する判例については、伊藤 447 頁以下参照）。

　なお、技術または職業の秘密などの証言拒絶権該当事由（民訴 196・197。本書 157 頁）に該当する事実が記載されている文書は、法律関係文書にあたるときでも文書提出義務はないと解されています。

　(e)　一般義務文書　　民事訴訟法 220 条 4 号は、同号イからホに掲げる文書を除いて文書提出義務を認めています。同条 1 号から 3 号までは、それらに該当する文書に限って提出義務を認めているのと比較すると、4 号は、同号イからホに掲げる文書を除いて提出義務を認めているのですから、証言拒絶権該当事由がない限り証言義務を課している民事訴訟法 190 条と類似しています。これが一般義務文書と呼ばれる理由です。提出義務を除外される文書は、以下の 4 類型です。

　なお、一般義務文書としての提出義務を課すことが所持者にとって過度の負担になるおそれがあることを考慮して、民事訴訟法 221 条 2 項は、文書提出命令の方法によらなければ書証の申出ができない場合に限っています。

　第 1 は、証言拒絶権該当事項が記載された文書です。これは、文

書の所持者または文書の所持者と一定の関係がある者について証言拒絶権該当事項（民訴196）が記載されている文書（民訴220④イ）と、専門職の証言拒絶権該当事項（民訴197Ⅰ②）および職業または技術の秘密に関する証言拒絶権該当事項（同③）が記載されている文書（民訴220④ハ）とに分けられます。具体的内容は、証言拒絶権に関する説明（本書155頁）を参照してください。

　第2は、公務秘密文書です。公務秘密文書とは、「公務員の職務上の秘密に関する文書でその提出により公共の利益を害し、又は公務の遂行に著しい支障を生ずるおそれがあるもの」（民訴220④ロ）を指しますが、それに該当するかどうかの判断に関しては、特別の手続が設けられています。判断の主たる内容は、「提出により公共の利益を害し、又は公務の遂行に著しい支障を生ずるおそれがある」かどうかです（最決平成17・10・14民集59巻8号2265頁［百選A22事件］）。

　裁判所は、公務秘密文書について文書提出命令の申立てがなされたときは、その申立てに理由がないことが明らかなときを除いて、この点に関して公務員の監督官庁の意見を聴かなければなりません（民訴223Ⅲ前段）。「この場合において、当該監督官庁は、当該文書が同号ロに掲げる文書に該当する旨の意見を述べるときは、その理由を示さなければならない」（同後段）とされています。裁判所は、示された理由を材料の1つとして、上記の判断をすることになります。

　しかし、監督官庁が示した理由が、①国の安全や外交関係が害されるおそれを内容とするときなど、②犯罪の予防、鎮圧その他の公共の安全と秩序の維持に支障を及ぼすおそれを内容とするときは、裁判所は、その意見に相当の理由があると認めるに足りない場合に

限り、文書の提出を命じることができるとされています。これらの事項に関する監督官庁の第1次的判断権を尊重し、裁判所は、その判断の相当性という第2次的判断を行うという考え方を採用したものです。

また、当該文書が文書の所持者以外の第三者の技術または職業の秘密に関する事項にかかる記載を含んでいる場合には、監督官庁は、意見を述べるにあたって、あらかじめ、その第三者の意見を聴くものとされています（民訴223Ｖ）。秘密の主体である第三者の利益を考慮したものです。したがって、意見を聴くまでもなく監督官庁が当該文書が民事訴訟法220条4号ロに掲げる文書に該当する旨の意見を述べようとするときは、その第三者の意見を聴く必要はありません（民訴223Ｖ）。

第3は、「専ら文書の所持者の利用に供するための文書」（民訴220④ニ）です。法律関係文書に関連して述べた自己利用文書概念とほぼ重なり合いますが、第三者の利用を予定せず、もっぱら所持者の利用に供するための文書を意味します。したがって会議メモなど、作成者の意思決定過程を記録した文書は自己利用文書と認められる可能性がありますが、法令上作成を義務づけられ、必要な場合には第三者に交付することがありうる文書は、自己利用文書性が認められません。もっとも、具体的な文書については、判断が分かれる余地があり、前掲最決平成11・11・12など多くの判例が存在します（伊藤450頁）。

ただし、「国又は地方公共団体が所持する文書にあっては、公務員が組織的に用いるものを除く」（民訴220④ニかっこ書）とされています。所持人についてみれば自己利用文書にあたるとしても、公務遂行のために組織的に用いる文書を一律に文書提出義務の対象外

とすることは不合理だからです。したがって、会議議事録などであっても、組織的に用いるためのものであれば、文書提出義務が認められる可能性があります。

第4は、刑事訴訟記録等です（民訴220④ホ）。刑事訴訟記録等については、確定記録、未確定記録という種別に応じて、閲覧や交付について特別の手続が設けられているところから（伊藤467頁注415）、一般義務文書としての提出義務の対象とすることは不適当と考えられたことによるものです。ただし、法律関係文書（民訴220③）にあたることを根拠とするのであれば、刑事訴訟記録等であっても文書提出義務が認められることはありえます（最決平成16・5・25民集58巻5号1135頁［百選A23事件］）。

③　**文書提出命令申立てに対する審理と裁判**　　文書提出命令の申立てがなされると、裁判所は、まず形式的記載事項（民訴221Ⅰ）が満たされているかどうかを審査します。ただし、文書の表示または趣旨に関しては、民事訴訟法222条の特則があることは、前に説明した通りです（本書163頁）。

所持者とされた者が訴訟当事者であるときには、口頭弁論など訴訟手続の中で提出義務を争うことができますが、第三者であるときに、文書提出を命じようとする場合には、裁判所はその第三者を審尋しなければなりません（民訴223Ⅱ）。所持者に対する手続保障のためです。

文書提出命令義務の存否を判断する際に裁判所は、一般義務文書（民訴220④）のうち、刑事訴訟記録等（同ホ）を除いた文書（同イ〜ニ）に限って、文書の所持者にその提示をさせることができます（民訴223Ⅵ前段、民訴規141）。この場合においては、当事者のみならず何人も、その提示された文書の開示を求めることはできません

（民訴 233 Ⅵ後段）。文書提出義務の有無の判断のために裁判所のみが文書の提示を受ける手続をイン・カメラ手続と呼んでいます。

　裁判所は、審理の結果にもとづいて決定の形式で申立却下または文書提出を命じる裁判をします（民訴 223 Ⅰ前段）。提出命令の対象となる 1 つの文書であっても、その中に、取り調べる必要のない部分や提出義務が認められない部分があるときは、その部分を除いて文書の一部提出を命じることができます（同後段）。なお、提出命令の申立てについての決定に対しては、即時抗告（民訴 332・334）の方法で不服申立てをすることができます（民訴 223 Ⅶ）。ただし、証拠調べの必要性の判断は、即時抗告の理由になりません（最決平成 12・3・10 民集 54 巻 3 号 1073 頁［百選 A24 事件］）。関連する制度として、秘密保持命令（特許 105 の 4）があります（最決平成 21・1・27 民集 63 巻 1 号 271 頁［百選 A14 事件］）。

　所持者が提出命令に従わない場合の制裁は、所持者の地位によって異なります。まず、第三者の場合には、20 万円以下の過料に処します（民訴 225 Ⅰ）。これに対して当事者のときは、裁判所は、当該文書の記載に関する相手方（提出命令申立人）の主張を真実と認めることができます（民訴 224 Ⅰ）。当事者が相手方の使用を妨げる目的で提出の義務がある文書を滅失させ、その他これを使用できないようにしたときも、同様です（同Ⅱ）。

　この真実擬制が働くのは、文書によって立証されるべき事実そのものではなく、文書の記載内容たる情報ですが、文書の趣旨の特定について説明したように（本書 162 頁）、申立人が文書の記載内容を具体的に特定すること、および当該文書により証明すべき事実を他の証拠により証明することが著しく困難であるときは、裁判所は、その事実そのものに関する相手方の主張を真実と認めることができ

ます（同Ⅲ）。

④　文書送付の嘱託　　書証の申出の第3の方法（本書162頁）
は、文書送付の嘱託です（民訴226本文）。文書提出命令と比較する
と、嘱託であるため、所持者に対する強制力を持たないことが特質
です。したがって、当事者が法令により文書の正本または謄本の交
付を求めることができる場合は、嘱託の申立てができません（同但
書）。不動産登記簿や戸籍簿の謄本などがその例にあたります。

（オ）　検証

検証とは、対象物の形状や性質を裁判官が五感の働きによって認
識し、それを証拠資料とする証拠調べの方法です。対象物には様々
なものが含まれ、文書であっても、筆跡や作成の方法などを調べる
のは、書証ではなく、検証になります。人についても、身体の形状
の観察の結果を証拠資料とするのは、検証です。

検証の手続は、おおむね書証に準じるとされています（民訴232
Ⅰ）。ただし、検証協力義務は、証人義務と同様に一般的義務とさ
れており、第三者が検証物提示命令に従わないときは、過料の制裁
に処されます（同Ⅱ）。また、検証を実施する際には専門的知見を
要する場合もあるので、裁判所が鑑定を命じることができます（民
訴233）。

（カ）　当事者尋問

当事者尋問とは、当事者本人を対象として、その者が認識した事
実を口頭で陳述させる証拠調べの方法です（民訴207Ⅰ前段）。法定
代理人についても同様です（民訴211本文）。

当事者本人は、訴訟の結果について利害関係を持つことを考えれ

ば、証人尋問と比較して、証拠価値が二次的なものにとどまるという見方もできます。民事訴訟法207条2項本文が「証人及び当事者本人の尋問を行うときは、まず証人の尋問をする」と規定しているのは、このような考え方を背景としたもので、当事者尋問の補充性と呼ばれます。しかし、見方を変えれば、事案の真相をもっともよく把握しているのは、当事者本人であるということもできますので、現行法は、補充性の原則を修正し、「ただし、適当と認めるときは、当事者の意見を聴いて、まず当事者本人の尋問をすることができる」（民訴207Ⅱ但書）としています。

当事者尋問の手続は、証人尋問に準じるものとされています（民訴210）。違いをあげるとすれば、職権による尋問ができること（民訴207Ⅰ前段）、宣誓が裁量的とされていること（同後段）、虚偽の陳述に対する過料の制裁が定められていること（民訴209）などです。

（キ） 証拠保全

証拠保全とは、訴訟提起の前後において、裁判所が、あらかじめ証拠調べをしておかなければその証拠を使用することが困難になると認めるときに、申立てにより、または職権で証拠調べをする手続です（民訴234）。証拠保全の要件を保全事由と呼びますが、大別すれば、2種類あります。

第1は、証人の死亡や検証物の変質などのように、証拠方法の客観的性質のため将来における証拠調べが困難になる事情です。第2は、文書の改ざんに代表されるように、証拠方法を支配下に置く者の行為によって、本来えられるべき証拠資料の取得が不可能になる場合です。後者については、医療過誤訴訟における診療録（カルテ）が典型例ですが、改ざんのおそれがどの程度具体的に必要かについ

ては、判断が分かれるところです。

　裁判例（広島地決昭和 61・11・21 判時 1224 号 76 頁［百選 72 事件］）
は、当該事件の事情に即した具体性を求めていますが、私は、一般
的経験則に照らして改ざんが容易であり、かつ、他の事例などを考
慮すれば、改ざんの蓋然性が相当程度存在すると認められればよい
と考えています（伊藤 477 頁）。

（ク）　弁護士会照会など

　以上の他に、当事者が訴訟代理人弁護士を通じて事実や証拠を調
査する方法として、弁護士会照会（弁護 23 の 2）があります。これ
に関しては、照会に応じて回答をした者の責任についての判例（最
判昭和 56・4・14 民集 35 巻 3 号 620 頁［百選 73 事件］）や、照会に対す
る回答義務をめぐる近時の判例があります（伊藤 475 頁）。

第6章

訴訟の終了

　訴訟の終了とは、原告による訴え提起にもとづく訴訟係属が消滅することを意味します。その原因としては、第1に、訴えの取下げ、請求の放棄・認諾、および訴訟上の和解という当事者の訴訟行為です。第2に、判決の確定です。第3に、当事者の死亡などの理由によって訴訟が中断し（民訴124。本書103頁）、受継すべき者（本書105頁）がいない場合です。この場合には、訴訟法律関係の基礎となっている2当事者対立構造が失われるために、訴訟が終了します。

I　当事者の訴訟行為による訴訟の終了

　訴えの提起によって訴訟手続が開始し、審判の対象となる訴訟物を当事者が定めるという処分権主義の考え方（本書80頁）は、訴訟の終了についてもあてはまります。したがって、処分権主義が制限される人事訴訟などにおいては、請求の放棄や認諾、あるいは和解が否定されることもあります。

　また、いったん訴訟係属が発生し、両当事者と裁判所の訴訟行為

が積み重ねられている以上、一方当事者の意思によってそれを無に帰すことは合理性を欠きます。訴えの取下げに一定の要件が設けられているのはそのためですし、請求の放棄・認諾にもとづいて一定の訴訟法上の効果が生じること、両当事者の合意である和解についても同様であるのは、このような理由からです。

● （1）訴えの取下げ

訴えの取下げ（民訴261）とは、請求についての審判要求を撤回する旨の原告の意思表示で、相手方は裁判所です。類似の行為として、請求の放棄、上訴の取下げ、訴え取下げの合意がありますが、効果や行為の主体の点で訴えの取下げと区別されます。

（ア） 訴え取下げの要件

訴えは、判決が確定するまで、その全部または一部を取り下げることができます（民訴261 I）。取下げの主体は原告です。一部の取下げについては、1つの訴えによって数個の請求の審判を求めている場合の一部の請求の取下げを指すと解する立場と、1つの請求であっても、それを数量的に減縮する場合（請求の減縮）を含むとする立場があり、私は前者をとっていますが（伊藤484頁）、判例・通説は後者です。

判決確定前であっても、被告がすでに本案についての弁論等の訴訟行為を行っている場合には、原告は、訴えの取下げについて被告の同意を得なければなりません（民訴261 II本文）。これは、被告が本案判決を受ける利益を保護するための要件です。被告による反訴の取下げについても同様ですが、原告による本訴の取下げがなされていれば、反訴の取下げについて原告の同意を要しません（同但

書）。反訴の基礎となっている本訴を原告が取り下げているときには、反訴の取下げについて原告の同意を要件とするのは公平に反すると考えられるためです。

（イ）　訴え取下げの手続

　訴え取下げは、原告が受訴裁判所に取下書を提出するか、または口頭弁論等の期日において口頭ですることができます（民訴261Ⅲ、改正261ⅢⅣ）。取下書が提出されれば、直ちに取下げの効果が生じ、裁判所書記官が取下げがあった旨を相手方に通知します（民訴規162Ⅱ）。

　訴えの取下げについて相手方の同意を要する場合には、取下書の副本を相手方に送達するか（民訴261Ⅳ、改正261Ⅴ、民訴規162Ⅰ）、口頭弁論等の期日の調書の謄本を相手方に送達します（民訴261Ⅳ、改正261Ⅴ）。ただし、相手方がその期日に出頭していたときは、その必要はありません（民訴261Ⅳかっこ書、改正261Ⅴかっこ書）。同意の意思表示は、書面または期日における口頭の陳述でなされ、その時に取下げの効果が生じます。また、訴えの取下げの書面の送達を受けた日から2週間以内に異議を述べないとき、訴えの取下げが口頭弁論期日等において口頭でなされたときに2週間以内に異議を述べないときには、同意があったものとみなされます（民訴261Ⅴ、改正261Ⅵ）。

（ウ）　訴え取下げの効果

　訴え取下げの効果としては、訴訟係属の遡及的消滅、これに付随する時効の完成猶予効などの変化、再訴の禁止があります。なお、刑事上罰すべき他人の行為によってなされた訴えの取下げは無効で

す（最判昭和46・6・25民集25巻4号640頁［百選91事件］）。

（ⅰ）　訴訟係属の遡及的消滅など

　民事訴訟法262条1項は、「訴訟は、訴えの取下げがあった部分については、初めから係属していなかったものとみなす」と規定し、すでに行われた当事者や裁判所の訴訟行為の効果は遡及的に消滅します。

　訴え提起にともなう実体法上の効果の中で中心となるのは、時効の完成猶予と更新ですが（本書89頁）、これらの効力（民147Ⅰ柱書）は、訴えの取下げによる訴訟の終了後6月を経過するまでは、その効力が存続します（同かっこ書）。

（ⅱ）　再訴の禁止

　民事訴訟法262条2項は、「本案について終局判決があった後に訴えを取り下げた者は、同一の訴えを提起することができない」と規定します。これを再訴の禁止または再訴禁止効と呼びます。その趣旨は、本案判決をえたにもかかわらず、訴え取下げによって判決の効力を失わせることに対する制裁と再訴の形をとった訴権の濫用禁止ということができます（最判昭和52・7・19民集31巻4号693頁［百選A29事件］）。

　再訴の禁止の要件としては、第1に、本案の終局判決言渡し後の訴えの取下げであることです。判決が確定してしまえば、訴え取下げの可能性はありませんから（民訴261Ⅰ）、上訴期間中または上訴審の係属中ということになります。

　第2は、再訴が同一の訴えであることです。同一性の判断基準は、当事者の同一性と訴訟物の同一性です。ただし、この2つが満たされているときであっても、いったん原告の権利を認めた被告が再びそれを争うなど、訴えの取下げ時と比較して、後訴を提起する

合理的必要性が存在すれば、再訴禁止効は働きません（上記最判昭和52・7・19）。逆に、元本債権を訴訟物とする前訴の取下げと利息債権を訴訟物とする後訴のように、訴訟物は同一ではないが、前提関係があるような場合に、再訴禁止効が働くかどうかについては議論があります。通説は、これを肯定しますが、私は否定説です（伊藤488頁）。

　また、既判力について主観的範囲が問題となる（民訴115。本書206頁）のと同様に、再訴禁止効についても、それが当事者以外の第三者に及ぶかどうかの議論があります。相続人などの一般承継人に及ぶことに異論はありませんが、訴訟物たる権利の譲受人など特定承継人については、民事訴訟法115条のような規定を欠く以上、再訴禁止効の拡張を否定すべきでしょう。もっとも、再訴禁止効の潜脱を目的として権利を譲渡したなどの事情が認められるときには、再訴が信義則（民訴2）違反と評価される可能性があります。

（エ）　訴え取下げについての争い

　訴え取下げが有効になされ、訴訟が終了したかどうかについて争いが生じる場合があります。訴え取下げ行為の不存在または無効を主張する当事者は、訴訟の係属を前提として、続行期日の指定を申し立てます。裁判所は、有効な訴え取下げがなされたと認めれば、訴訟終了宣言の判決をしますし、逆の判断であれば、審理を続行し、訴え取下げの無効などについて中間判決（民訴245。本書186頁）をするか、終局判決（民訴243。本書185頁）の理由中の判断として、訴え取下げの無効などを判示することになります。

（オ）　訴え取下げの合意

　原告が被告との間で訴えを取り下げる旨の合意をなし、その事実が訴訟上で主張されることがあります。裁判所が合意の存在を認めたときの扱いについては考え方の対立があり、判例（最判昭和44・10・17民集23巻10号1825頁〔百選92事件〕）は、訴えの利益が欠けることを理由にして訴え却下の判決をするとの考え方をとり、通説はこれを支持しています。ただし、私は、合意の存在が認められるときは、訴えの取下げと同視し、争いがあれば、裁判所が訴訟終了宣言判決をなすべきであると考えています（伊藤483頁）。

●（2）請求の放棄および認諾

　請求の放棄とは、原告の訴訟行為の一種で、自らの請求を維持する意思のないことを口頭弁論等の期日において裁判所に対して陳述する行為です（民訴266Ⅰ・261Ⅲ〔改正261Ⅳ〕）。請求の認諾とは、被告の訴訟行為の一種で、原告の請求を認める旨を口頭弁論等の期日において裁判所に対して陳述する行為です（民訴266Ⅰ・261Ⅲ〔改正261Ⅳ〕）。いずれも裁判上の自白（民訴179）とは異なって、事実ではなく、請求つまり訴訟物についての陳述であることが特徴です。

（ア）　請求の放棄・認諾の要件

　請求の放棄や認諾の効力が認められる根拠は、訴訟物に関する処分権主義（本書80頁）にあります。したがって、処分権主義が排除または制限される手続においては、放棄や認諾も排除または制限されます。人事訴訟法19条2項が民事訴訟法266条の適用を排除し

ているのは、このような理由にもとづくものです。ただし、離婚事件においては、協議離婚という当事者の意思にもとづく婚姻関係の解消が認められていること（民763）との関係で、放棄および認諾が認められます（人訴37Ⅰ本文）。もっとも、認諾に関しては、書面による認諾（民訴266Ⅱ）を除くなどの制限があります（人訴37Ⅰ本文第2かっこ書）。これは、婚姻関係の特質を反映したものです。

　株主総会決議取消しの訴えなど、会社や一般法人などの組織に関する訴訟において請求の放棄や認諾が認められるかどうかについては、特段の規定はありません。認諾については、請求認容確定判決の効力が第三者に拡張されること（会社838、一般法人273）との関係で議論がありますが、私は、認諾の効力を認めるべきであるとの立場をとっています（伊藤492頁）。

　そのほかに、請求の放棄や認諾は確定判決と同様の効力を認められるものですから（民訴267）、その前提として、訴訟要件が具備されていることが必要ですし、請求の認諾の場合には、訴訟物たる権利や法律関係が実体法上是認されうるものでなければなりません。

（イ）　請求の放棄・認諾の手続と効力

　放棄・認諾は、口頭弁論等の期日における当事者の口頭陳述によってなされるのが原則ですが（民訴266Ⅰ）、書面によることも認められます（同Ⅱ）。時期については、最初の口頭弁論期日後、判決が確定するまでを含みますから、上訴審においても可能です。口頭陳述または書面による放棄・認諾が成立したときには、裁判所は、それを調書に記載させます（民訴規67Ⅰ①）。この調書は、放棄調書または認諾調書と呼ばれ、調書に記載することによって放棄や認諾の効力が生じます。

効力は、確定判決と同一の効力とされ（民訴267）、訴訟終了効と判決効が認められます。判決効が執行力（民執22⑦。本書214頁）や形成力（本書59頁）を意味することに争いはありませんが、既判力（本書196頁）までを含むかどうかについては、議論があります。執行力などが問題とならない放棄調書の効力や確認訴訟の認諾調書を考えれば、既判力を肯定するのが妥当ですが、放棄や認諾の意思表示に取消や無効事由があれば、再審の手続を経ることなく既判力を否定すべきです。このような考え方を制限的既判力説と呼びます。

● **（3）訴訟上の和解**

訴訟上の和解とは、訴訟の係属中、口頭弁論等の期日において訴訟物に関して当事者がする合意を指します。合意の内容としては、訴訟物たる権利関係についての実体法上の合意と訴訟を終了させる訴訟法上の合意の2つを含んでいます。ただし、その効力を発生させるためには、裁判所が合意内容を調書に記載させることが必要です。

（ア） 訴訟上の和解と類似の制度

訴訟上の和解は、口頭弁論等の期日（口頭弁論期日、弁論準備手続期日、和解の期日をいう。民訴261Ⅲかっこ書、改正261Ⅳかっこ書）において訴訟物に関してなされる合意です。期日外において訴訟物に関してなされる合意は、私法上の和解契約（民695）です。簡易裁判所における起訴前の和解（民訴275）は、訴訟係属を前提としない点で訴訟上の和解と区別されますが、調書に記載され（民訴規169）、確定判決と同一の効果が認められる点では（民訴267）、訴訟

上の和解と変わりません。

　また、訴訟上の和解は、合意である点で、訴えの取下げ、請求の放棄や認諾と、訴訟物に関する互譲を内容とする和解契約を含んでいる点でも、それを含まない訴えの取下げの合意、請求の放棄や認諾と区別されます。

（イ）　訴訟上の和解の法的性質

　訴訟上の和解の法的性質については、いくつかの考え方が対立していますが、訴訟物たる権利関係についての互譲を内容とする私法上の合意と、訴訟終了を内容とする訴訟法上の合意が併存するという両行為併存説が妥当です。ただし、両行為は、一方の有効性が他方の前提となっている関係にあり、これを新併存説と呼ぶことがあります。

（ウ）　訴訟上の和解の要件

　訴訟上の和解が許され、確定判決と同一の効力が認められるのは、処分権主義（本書80頁）のあらわれですから、請求の放棄や認諾と同様に、訴訟物についての処分権が制限または排除される人事訴訟においては、訴訟上の和解が認められません（人訴19Ⅱによる民訴267の適用排除）。ただし、協議離婚や協議離縁が認められる婚姻関係や養親子関係については、訴訟上の和解が許されます（人訴37Ⅰ本文・44）。関連する問題としては、会社などの団体法律関係における和解や、訴訟担当者による和解の許容性があります（伊藤500頁）。

　そのほか、訴訟要件具備の必要性については、請求の放棄や認諾について述べたのと同様です（本書179頁）。また、訴訟上の和解独

自の問題としては、合意の主体として当事者に加えて第三者が参加できるか、その場合の和解の性質をどのように考えるかという点があります（伊藤502頁）。

（エ）　訴訟上の和解の手続

　訴訟上の和解そのものは、当事者間の合意ですが、その成立に至る過程では、和解案の提示や説得など裁判所の勧試（民訴89）がなされるのが通例です。裁判所が事案の概要を把握した上での和解の勧試は、条理と実情にかなった解決を迅速に実現し、紛争の抜本的解決を図ることができるという利点を重視するためと思われます。

　裁判所は、訴訟がいかなる程度にあるかを問わず、和解を試み、または受命裁判官もしくは受託裁判官に和解を試みさせることができます（同）。この和解の勧試をきっかけとして、口頭弁論等の期日において当事者間で合意が成立すれば、裁判所は、成立の事実および内容を調書に記載させ（民訴規67Ⅰ①）、和解が成立します。そのほかに、例外として、和解条項の書面による受諾（民訴264）や当事者の共同の申立てにもとづいて裁判所等が定める和解条項（民訴265）があります。簡易裁判所における起訴前の和解については、これらの規定は適用されませんが（民訴275Ⅳ）、それに代わるものとして和解に代わる決定という制度があります（民訴275の2）。

（オ）　訴訟上の和解の効力

　和解調書の記載は、確定判決と同一の効力を有します（民訴267）。この効力は、請求の放棄や認諾と同様に、訴訟終了効と判決効とに分けられます。判決効のうち、執行力と形成力については、これを肯定するのが一般的ですが、既判力については、議論があり

ます。

　訴訟上の和解の紛争解決機能を確保するためには、既判力を肯定すべきですが、それが排除されるのは、確定判決の再審事由（民訴338）に相当する場合に限らず、錯誤などの意思表示の瑕疵が認められる場合も含みます（最判昭和33・6・14民集12巻9号1492頁［百選93事件］）。これを制限的既判力説と呼びます。

　和解の無効を主張する当事者は、訴訟が終了していないことを理由として続行期日指定の申立てをし、裁判所は、口頭弁論期日を開いて無効原因についての審理を行い、無効と判断すれば、審理を続行し、無効原因が認められなければ、訴訟終了宣言判決をします。ただし、和解無効確認の訴えによる方法も排除されません。

　訴訟上の和解の効力を前提としても、その内容である和解契約の解除を当事者が主張する可能性もあります。解除が認められるときに、訴訟終了効も消滅するかどうかについては、議論があります。新併存説（本書181頁）に立っても、和解の無効と異なって、解除によって訴訟終了効が消滅することは正当化できませんから、旧訴の復活はありえず、原告は、旧訴の請求について新しく訴えを提起することになります。この考え方が判例（最判昭和43・2・15民集22巻2号184頁［百選94事件］）・通説であり、私もこれを支持しています（伊藤512頁）。

2　終局判決による終了

　終局判決（民訴243 I ）が言い渡されると、その審級における訴訟手続は終了します。しかし、訴訟手続そのものは、上訴の可能性が残されている限り終了しません。ここでは、まず裁判の種類、そ

の中心となる判決の種類、判決の成立を説明します。

●（1）裁判の種類

　裁判には、判決、決定、命令の3種類があります。このうち、判決と決定は、裁判所による裁判であり、命令は、裁判所の構成員である裁判長、受命裁判官または受託裁判官による裁判を指します。ただし、法律が命令の名称を付しているときであっても、差押命令（民執145）のように、性質は決定とされるものもあります。なお、判決は裁判の中心となるものですので、決定および命令には、その性質に反しない限り、判決に関する規定を準用します（民訴122）。

　判決については、審理の方式として必要的口頭弁論の原則（民訴87Ⅰ本文）が適用され、効力発生のためには、公開法廷における言渡しが必要です（民訴250）。そして、判決に対する不服申立てとして控訴と上告が認められます。

　これに対し、決定の審理の方式は、任意的口頭弁論、つまり裁判所がその判断で口頭弁論を開くかどうかを定めます（民訴87Ⅰ但書）。口頭弁論を開かない場合には、審尋という方式がとられます（同Ⅱ）。審尋とは、口頭または書面などの方式を問わず、当事者に陳述の機会を与えることを意味します。効力発生も、言渡しは必要ではなく、郵送など裁判所が相当と認める方法で告知すればよいとされています（民訴119）。決定に対する不服申立ての方法としては、抗告および再抗告がありますが、それらが常に保障されているわけではありません。

●（2）判決の種類

　判決の種類としては、ある審級の手続を終結させる効果を持つか

どうかで、終局判決と中間判決を区別します。終局判決に対しては、独立の不服申立てとしての上訴（控訴、上告）が認められますが、中間判決に対する不服は、終局判決に対する上訴によって主張できるにとどまります（民訴283本文）。

（ア）　終局判決

終局判決は、訴訟要件（本書61頁）の具備を基準として訴訟判決と本案判決、訴えの類型（本書58頁）を基準として給付判決、確認判決、形成判決、訴訟物の範囲との関係を基準として全部判決と一部判決とに分けられます。ここでは、全部判決と一部判決について説明します。

1つの訴訟手続において数個の請求の審判が求められているときに、そのすべてについて1つの判決をするのが全部判決、一部について判決をするのが一部判決（民訴243Ⅱ）です。原告が1つの訴えで数個の請求について審判を求めているときだけではなく、弁論の併合（民訴152。本書119頁）によって数個の請求が1つの訴訟手続で審判される場合にも、一部判決が可能です（民訴243Ⅲ）。一部判決も終局判決ですから、一部については、その審級の手続は終了しますし、独立の上訴の対象になります。なお、残部についての判決を残部判決または結末判決と呼びます。

一部判決をするためには、裁判所が数個の請求についての弁論を分離（民訴152。本書119頁）することが前提になります。したがって、所有権にもとづく明渡請求と所有権侵害を理由とする損害賠償請求や、元本請求と利息請求のように、請求相互間に法律上の共通性がある場合などには、弁論の分離を前提とする一部判決は許されません。訴えの客観的併合（民訴136。本書226頁）や共同訴訟（民

訴38。本書237頁）で一部判決ができるかどうかも、この基準によって判断します。同時審判申出共同訴訟については、明文の規定によって弁論の分離および一部判決を禁止しています（民訴41 I）。

全部判決をすべきであるにもかかわらず誤って一部判決をすることを裁判（判決）の脱漏と呼びます（民訴258）。脱漏部分については、なおその裁判所に訴訟が係属していますので（同 I）、裁判所は追加判決をしなければなりません。追加判決は、誤った一部判決とは独立した終局判決です。

（イ）　中間判決

訴訟物についての判断の前提となる事項について裁判所が判断を示すことによって、審理を整理し、終局判決を準備することが中間判決制度の目的です。したがって、中間判決をなすかどうかは、裁判所の裁量に委ねられます。中間判決は、その目的からして、それをなした裁判所自身に対する拘束力があります。したがって、裁判所は、中間判決の判断を前提として終局判決をしなければなりません。当事者の側も、中間判決の基本となる口頭弁論以前に生じていた攻撃防御方法を提出して、中間判決の効力を争うことは許されません。そして、中間判決に対する独立の上訴は認められず、終局判決に対する上訴によって中間判決の判断を争うことになります（民訴283本文）。

中間判決の対象事項は、独立した攻撃防御方法、その他中間の争い、請求の原因の3つです（民訴245）。いずれの場合でも、審理を対象事項に制限するために弁論の制限（民訴152 I）がなされます。

（i）　独立した攻撃防御方法

独立した攻撃防御方法とは、他の攻撃防御方法とは独立に権利関

係やその基礎となる法律効果を基礎づけるものを指します。所有権確認請求訴訟における売買や取得時効などの請求原因事実がそれぞれ独立した攻撃方法の例ですし、売買代金支払請求訴訟における弁済や相殺の抗弁事実がそれぞれ独立した防御方法の例です。ただし、独立した防御方法である弁済の抗弁が認められるようなときには、中間判決ではなく、請求棄却の終局判決がなされます。

（ⅱ）　中間の争い

訴訟手続に関する事項で、口頭弁論にもとづいて判断すべきものを中間の争いといいます。訴訟要件の存否、訴え取下げや訴訟上の和解の効力などですが、訴訟要件が欠けていると判断されれば訴え却下、訴え取下げや訴訟上の和解が有効であれば訴訟終了宣言の終局判決がなされます。

（ⅲ）　請求の原因

金銭支払請求など数量的に可分の請求が訴訟物となっているときに、その原因、つまり請求権が存在するか否かと、その数額、つまり請求権の額がいくらであるかの双方が争いになっているときに、原因が不存在と判断すれば、請求棄却の終局判決を言い渡すことになります。原因が存在すると認めるときは、その旨の中間判決をして、それを前提として数額についての審理を進めることが可能です。

● （3）判決の成立

判決は、内容を確定し、判決書を作成し、公開の法廷において言い渡すことによってその効力を生じます（憲82Ⅰ参照）。当事者が在廷しない場合、訴訟手続が中断しているときでも可能です（民訴251Ⅱ・132Ⅰ）。言渡しは、口頭弁論終結の日（民訴253Ⅰ④、改正252Ⅰ④参照）から2か月以内にしなければならないのが原則ですが

（民訴251 I 本文）、例外が認められています（同但書）。言渡しの方式については、民事訴訟規則155条の定めがあります。

（ア）　判決内容の確定

判決は、法廷における言渡しによってその効力を生じます（民訴250）。その前提として判決内容を確定しなければなりませんが、それは、直接主義の原則にもとづいて、基本となる口頭弁論に関与した裁判官によって構成される裁判所が行います（民訴249 I）。受訴裁判所を構成する裁判官に交代があった場合の措置（同 II III）については、直接主義の説明を参照してください（本書109頁）。

（イ）　判決書の作成

判決の言渡しは、判決をした裁判官が署名押印した判決書の原本にもとづいてします（民訴252、改正253、民訴規157 I）。ただし、例外として、被告が口頭弁論において原告の主張した事実を争わない場合などにおいて、請求認容判決をするときには、判決書の原本によらない言渡しが認められています（民訴254 I）。この場合には、裁判所の判断が判決言渡期日の調書に記載されますので（同 II）、調書判決と呼ばれます。

（ウ）　判決書の記載

判決書の記載事項は、主文、事実、理由、その他の事項です（民訴253 I、改正252 I）。主文は、訴状における請求の趣旨（民訴133 II ②）に対応する裁判の結論です。訴訟判決の場合には、「本件訴えを却下する」、本案判決の場合には、請求認容・請求棄却、請求一部認容・請求一部棄却に分けられ、請求の全部または一部を認容

するときは、給付、確認、形成という訴えの類型に応じて、給付命令、確認判断、形成宣言を掲げます。

　事実の記載においては、「請求を明らかにし、かつ、主文が正当であることを示すのに必要な主張を摘示しなければならない」（民訴253Ⅱ、改正252Ⅱ）とされます。つまり、ここでいう事実とは、当事者の主張事実のうち、請求を明らかにし、その請求についての主文が正当であることを示す事実ですから、主要事実、およびそれに関連する重要な間接事実を意味します。なお、事実摘示の方式として、かつては旧様式判決と新様式判決という区別がありましたが、民事訴訟法253条2項（改正252Ⅱ）は、新様式判決の考え方を基礎としています（伊藤527頁）。

　理由とは、上記の事実を基礎として判決主文の結論に至る事実認定および法律上の根拠を意味します。事実について当事者が提出した証拠の採否を示す必要がありますが、自由心証主義の下では、採否の理由まで立ち入って示す必要はありません。

　その他の記載事項は、口頭弁論終結の日（民訴253Ⅰ④、改正252Ⅰ④）、当事者および法定代理人（民訴253Ⅰ⑤、改正252Ⅰ⑤）、裁判所（民訴253Ⅰ⑥、改正252Ⅰ⑥）です。

（エ）　判決書の送達

　判決書は、言渡し後遅滞なく裁判所書記官に交付し、裁判所書記官は、これに言渡しおよび交付の日を付記して押印しなければなりません（民訴規158）。そして、裁判所書記官は、判決書の正本または調書判決の調書の謄本を当事者に送達しなければなりません（民訴255）。送達は、交付の日または判決言渡しの日から2週間以内にしなければなりません（民訴規159Ⅰ）。上訴期間は、当事者が送達

を受けた時から進行します（民訴285・313）。

---

3 判決の効力

　裁判所は、いったん判決を言い渡した以上、以下に述べる例外を除いて、それを変更することはできません。これを判決の自己拘束力または自縛力と呼びます。これは、判決を言い渡した裁判所自身に対する拘束力であり、判決主文と理由中の判断の双方を含みます。同じく裁判であっても、決定および命令の自縛力については、広く例外が認められます（民訴120・333参照）。

　類似の概念として覊束力があります。これは、同一事件において事実審（本書274頁）の事実認定の法律審（本書274頁）に対する拘束力（民訴321 I）や上級審の取消しまたは破棄の理由となった判断の差戻しまたは移送を受けた下級審に対する拘束力（裁4、民訴325 III）を意味します。

● **（1）自縛力の例外──判決の更正**

　第1の例外は、判決の更正です。判決の誤りは、本来、上訴によって正されるべきものですが、明白な誤りについてまで上訴を要求することは、当事者に不合理な負担を強いることになりますし、裁判に対する信頼を損なうおそれがあります。これに対応するための制度が判決の更正で、民事訴訟法257条1項は、「判決に計算違い、誤記その他これらに類する明白な誤りがあるときは、裁判所は、申立てにより又は職権で、いつでも更正決定をすることができる」と規定します。判決主文であっても、判決理由であっても、明白な誤りは更正決定の対象になります。

計算違いや誤記は、明白な誤りの典型例ですが、それ以外にも、判決書の全趣旨や訴訟記録などから判断や表現が誤っていることが明らかである場合も含まれます。

　更正決定（民訴規160）は、「申立てにより又は職権で、いつでも」できます。すでに上訴が提起されていても、さらに判決確定後でも可能です。判決をした裁判所だけではなく、上訴審裁判所も更正決定ができます。更正決定に対しては、即時抗告によって不服を申し立てることができます（民訴257Ⅱ）。ただし、判決に対し適法な控訴があったときは、控訴審において更正決定に対する不服を主張することができますから、即時抗告はできません（同但書）。

●（2）自縛力の例外——判決の変更

　第2の例外は、判決の変更です。判決を言い渡した裁判所は、判決に法令の違反があることを発見したときは、それを変更する判決をすることができます（民訴256Ⅰ本文）。これが変更判決の制度です。自縛力の例外という意味では、更正決定と同様ですが、法令違反が認められるときに、上訴の手続によることなく判決裁判所が自らそれを正すところが特徴です。

　変更判決の要件は、第1に、判決に法令違反があり、それが判決の結論、つまり判決主文に影響を与えることです。結論に影響しない理由中の誤りは、変更判決の理由になりません。

　第2に、判決言渡し後1週間以内でなければなりません（同本文）。法的安定性が害されるのを防ぐ趣旨です。第3に、判決確定前でなければなりません（同但書）。上訴期間は、判決書などの送達を受けた日から2週間ですが（民訴285本文・313）、上訴権の放棄（本書281頁）や不上訴の合意がなされ、判決が確定した以上、それ

を変更するのは法的安定性を害するためです。

　第4に、変更をするために口頭弁論を開く必要がない場合でなければなりません（民訴256Ⅰ但書）。口頭弁論（本書107頁）は、当事者が攻撃防御方法を提出する場ですが、新たに口頭弁論を開いて審理を続行する必要がある事案は、法令違反の発見のみを理由とする変更判決に適するとはいえないためです。

　変更判決は、裁判所の職権にもとづいてなされ、当事者に申立権はありません。そして、上記の理由から口頭弁論は開かれません（民訴256Ⅱ）。ただし、判決言渡期日は開かれ、その呼出しについては、特則が置かれています（同Ⅲ）。

　変更判決が言渡しによって効力を生じると、変更前の判決はその限度で効力を失い、変更判決と変更前の判決の効力が残る部分とが1個の判決とみなされます。したがって、変更前の判決に対する上訴は、変更後の判決に対する上訴としての効力を認められます。

● (3) 判決の確定

　言渡しによって効力を生じた判決について、上訴による取消可能性が消滅した状態を判決の確定といいます。取消可能性の消滅という効果から、形式的確定力と呼び、後に述べる実質的確定力（既判力）と区別します。また、自縛力は、判決を言い渡した裁判所自身に対する拘束力ですが、形式的確定力は、その事件のすべての審級を通じた効果です。

　判決の確定時期については、以下のような区別があります。

　第1に、不服申立てが許されない判決は、言渡しとともに確定します。上告審の判決や不上訴の合意がなされている場合が代表的なものです。

第 2 に、不服申立てがなされないままに不服申立期間が経過（徒過）した場合です（民訴 116）。上訴期間（民訴 285・313）や異議申立期間の徒過（民訴 357・378 I）がこれにあたります。

第 3 は、上訴権や異議申立権という不服申立権の放棄です（民訴284・313・358・378 II）。

第 4 は、不服申立棄却の裁判の確定です。不服申立期間内に適法な不服申立てをすると、原判決の確定は遮断されますが（民訴 116 II）、不服申立てを棄却する裁判が確定すると、原判決も確定します。

なお、判決の確定は、既判力、形成力、執行力などの前提になりますので、その証明が必要なことがありますが、第 1 審裁判所の裁判所書記官が判決確定証明書を交付します（民訴規 48 I）。

● （4）判決の無効

判決は、裁判所が公開法廷において、当事者の訴えに対して言い渡す判断を意味します。したがって、裁判官以外の者が作成した判決書や言い渡されていない判決書などは、非判決と呼ばれ、判決としての効力は認められません。これに対して、判決に該当すれば、たとえその成立過程や内容に違法があっても、上訴や再審によって取り消されない限りは、有効なものとして扱われます。もっとも、一定の事由が認められる場合には、例外的に無効な判決として既判力などの効力が与えられません。

訴えの取下げなどの事由によって訴訟係属が消滅したにもかかわらずそれを看過した判決、裁判権に服さない者を当事者とする判決、実在しない者を当事者とする判決、必要的共同訴訟人たるべき者（本書 244 頁）の一部を欠く判決、変動の対象たる法律関係を欠

く形成判決、判決主文が不明確な判決、確認や形成の対象となる権利関係が強行法規や公序良俗に反する判決が例としてあげられます。

4　確定判決の変更を求める訴え

　確定判決の効力は、再審手続（民訴338以下）によって取り消される場合を除いて、変動させることはできませんが、その例外として民事訴訟法117条が定める「定期金による賠償を命じた確定判決の変更を求める訴え」があります。

　立法者は、なぜ定期金による賠償を命じた確定判決に限って、このような例外を設けたのでしょうか。それは、定期金賠償の特質にあります。不法行為にもとづく身体障害にみられるように、1つの原因行為にもとづく損害賠償請求権は1個ですが、実際の損害が顕在化するのは、口頭弁論終結の前後を通じて長期にわたることがあります。判決は、将来顕在化するであろう損害を予測して賠償額を定めることになりますが、方式としては、一時金賠償と定期金賠償とがありえます。

　問題は、予測した賠償額が顕在化した損害額と大きく異なった場合（ズレ）の修正手段です。異なるといっても、その額を上回る場合と下回る場合とがありえますが、一時金賠償においては、上回る場合には、一部請求理論（最判昭和42・7・18民集21巻6号1559頁［百選82事件］。本書83頁）を適用して追加請求を認める、下回る場合には、債務者の側が請求異議の訴え（民執35）を提起して、認容判決額にもとづく強制執行が権利濫用となることを主張する方法が考えられます。

　これと比較して、定期金賠償は、損害が顕在化する時期に合わせ

て定期的に賠償の支払いを命じる方式ですから、より柔軟にズレの修正を認めるべきであるといえます。これが民事訴訟法117条を創設した理由です（東京高判平成15・7・29判時1838号69頁［百選A25事件］、最判令和2・7・9民集74巻4号1204頁参照）。

● （1）訴えの内容と性質

訴えの内容は、まず、①確定給付判決の変更を求める部分があり、さらに、原告による増額請求の場合には、②追加の給付請求、被告による減額請求の場合には、③確定給付判決の執行力の一部消滅請求が加わります。①は、既判力という判決効の消滅（解除）を目的としますから、形成訴訟（本書59頁）、②は、給付訴訟（本書58頁）、③は、執行力という判決効の消滅を目的としますから、形成訴訟としての性質を持っており、それぞれに応じて請求の趣旨が定まります（伊藤543頁）。

● （2）変更の要件と範囲

変更の訴えを認容するためには、「口頭弁論終結後に、後遺障害の程度、賃金水準その他の損害額の算定の基礎となった事情に著しい変更が生じた」（民訴117 I 本文）ことが必要です。口頭弁論終結後の事情変更といえども、それを予測して判決がなされ、確定しているわけですから、既判力の拘束を解除し、定期金の増額または減額を認めるためには、その定期金額を維持することが当事者間の公平からみて不相当と判断される程度に著しいといえるものでなければなりません。

変更の対象となる定期金は、「その訴えの提起の日以後に支払期限が到来する定期金に係る部分」に限ります。それ以前の分まで遡

って変更することは、法的安定性を害すると立法者が判断したためです。

5　既判力

終局判決が確定すると、訴訟物についての裁判所の判断は争いえないものとなり、当事者など一定範囲の者および他の裁判所もそれに拘束されます。この効力を既判力または実質的確定力と呼びます。これは、民事裁判による紛争解決の根幹をなすものです。外国裁判所の確定判決にも、一定の要件の下で既判力が認められます（民訴118。最判令和3・5・25民集75巻6号2935頁）。

また、特定の訴訟要件が欠けるとの判断を内容とする訴え却下の確定判決についても、紛争解決機能を重視して既判力を認める考え方が一般的です（伊藤551頁）。さらに、確定判決と同一の効力を認められる訴訟上の和解など（民訴267）にも既判力を認めるべきことは、前に説明した通りです（本書182頁）。

●（1）既判力の目的・根拠・性質

既判力の目的は、確定した権利関係についての判断を不可争のものとし、矛盾抵触する判決の出現を防止することによって、民事訴訟制度の紛争解決機能を確保することにあります。そして、その正当化根拠は、当事者に対する手続保障、つまり口頭弁論を中心として訴訟物に関する攻撃防御の機会が保障されているのですから、裁判所の判断が確定した以上、それを受け入れなければならないところに求められます。

既判力の性質については、確定判決によって実体法律関係が変更

されるため、当事者や後訴裁判所もこれを受け入れなければならないという実体法説と、当事者などや後訴裁判所が既判力の内容と矛盾する主張や判断をすることが排斥されるという訴訟法説が対立していますが、通説は後者で、私も訴訟法説をとっています（伊藤548頁）。

●（2）既判力の作用

　既判力の作用とは、前訴確定判決の存在を前提とし、それが後訴の審理と判断をどのように拘束するかという問題です。拘束力は、積極的作用と消極的作用に分けられます。

　積極的作用の例としては、前訴が所有権確認訴訟であり、原告勝訴の判決が確定しているとすれば、同一原被告間の所有権にもとづく目的物引渡請求訴訟についての後訴裁判所は、前訴の口頭弁論終結時における原告の所有権を前提としなければならないことを意味します。

　これに対して消極的作用の例としては、上記の判決確定後に前訴被告が後訴として自らの所有権確認訴訟を提起したときに、前訴確定判決の判断、つまり口頭弁論終結時における原告の所有権帰属と矛盾する主張は排斥され、裁判所も矛盾する判断はできないことを意味します。もちろん、矛盾しない主張、たとえば、口頭弁論終結後に被告が所有権を取得したとの主張が排斥されることはありませんし、裁判所もそれを採用することはできます。

　このような既判力の作用が働く場面は、以下の3つに分けられます。なお、既判力は当事者以外の者にも働くことがありますが（民訴115 I ②〜④。本書206頁）、ここでは、当事者が同一であることを前提とします。

（ア）　訴訟物が同一の場合

　所有権確認請求の前訴で敗訴した原告が、再び同一目的物について所有権確認の後訴を提起すれば、訴訟物は同一です。この場合には、前訴確定判決の既判力によって口頭弁論終結時における原告の所有権が否定されていますから、既判力の消極的作用によって、原告はそれと矛盾する主張をすることはできず（最判平成9・3・14判時1600号89頁［百選A27事件］参照）、裁判所は、前訴の口頭弁論終結後の所有権取得原因が認められない限り、請求棄却判決をすることになります。

（イ）　訴訟物が先決関係にある場合

　上にあげた例、つまり原告の所有権を確認する前訴確定判決と、後訴としての所有権にもとづく引渡請求の関係です。前訴の訴訟物である原告の所有権が後訴の訴訟物である原告の被告に対する引渡請求権の先決関係となり、既判力の積極的作用が働きますので、後訴裁判所は、前訴口頭弁論終結時における原告の所有権と矛盾する判断は許されません。もちろん、被告が占有を正当化する権原（賃借権など）や口頭弁論終結後の所有権喪失などの事由を主張することは妨げられませんし、裁判所は、それについて判断の上で本案判決をすることとなります。

（ウ）　訴訟物が矛盾関係にある場合

　前訴原告（後訴被告）の所有権を確認した確定判決が存在するときに、同一目的物について後訴原告（前訴被告）が自らの所有権の確認を求める訴えを提起したとします。前訴の口頭弁論終結時を基

準としてみれば、その時点で原告と被告の所有権が併存することはありえません。いいかえれば、前訴の訴訟物である後訴被告（前訴原告）の所有権と後訴原告（前訴被告）の所有権とは矛盾関係にあるといえます。

そこで、既判力の消極的作用が働き、後訴原告（前訴被告）は、前訴口頭弁論終結の時点での後訴被告（前訴原告）の所有権という既判力によって確定した判断と矛盾する主張をすることはできませんし、裁判所も矛盾した判断をすることは許されず、後訴原告（前訴被告）が前訴口頭弁論終結後の所有権取得事由を主張しない限り、請求棄却判決をすることになります。

（エ）　既判力の双面性

積極的作用にせよ、消極的作用にせよ、既判力は、前訴確定判決の勝訴当事者に有利に作用することが通常です。しかし、不利に働く場合も考えられます。たとえば、原告の建物所有権を確認する判決が確定した後に、敷地の所有権を主張する前訴被告が、原告に対して建物収去土地明渡請求訴訟を提起したとします。このときに被告（前訴原告）は、前訴口頭弁論終結時における自らの建物所有権を否定することはできませんし、後訴裁判所も、それを前提としなければなりません。これを既判力の双面性と呼びます。

●（3）既判力の調査

既判力ある確定判決が存在することは、いずれかの当事者の有利または不利に働きますから、通常は、当事者がそれを主張することが通常です。しかし、既判力制度の目的は、民事紛争解決制度の機能を確保するという公益的なものですから、当事者が既判力ある判

決の存在を援用しないときでも、裁判所はそれを顧慮することができ、職権調査事項（本書129頁）に属します。なお、後訴裁判所が誤って既判力に抵触する判決をすると、違法な判決として上訴によって取り消されますし、再審事由にもなります（民訴338Ⅰ⑩）。

● （4） 既判力の範囲

　私人の権利義務や私人間の法律関係は、時の経過とともに変動する可能性があります。既判力による確定の対象となる権利関係は、いつの時点を基準とするものか、これが既判力の時的限界（基準時）です。次に、確定判決の「主文に包含するものに限り」（民訴114Ⅰ）既判力が生じます。これが既判力の客観的範囲です。そして、既判力の根拠からいって当事者が既判力に拘束されるのは当然ですが、一定範囲の第三者も拘束を受けます（民訴115Ⅰ）。これが既判力の主観的範囲です。

（ア）　既判力の時的限界（基準時）

　弁論主義の原則（本書125頁）の下で裁判所は、当事者が口頭弁論において提出した事実と証拠にもとづいて訴訟物たる権利関係の存否や内容について判断します。したがって、判断の基準時は、口頭弁論終結時になります。より正確にいえば、事実と証拠の提出が許される事実審（第1審および控訴審。本書274頁）の最終口頭弁論終結時であり、これが既判力の基準時になります。

　その結果として、たとえば、原告の被告に対する貸金返還請求権の存在と内容が既判力によって確定されたとすれば、基準時前の弁済などの事由を主張して被告がそれを争うことはできません（民執35Ⅱ参照）。その事由を被告が知っていたかどうか、知らなかった

ことに帰責性が認められるかどうかも問題になりません。これを既判力の遮断効といいます。

この点に関して議論があるのが、取消権、解除権、相殺権などの形成権行使です。形成権は、一定の事実の存在と形成権行使の意思表示の2つをあわせて一定の法律効果が生じるという実体法上の概念です。

取消権についてみれば、錯誤（民95）、詐欺または強迫（民96）に該当する事実が存在し、それにもとづいて取消しの意思表示がなされると、法律行為の効力が失われます。それを前提として、たとえば、売買契約にもとづく代金支払請求訴訟において認容判決が確定した後に、被告が請求異議の訴え（民執35）を提起し、売買契約を取り消したので代金支払請求権は存在しない、その根拠として、口頭弁論終結前に錯誤などにあたる事実があり、終結後に取消しの意思表示をなしたと主張した場合、この主張が既判力によって排斥されるかどうかが、ここでの問題です。錯誤にあたる事実は、口頭弁論終結前のものですが、取消権行使は終結後の事実です。

いずれに着目するかによって既判力の遮断効が及ぶかどうかの結論が分かれますが、判例（最判昭和55・10・23民集34巻5号747頁［百選77事件］）は肯定説をとり、私も、取消権行使の効果を主張することは、既判力によって確定された権利関係（口頭弁論終結時の売買代金請求権の存在）と矛盾する主張であり、それを許すべきではないという理由から判例の結論に賛成です。

解除権についても、解除権の発生原因事実と解除権行使の意思表示に着目すると、同様の問題があります。現在までのところ判例はありません。私は、解除は、基準時における権利関係の存在を前提とし、その遡及的消滅を生じさせるものであり、既判力が確定した

権利関係と矛盾・抵触するものではないとの理由から、信義則による制約を別にすれば、既判力の遮断効は及ばないと考えていますが、多数説は、基準時前に解除権の行使が期待でき、それを怠ったとみられることなどを理由として、解除権行使の効果を主張するのは、既判力に抵触するとしています（伊藤557頁）。

　相殺権についても同様に、口頭弁論終結前の相殺適状と終結後の相殺権行使のいずれに着目するかという問題があります。判例（最判昭和40・4・2民集19巻3号539頁）は、相殺による債務消滅の効果は、相殺適状発生の時ではなく、相殺の意思表示の時であるという理由から既判力による遮断効は働かないとし、通説もこれを支持しています。私も判例に賛成ですが、その理由としては、解除権の場合と同様に、相殺権行使の主張が基準時における反対債権の存在を前提としており、既判力が確定した権利関係と矛盾・抵触するものではないところに求めるべきと考えています（伊藤558頁）。

　建物買取請求権（借地借家13 I III）については、既判力による遮断効否定（最判平成7・12・15民集49巻10号3051頁［百選78事件]）、手形法上の白地手形補充権（手10参照）については、既判力による遮断効肯定（最判昭和57・3・30民集36巻3号501頁［百選A26事件]）が判例で、通説もこれを支持しています。私は、解除権や相殺権について述べたのと同様の理由から、いずれについても既判力にもとづく遮断効否定説です（伊藤559頁）。

（イ）　既判力の客観的範囲——訴訟物についての既判力

　これは、「主文に包含するもの」（民訴114 I）の解釈に関わる問題です。主文とは、原告が訴えによって審判を求める請求に対する裁判所の判断を意味します（本書188頁）。本案判決の場合には、訴

訟物についての判断ということもできます。単に主文ではなく、主文に包含するものとの文言は、このような意味を持つのです。

　たとえば、売買代金請求訴訟における請求全部認容判決の主文は、「被告は、原告に対し金○○円を支払え」というものですが、ここに包含される裁判所の判断の内容は、原告が訴状に、裁判所が判決書に表示する請求の原因によって特定する訴訟物に対応するものです。つまり、原告の被告に対する金○○円の売買代金支払請求権の存在です。「原告の被告に対する請求を棄却する」という請求棄却判決の場合は、その不存在になります。

　したがって、既判力の客観的範囲は、訴訟物の内容をどのように考えるか、つまり訴訟物理論の立場によって異なります。特に、給付判決と形成判決では、この差異が顕在化します。本書では、旧訴訟物理論（実体法説）をとっていますので（本書79頁）、請求の原因によって特定された実体法上の給付請求権や形成を求める地位の存否や内容をもって既判力の客観的範囲が定まることになります。なお、判例（最判昭和49・4・26民集28巻3号503頁［百選85事件］）は、給付請求権の属性である責任財産の範囲についても、既判力に準じる効力を認めています。

（ウ）　既判力の客観的範囲——相殺の抗弁についての既判力

　民事訴訟法114条2項は、「相殺のために主張した請求の成立又は不成立の判断は、相殺をもって対抗した額について既判力を有する」と規定します。相殺のために主張した請求とは、相殺の自働債権の主張を意味します。

　たとえば、売買代金支払請求訴訟において、被告が貸金返還請求権を自働債権とする相殺の抗弁を提出したとき、相殺の抗弁に関し

ていえば、①自働債権が存在しないから相殺の抗弁は認められず、請求を認容するという判断、②自働債権は存在し、受働債権たる訴求債権は相殺によって消滅したから請求を棄却するという判断、③②と同様であるが、訴求債権額が自働債権額を上回るから、請求を一部認容し、その余を棄却するという判断の3種類が考えられます。いずれの場合でも、相殺の抗弁に用いられた自働債権の存否や消滅に関する判断は、判決理由中のものであり、「主文に包含するもの」にはあたりません。

　それにもかかわらず、民事訴訟法114条2項が適用される結果として、①については、「相殺のために主張した請求の……不成立の判断」として、自働債権の不存在について既判力が生じ、②については、相殺による消滅の結果として自働債権の不存在について既判力が生じ、③については、相殺に用いられた自働債権の部分（相殺をもって対抗した額。対当額）の消滅による不存在について既判力が生じます。これらは、いずれも理由中の判断ですが、民事訴訟法114条2項適用の結果です。

　もちろん、訴求債権の存否の判断については、その内容に則して、同条1項の既判力が生じます。①では、訴求債権の存在、②では、訴求債権の不存在、③では、訴求債権の一部の存在と残部の不存在です。

　ただし、同条2項の文言が「請求の成立又は不成立の判断は」としていることとの関係が問題になります。上記の例は、当初から不成立か、相殺による消滅の結果として不成立かに属するものであって、成立の判断に該当するものは考えられないからです。したがって、現在の支配的解釈は、同条同項の文言について限定解釈をしていることになります。

（エ） 争点効

　相殺の抗弁について既判力を認めるのは、理由中の判断に拘束力を認める明文の例外ですが、それ以外にも、一定の条件の下に理由中の判断一般に関する拘束力を肯定する考え方として、争点効理論があります。

　前訴で当事者が主要な争点として争い、裁判所がそれについて判断した後、同一争点にかかる後訴において、当事者に前訴判決の判断と矛盾する主張および立証を許さず、後訴裁判所も当該争点に関する前訴確定判決の理由中の判断に拘束されるというものです。例としては、売買契約にもとづく目的物明渡請求訴訟において被告が詐欺取消しを主張し、それが排斥されて請求認容判決が確定した後、前訴被告が前訴原告を相手取って、同契約の詐欺取消しを理由として所有権移転登記抹消登記請求訴訟を提起したときに、いったん詐欺取消しの主張を排斥されて敗訴した後訴原告（前訴被告）が、再び詐欺取消しの主張をし、裁判所が、それを認めることができるかという問題が考えられます。

　前訴確定判決で排斥された詐欺取消しの主張についての判断に争点効が生じるとすれば、後訴原告はそれを繰り返すことはできず、後訴裁判所も詐欺取消しを肯定することはできないという結論になります。

　判例（最判昭和44・6・24判時569号48頁［百選84事件］）は、争点効の考え方を否定していますが、いったん前訴確定判決の理由中で否定された詐欺取消しの主張を当事者が繰り返すことは、判決効の次元よりも、信義則（民訴2）という当事者の訴訟行為に対する規律の適用として、特段の事情が認められない限り、否定されるべき

でしょう（伊藤 569 頁）。そのほかにも、信義則の適用によって後訴を遮断した判例（最判昭和 51・9・30 民集 30 巻 8 号 799 頁［百選 79 事件］）も、実質的には、訴訟物の枠を超えて遮断効を認めるものといえます。

（オ）　既判力の主観的範囲

既判力が及ぶ主体の範囲を主観的範囲と呼びます。既判力の正当化根拠が手続保障にあることからしても、既判力が当事者に及ぶのは（民訴 115 Ⅰ①）、当然といえましょう。しかし、当事者のみに限定し、それ以外の第三者に既判力が及ばないとすることは、民事訴訟の紛争解決機能を著しく限定する結果になります。そこで法は、合理的理由が認められる範囲で第三者に対しても既判力が及ぶこととしています。

（ⅰ）　当事者（民訴 115 Ⅰ①）

当事者とは判決の名宛人です（本書 34 頁）。1 つの訴訟手続で 1 個の判決がなされる限り、後に述べる共同訴訟（本書 237 頁）のように、いずれかまたは双方の当事者が複数であっても、すべての者に対して当事者として確定判決の既判力が及びます。独立当事者参加訴訟（本書 260 頁）のように、第三者が当事者となっている場合も同様です。

（ⅱ）　口頭弁論終結後の承継人（民訴 115 Ⅰ③）

ここでいう口頭弁論終結後とは、事実審の口頭弁論終結後を意味します。既判力の基準時がこの時点であることを根拠にしたものですが、実質的には、すでに訴訟物について当事者間の攻撃防御方法が尽くされ、既判力の基礎が固まった後に訴訟物やそれを基礎とする地位を承継したのですから、既判力の拡張を認めるべきであると

の判断が存在します。

これに対して、口頭弁論終結前の承継人については、未だ既判力の基礎である資料が固まっていないのですから、承継人に訴訟を承継させ、手続を続行させることになります。これを訴訟承継主義と呼びます（本書268頁）。

承継の原因としては、相続や合併などの一般承継、目的物の譲渡などの特定承継のいずれもありえます。ただし、一般承継の場合には、訴訟上の地位を含めて、すべての権利義務が包括的に移転するのに対し、特定承継の場合には、何を承継の対象としてとらえるかについて議論があります。

なお、承継人は、当事者からの承継人のみならず、民事訴訟法115条1項2号にいう他人、すなわち訴訟担当の利益帰属主体である本人（本書70頁）の承継人も含みます。

①　訴訟物たる権利義務の承継　　訴訟物たる権利義務の承継人が既判力拡張の対象となることについては、異論がありません。所有権確認訴訟の原告から所有権を譲り受けた者、貸金返還請求訴訟の原告から貸金債権を譲り受けた者などがそれにあたります。

これに対して、訴訟物たる債務について債務引受けがなされたときに、引受人に既判力が及ぶかどうかについては、議論があります。免責的債務引受け（民472）が承継にあたることは争われませんが、併存的債務引受け（民470）については、それが承継ではなく、新債務の設定であるという理由から、否定説が有力であり、私も否定説をとっています（伊藤578頁）。原債務と引受債務との間には、実体法上の関係こそあるものの、承継は存在しないからです。訴訟物たる債務の保証人についても同様です。既判力の主観的範囲を限定しすぎるように感じるかもしれませんが、承継の有無を重視

するためです。

②　**訴訟物の基礎たる権利または訴訟物から派生する権利関係の承継**　しかし、現在の一般的考え方は、訴訟物の承継という判断枠組みを超えて、口頭弁論終結後の承継人にあたる場合を認めています。たとえば、所有権にもとづく目的物の引渡請求認容確定判決の口頭弁論終結後に目的物の占有を譲り受けた第三者を想定してください。

第三者は、訴訟物である所有権にもとづく引渡請求権または引渡義務を承継したわけではありませんから、承継人にあたらず、既判力を受けないとすれば、所有権にもとづく引渡請求権の存在を争えることになります。

しかし、これを不当として既判力を拡張するための論拠として、目的物の占有に関する当事者適格（本書69頁）が承継されたとか、紛争の主体たる地位を承継したという考え方、さらに、訴訟物の基礎たる権利または訴訟物から派生する権利の承継、ここでは目的物の占有を承継したことを根拠とする考え方もあります。最後の考え方を依存関係説と呼んでいますが、私はこの説をとっています（伊藤581頁）。

移転登記抹消請求認容確定判決の敗訴被告から所有権および登記名義の移転を受けた第三者、抵当権存在確認確定判決の敗訴被告から所有権の移転を受けた第三者についても、同様に口頭弁論終結後の承継人として扱われ、それぞれの確定判決の既判力が拡張されます。

③　**訴訟物たる権利の実体法上の性質および第三者の法律上の地位と承継人の範囲**　上記のような基準に従って口頭弁論終結後の承継人とされるときでも、訴訟物である権利が所有権のような物権や

所有権にもとづく引渡請求権のような物権的請求権である場合には、第三者である承継人に既判力が及び、賃貸借契約終了にもとづく目的物返還請求権のような債権的請求権である場合には、第三者である承継人に既判力が及ばないとの考え方もありますが、現在では一般的ではありません（伊藤584頁）。実体法上の権利の対第三者効と既判力の主観的範囲を決する基準を一致させるべき理由に欠けるからです。

次に、①または②に述べた基準に照らし口頭弁論終結後の承継人とみなされる者が、相手方の権利主張に対する独自の法律上の地位を持つときに、なお既判力の拡張を受けるかどうかが議論されます。

一例としては、前訴である、虚偽表示にもとづく移転登記抹消手続請求訴訟について請求認容判決が確定したときに、その口頭弁論終結後に目的不動産の所有権を譲り受けた者が、自らが善意の第三者（民94Ⅱ）に該当するとの主張をする場合に、この者を承継人として扱うかという問題です。善意の第三者の主張ができることについては問題がないのですが、第三者を承継人と扱って、その上で善意の第三者の主張を認めるか（形式説）、それとも、そもそも承継人として扱わないのか（実質説）という議論があります。

判例（最判昭和48・6・21民集27巻6号712頁［百選87事件]）は、善意の第三者との主張は、前訴確定判決の存在によって妨げられないとしています。この判例が上記の実質説を採用していると位置づけた上で、それを批判し、承継人として既判力が及ぶとした上で、善意の第三者という独自の主張が許される形式説によって同様の結論を正当化しうるし、法律構成としてすぐれているという学説が有力です。

しかし、形式説と実質説という判断枠組みを立てる必要はありま

せん（伊藤586頁）。前記の判例は、いかなる意味でも譲受人が承継人にあたらないとしているわけではなく、善意の第三者という独自の法律的地位を主張することが既判力によって妨げられないとしているだけなのです。訴訟物その他の地位を承継した事実が認められれば、口頭弁論終結後の承継人（民訴115条Ⅰ③）として、既判力ある判断に矛盾する主張をすることはできません。他方、自らが善意の第三者であるなど、既判力ある判断と矛盾しない法律上の地位を主張できることは当然です。別のいい方をすれば、善意の第三者などの独自の法律上の地位を主張できる第三者は、いかなる意味でも口頭弁論終結後の承継人にあたらないという考え方（実質説）は、判例でも学説でも存在しません。ですから、判例の考え方を実質説と位置づけて、それに対する形式説の優位を説くこと自体が疑問です。

　同様の問題として、売買を原因とする不動産移転登記手続訴訟について請求認容判決が確定した後に、被告から当該不動産の二重譲渡を受けた第三者の地位が議論されます。判例（最判昭和41・6・2判時464号25頁）は、前訴原告と第三者のいずれが所有権の取得を相手方に主張できるかどうかは、登記の先後によると判示しています。これも形式説と実質説という判断枠組みとは無関係で、二重譲渡においては、登記の先後によって所有権の帰属が決せられるという法理を適用したものに過ぎません。

（ⅲ）　請求の目的物の所持者（民訴115Ⅰ④）

　既判力が及ぶ当事者（民訴115Ⅰ①）、訴訟担当者（同②）および口頭弁論終結後の承継人（同③）のために請求の目的物を所持する者にも既判力が及びます。請求の目的物とは、訴訟物である特定物の引渡請求権の対象物である動産または不動産を指します。目的物

の所持者ですから、独立の所持者と認められない雇人などの占有機関はこれにあたりません。逆に、賃借人や質権者は、他人である当事者などのために所持するのではなく、自己の利益のために目的物を所持するのですから、やはりここでいう所持者にはあたりません。

それを前提とすると、ここでいう所持者にあたるのは、受寄者（民 657）、各種の管理人、同居者などであり、当事者などの利益のために目的物を所持する以上、当事者などに対する既判力の拡張を受忍しなければならないことが、規定の趣旨です。

この趣旨を重視すると、外形上では自己の利益のために所持するようにみえても、所有権の移転や賃借権の設定が虚偽表示にあたる場合には、ここでいう所持者とみなして既判力を拡張することが考えられます（大阪高判昭和 46・4・8 判時 633 号 73 頁［百選 A28 事件］）。

（ⅳ）　訴訟担当における本人（民訴 115 Ⅰ②）

「当事者が他人のために原告又は被告となった場合のその他人」に対して確定判決の効力、つまり既判力が及びます。まず、この規定は、当事者（原告または被告）に対する既判力の拡張を定めているのでなく、他人に対する既判力の拡張を定めている点に注意してください。「他人のために」という文言が、当事者と他人との関係を示すものです。訴訟物たる権利義務の帰属主体という意味で、この他人を本人と呼びます。

当事者が本人のために訴訟追行をし、手続保障が与えられた以上、本人も確定判決の既判力拡張の利益または不利益を承認しなければならないことが、既判力拡張の根拠になっています。

他人のために当事者となる者にあたるのは、訴訟担当者です。法定訴訟担当および任意的訴訟担当について説明しましたが（本書 70 頁、71 頁）、いずれの場合でも、本人に既判力が及びます。「他人の

ために」という文言は、他人（本人）の利益実現を目的とすることを連想させますが、法定訴訟担当の代表例である債権者代位訴訟における代位債権者のように、当事者である担当者本人の利益実現であっても差し支えありません。他人に属する権利実現のためという趣旨に理解してください。

なお、代位債権者の訴訟担当者としての資格および被代位債権者（債務者）への既判力の拡張については、現行民法が423条の5や423条の6の規定を設けたこととの関係で議論が多くなっています（伊藤596頁）。

（v）　民事訴訟法115条以外の根拠にもとづく既判力の拡張

民事訴訟法115条以外の根拠にもとづく既判力の拡張は、特定範囲の第三者に対するものと、一般の第三者に対するものとに分けられ、後者を対世効と呼びます。

特定範囲の第三者に対する既判力の拡張は、その手続の目的を達するために必要であるとの立法者の判断にもとづいて設けられており、民法425条、民事執行法157条3項、破産法131条1項、民事再生法111条1項、会社更生法161条1項などがその例です。

対世効は、人事訴訟と団体関係訴訟において認められていますが、いずれも人事関係と団体法律関係の安定という要請に応えるためのものです。ただし、どの程度まで対世効を認めるかは、それぞれの法律関係の性質に応じた差異があります。

人事訴訟法24条1項は、「人事訴訟の確定判決は、民事訴訟法第115条第1項の規定にかかわらず、第三者に対してもその効力を有する」と規定します。人事訴訟（人訴2）の確定判決の既判力が、請求認容か棄却かという結論、形成判決か確認判決かという性質を問わず、第三者に対して拡張されるのは、人事法律関係の安定を重

視するためです。

　会社や一般法人などの団体関係訴訟においても確定判決の効力が第三者に拡張されるのも、団体法律関係の安定を重視したためです。たとえば、会社法 838 条は、「会社の組織に関する訴えに係る請求を認容する確定判決は、第三者に対してもその効力を有する」と規定します。会社の組織に関する訴え（会社 834 柱書かっこ書）を認容する判決が確定したときに、対象となる法律関係の変動を画一的にするための規定です。明文の規定がない場合にも、同様に解されます（最判昭和 44・7・10 民集 23 巻 8 号 1423 頁［百選 15 事件］、最判昭和 47・11・9 民集 26 巻 9 号 1513 頁［百選 A10 事件］参照）。

　ただし、人事訴訟法にもとづく対世効と比較すると、請求認容判決に限定されているところが特徴です。請求棄却判決の対世効を定めるほどには、法律関係安定の要請が高くないとされたためでしょう。

（ⅵ）　判決の反射効

　判決の言渡しまたは確定の事実にもとづいて、訴訟法上の効果だけではなく実体法上の効果が生じることがあります。これを法律要件的効果といいます（民 169 Ⅰ・460 ③・496 Ⅰ）。

　これと類似する講学上の概念として反射効があります。たとえば、保証債務履行請求訴訟について請求棄却判決が確定したときに、民法 448 条 1 項にもとづく保証債務の付従性の法理を前提とすれば、保証債務が訴求しえない性質のものとなった以上、主債務者も、その事実を援用し、主債務の履行を拒むことができるというのが反射効の考え方です（その他の例については、伊藤 606 頁）。保証債務履行請求棄却確定判決の既判力が主債務者のために拡張されたのと同様の効果を認めることになります。

判例は、反射効の考え方を否定しています（最判昭和51・10・21民集30巻9号903頁［百選90事件］、最判昭和53・3・23判時886号35頁［百選89事件］）。本書も否定説をとります。明文の規定がある法律要件的効果とは区別されること、保証人と主債務者との間の実体法上の法律関係は、口頭弁論終結後の承継人（民訴115 I ③）とは区別されること、上記の例の債権者のように、反射効によって不利益を受ける者に対する手続保障に欠けることなどがその理由です。

（vii）　法人格否認の法理と既判力の拡張

　民事訴訟法115条1項2号から4号に該当しない者であっても、その者の法人格が形骸的なものであり、既判力を受ける当事者（民訴115 I ①）と区別するに値しないときに、法人格否認の法理を適用して、既判力を拡張することが考えられます。判例（最判昭和53・9・14判時906号88頁［百選88事件］）は、法人格の濫用と認められても、手続の安定性を理由として法人格否認の法理の適用を否定していますが、法人格が形骸に過ぎないようなときには、なお適用の可能性があると思われます。

6　判決のその他の効力

　確定判決には、既判力の他に、その種類に応じて執行力や形成力が認められます。このうち、形成力については、婚姻関係解消や株主総会決議の効力の消滅など、法律関係の変動を生じさせる効力として説明しましたので（本書59頁）、ここでは、執行力について解説します。

●（1）広義の執行力

　これは、国家機関に対して判決主文に適合した法律状態の実現を求める効力を意味します。給付判決（不登63 I など）のみならず、形成判決（戸籍63・77 I）や確認判決（戸籍116）にも広義の執行力が認められます。

● （2）狭義の執行力

　これは、確定した給付判決やそれと同一の効力を認められる和解調書などに掲げられる給付命令の実現を執行機関に対して求める地位を意味します。民事執行法の規定により、確定判決など執行力を与えられる文書を債務名義と呼びます（民執22）。執行力の主観的範囲については、民事訴訟法115条1項に対応する民事執行法23条の規定が存在しますが、その趣旨については議論があります（伊藤614頁）。

● （3）人事訴訟における別訴禁止効

　既判力は、訴訟物の範囲で生じるものですが、特別法が特定の法律関係の安定を実現するために、その範囲を超えて別訴禁止効を定めることがあります。人事訴訟法25条は、「人事訴訟の判決（訴えを不適法として却下した判決を除く。次項において同じ。）が確定した後は、原告は、当該人事訴訟において請求又は請求の原因を変更することにより主張することができた事実に基づいて同一の身分関係についての人事に関する訴えを提起することができない」と定め、同条2項は、反訴についても同様の規定を設けています。

　ここでいう人事訴訟については、同法2条が定義規定を設けてい

ますが、たとえば、婚姻取消しの訴えにおいて請求棄却判決が確定した後に、離婚の訴えを提起することが禁止の対象となります。2つの訴えの訴訟物は異なりますが、人事法律関係の安定を実現するために訴訟物の範囲を超えて婚姻関係の解消を求める別訴の禁止を定める趣旨です。

7 終局判決に付随する裁判

終局判決には、当事者の申立てにもとづいて、または職権によって付随的事項に関する裁判が付されます。仮執行宣言および訴訟費用の裁判がそれにあたり、関連する制度として訴訟救助があります。

● （1）仮執行宣言

先に述べたように、広義であっても、狭義であっても、執行力は確定判決の効力です。したがって、請求認容判決が言い渡されても、上訴が提起されるなどして判決が確定しなければ、執行力は生じず、強制執行もできません。しかし、それでは勝訴者の利益実現が遅れ、民事訴訟の紛争解決機能が損なわれるおそれがあります。それを補うのが仮執行宣言の制度です。他方、相手方当事者の立場では、仮執行宣言にもとづく仮執行がなされると、請求認容判決が上訴審で取り消されたときに原状回復や損害の塡補を求める必要があります。仮執行宣言とそれに付随する諸制度は、この2つの相反する要請を調和させることを目的としています。

（ア） 仮執行宣言の要件

仮執行宣言は、財産上の請求に関する判決に限ります（民訴259

Ⅰ）。財産上の請求の場合には、仮執行宣言が付された判決が取り消されても金銭賠償による原状回復が可能なためです。ただし、財産上の請求であっても、登記申請などの意思表示を命じる判決については、判決の確定が意思表示擬制の要件とされているために（民執177Ⅰ）、仮執行宣言を付すことは許されません。

次に、仮執行の必要性が認められることが要件です（民訴259Ⅰ）。裁判所は、一方で、判決の確定を待たずに迅速な権利の実現がなされないと、債権者の生活や事業に重大な損害を生じるおそれなど、他方で、仮執行によって債務者に回復しがたい損害が生じるおそれなどを総合して、仮執行宣言の必要性の判断をします。

ただし、例外として、手形または小切手による金銭の支払の請求、およびこれに付帯する法定利率による損害賠償の請求に関する判決については、裁判所は職権にもとづいて、原則として無担保で仮執行宣言を付さなければなりません（民訴259Ⅱ本文）。請求の性質と迅速な権利の実現を考慮したものです。少額訴訟判決についても同様です（民訴376Ⅰ）。

（イ）　仮執行宣言の手続

仮執行宣言は、当事者の申立てにより、または裁判所の職権で、担保を立て、または立てないで判決の執行をすることができることを宣言する裁判です（民訴259Ⅰ）。担保は、仮執行による相手方の損害回復を図るためのものです（民訴259Ⅵ・77参照）。担保を立てること（立担保）を要求するかどうかは、裁判所の裁量ですが、上級審が原判決中の不服の申立てがない部分について仮執行宣言を付す場合には、無担保です（民訴294・323）。上訴がなされている以上、判決は確定していませんが（本書276頁）、その部分について

は、原判決が取り消される可能性がないことを重視したものです。

　他方、裁判所は、仮執行によって相手方が損害を受けることを避けるために、申立てによりまたは職権で、担保提供を条件として仮執行を免れうる旨を宣言する裁判をすることができます（民訴259Ⅲ）。これを仮執行免脱宣言と呼びます。

（ウ）　仮執行の効果

　仮執行宣言にもとづいて仮執行が行われれば、訴訟物たる権利の満足が実現される可能性があります。しかし、この満足は仮のものですので、上級審は、その事実を無視して権利の存否を判断しなければなりません。しかし、上級審が仮執行宣言付原判決を変更するときには、仮執行宣言は変更の限度においてその効力を失い（民訴260Ⅰ）、すでになされた仮執行の結果については、原状回復と損害賠償を命じることになります（同ⅡⅢ）。ただし、その範囲や要件に関しては、議論があります（伊藤623頁）。

●（2）訴訟費用

　民事訴訟制度の運営は、国家の責任と納税者の負担において行われます。しかし、民事紛争の解決によって直接に利益を受けるのは当事者ですから、それぞれの事件の進行に必要な費用を一定の範囲内で当事者に負担させることに合理性が認められます。

（ア）　訴訟費用の概念および種類

　当事者が負担する訴訟費用の概念をもっとも広くとれば、「訴訟の準備及び追行に必要な費用」（民訴82Ⅰ本文）といえます。しかし、民事訴訟法61条「訴訟費用は、敗訴の当事者の負担とする」

にいう訴訟費用は、これと異なり、訴訟代理人たる弁護士費用を含みません。それは、わが国の民事訴訟制度が弁護士強制主義（本書52頁）をとらないためです。つまり、敗訴の当事者に負担させる費用は、訴訟を提起し、追行するのに必要不可欠な費用に限定する趣旨で、これを狭義の訴訟費用といい、当事者が裁判所を通じて国庫に納付する裁判費用と、自らが支出する当事者費用の2種類に分けられます。

（ⅰ）　裁判費用

裁判費用は、訴え提起などの申立てに際して納付する申立手数料と、それ以外の原因に基づいて納付する費用とに分けられます。申立手数料は、訴額（訴えをもって主張する利益。本書23頁）などを基準とし（民訴費3・別表第1）、原則として収入印紙（政府の発行する証票）貼付の方法で納付します（民訴費8）。手数料を納付しない申立ては不適法とされます（民訴費6）。

申立手数料以外の裁判費用としては、証人や鑑定人の旅費など、郵便による送達（本書97頁）の場合の郵便料金など、裁判所が証拠調べや送達などの訴訟行為をなすについて要する費用があります（民訴費11）。これらの費用は、その概算額を予納させ（民訴費12Ⅰ）、予納がないときは、裁判所は、当該費用を要する行為を行わないことができます（同Ⅱ、改正12Ⅲ）。

（ⅱ）　当事者費用

当事者費用は、当事者が訴訟の準備や追行のために自ら支出する費用のうち、訴訟費用として法定され、勝訴したときに相手方当事者の負担とされうるものを指します。当事者や代理人が期日に出頭するための旅費等の費用、訴状その他の書面の作成および提出の費用などがあります（民訴費2④～⑥）。ただし、弁護士費用について

は、本人訴訟が原則とされるために、例外的な場合（同⑩）に限られます。

　もっとも、不法行為などにもとづく損害の一部として弁護士費用を請求することは可能です（伊藤625頁注313）。また、総合法律支援法にもとづく日本司法支援センター（法テラス）の立替払いの制度も存在します。

（イ）　訴訟費用の負担──訴訟費用敗訴者負担の原則

　「訴訟費用は、敗訴の当事者の負担とする」（民訴61）、これを訴訟費用敗訴者負担の原則と呼びます。勝訴者が支出した費用は権利伸張または防御のためのものであるから、それを争った敗訴者に負担させるのが合理的であるという考え方のあらわれです。訴訟の勝敗を決するのは裁判所ですから、敗訴者からみれば、一種の結果責任です。

　ただし、不必要な行為があった場合等、訴訟を遅滞させた場合については、勝訴者に訴訟費用の全部または一部を負担させることができますし（民訴62・63）、一部敗訴の場合については、裁判所がその裁量で訴訟費用の負担を定めるのが原則です（民訴64本文）。その他に、共同訴訟や補助参加の場合および裁判上の和解が成立した場合についての特則があります（民訴65・66・68）。

　これに加えて、法定代理人等の費用償還（民訴69）や無権代理人の費用負担（民訴70）の規定がありますが、これらは、当事者間の訴訟費用の負担に関するものではなく、無益または無効な訴訟行為をした第三者に対して訴訟費用を償還または負担させる規定です。

（ウ）　訴訟費用負担の確定手続

訴訟費用負担の確定手続は、負担を定める裁判と具体的な金額を定める手続の2段階に分かれます。

まず、裁判所は、終局判決の主文において、職権で、その審級における訴訟費用の全部について当事者の負担を定めます（民訴67 I 本文）。ただし、事情により、一部判決（本書185頁）や中間判決（本書186頁）において、その費用の負担を定めることができます（同但書）。

上級審が原審の本案の裁判を変更するときには、原判決中の訴訟費用の裁判は当然にその効力を失い、裁判所は、原審と上級審を通じた訴訟の総費用の負担について裁判をしなければなりません（民訴67 II 前段）。上級審が原判決を取り消した上で、差戻しまたは移送の裁判をするときには、差戻し等を受けた裁判所が上級審も含めた事件の総費用の負担について裁判します（同後段）。これに対し、上訴を却下または棄却するときには、上級審は、その審級における訴訟費用の負担についてのみ裁判をすれば足ります。

訴訟費用の負担の裁判に対しては、独立して上訴をすることができません（民訴283・313）。訴訟費用の負担の裁判は、終局判決の内容を反映したものであり、終局判決に対する上訴の中で争わせれば足りるからです。

次に、訴訟費用の負担者および負担割合を定める裁判が執行力を生じた後に、申立てにもとづいて第1審の裁判所書記官が具体的な額を定めます（民訴71 I ～ III、改正71 I ～ IV）。この定めに対しては、不服申立てが認められます（民訴71 IV ～ VII、改正71 V ～ VIII）。明白な誤りがあるときの更正も認められます（民訴74）。

訴訟上（裁判上）の和解（本書180頁）が成立したときには、和解または訴訟費用は各自負担が原則ですが（民訴68）、和解または訴訟費用の負担を定めながら、その額を定めなかったときは、同様に第1審の裁判所書記官が定めます（民訴72）。また、訴えの取下げ（本書174頁）や請求の放棄および認諾（本書178頁）のように、訴訟が裁判および和解によらないで完結したときも同様です（民訴73）。

（エ）　訴訟費用の担保

　原告が敗訴したときには、被告が支出した訴訟費用の償還を命じられることになりますが、応訴を強制される被告の償還請求権を保護するために、日本国内に住所、事務所および営業所を有しない原告に対する担保提供命令の制度があります（民訴75）。担保提供命令の申立てをした被告は、原告が担保を立てるまで応訴を拒むことができます（同Ⅳ）。これを妨訴抗弁と呼びます。原告が担保を立てないときは、裁判所は、口頭弁論を経ないで、判決で、訴えを却下することができます（民訴78本文）。担保提供は、金銭の供託などの方法によって行われますが（民訴76）、その目的物について被告は優先弁済権を与えられます（民訴77）。担保を提供した当事者側からの対抗手段としては、担保の取消し（民訴79）や担保の変換（民訴80）があります。

　なお、以上に述べた担保提供の方法や手続は、他の法令によって訴え提起について立てるべき担保に準用されます（民訴81）。会社の組織に関する訴え（会社836）や株主による責任追及の訴え（会社847の4Ⅱ）などがその例です。

● (3) 訴訟救助

　訴訟費用敗訴者負担の原則はあるものの、当事者は、いったんは訴訟費用の負担を引き受けなければなりません。経済的な余裕のない人は、その負担ゆえに提訴や応訴を断念せざるをえないとすれば、裁判を受ける権利（憲32）が実現されないおそれがあります。そこで、一定の要件を満たす当事者について、国に納付すべき裁判費用などの支払いを猶予し、その者が勝訴したときには、費用の負担を命じられた敗訴当事者から費用を取り立てるのが訴訟救助の仕組みです。

（ア）　救助の要件

　救助の要件は、資力要件（訴訟の準備および追行に必要な費用を支払う資力がない者またはその支払により生活に著しい支障を生ずる者）と勝訴の見込みに関する要件（勝訴の見込みがないとはいえない）の２つです（民訴82Ⅰ）。それぞれについて解釈上の議論と判例があります（伊藤632頁）。

（イ）　救助の手続

　救助の付与は、当事者の申立てにもとづいて裁判所が審級ごとにします（民訴82ⅠⅡ）。救助申立却下決定に対しては、申立人の即時抗告が認められます（民訴86）が、救助決定に対して相手方の即時抗告権を認めるかどうかについて議論があります。判例は肯定しています（伊藤634頁）。

　また、いったん救助決定を受けた者（受救者）であっても、資力要件を欠くことが判明し、またはそれを欠くに至ったときは、裁判

所は、利害関係人の申立てによりまたは職権で救助決定を取り消し、猶予した費用の支払を命じることができます（民訴84）。

（ウ）　救助の効果

救助決定の効果は、①裁判費用などの支払の猶予、②裁判所において付添いを命じた弁護士の報酬および費用の支払の猶予、③訴訟費用の担保の免除という3種類です（民訴83Ⅰ）。これらの効果は、受救者についてのみ生じますので（同Ⅱ）、訴訟の承継人（本書268頁）に対しては、猶予した費用の支払が命じられます（同Ⅲ）。

終局判決にともなって訴訟費用の負担が定められたときには（民訴67Ⅰ）、国は、負担を命じられた相手方から直接に、支払を猶予した費用を取り立てることができます（民訴85前段、民訴費16Ⅱ）。報酬、費用、手数料の支払を猶予された弁護士や執行官についても、同様です（民訴85後段）。

第7章

複数請求訴訟
──請求の客観的併合

　1つの訴えによって開始し、1つの訴訟手続で審理し、1つの判決で判断する請求（訴訟物）は、1つであるのが原則です。しかし、相互に関連する数個の請求については、それぞれを別の訴えとするのではなく、1つの訴えとして、1つの訴訟手続において審判することには、訴訟追行の負担、審理の重複、判断の矛盾抵触を避けうるという利点があります。

　それを考慮して、民事訴訟法は、一定の要件を設けて、1つの訴訟手続で数個の請求について審判を求めることを認めています。これが複雑訴訟であり、その中に、同一当事者間における数個の請求が審判の対象となる場合と、原告または被告もしくはその双方が複数の当事者によって構成され、あるいは第三者が当事者として加入する結果として、数個の請求が審判の対象となる場合とがあります。前者が請求の客観的併合であり、後者が共同訴訟および訴訟参加です。本章では、請求の客観的併合について説明します。

　請求の客観的併合の「客観的」とは、訴訟の主体は2当事者（原告および被告）であり、客体である請求が複数であることを意味し

ます。客観的併合状態を生じさせる当事者の行為としては、訴えの客観的併合（民訴136）、訴えの変更（民訴143）、中間確認の訴え（民訴145）、反訴（民訴146）があり、裁判所の行為としては、弁論の併合（民訴152 I。本書119頁）があります。ここでは、当事者の行為について説明します。

I　訴えの客観的併合

　原告が1つの訴えによって被告に対する数個の請求の審判を求める行為を訴えの客観的併合と呼びます。訴訟係属（本書77頁）発生の時点から請求の客観的併合状態が生じる点が特徴です。

●（1）併合の要件

　客観的併合の要件は、「同種の訴訟手続による場合」（民訴136）です。したがって、訴訟事件と非訟事件（本書11頁）との併合は認められず、訴訟事件であっても、通常民事事件と人事訴訟事件や行政事件との併合は認められないのが原則ですが、いくつかの例外が設けられています（伊藤640頁）。

　併合の要件がこのように緩やかなのは、管轄についても併合請求の裁判籍（民訴7）が認められており、また、併合審理がかえって訴訟の遅延などを生じるおそれがあるときには、裁判所が、弁論の分離権限を行使して（民訴152 I）、併合状態を解消できるためです。

●（2）併合の態様

　訴えの客観的併合は、1つの訴えによって数個の請求について審判を求める行為ですが、併合の態様によって、以下の3つに分けら

れます。審判の態様や上訴との関係については、伊藤 644 頁以下を参照してください。

（ア） 単純併合

数個の請求について、原告が条件を付すことなく、審判を求める形態です。売買代金請求と貸金返還請求のように請求相互間に実体法上の関連性がない場合、賃料不払いにもとづく賃貸借解除を理由とする目的物返還請求と不払い賃料支払請求や目的物引渡請求と引渡不能に備えた損害賠償請求のように実体法上の併存関係がある場合の双方を含みます。裁判所は、数個の請求のすべてについて審判しなければなりません。ただし、弁論の分離をすれば（民訴 152 Ⅰ）、それぞれの請求について別々の判決をすることができます。また、以下に述べる選択的併合や予備的併合の場合と異なって、数個の請求のうちの一部について判決をすることも可能です（民訴 243 Ⅱ）。

（イ） 選択的併合

数個の請求のうちいずれかについて認容判決がなされることを解除条件として、他の請求についての審判を申し立てる形式の併合形態を選択的併合と呼びます。同一の給付を内容とする債務不履行と不法行為にもとづく損害賠償請求のように、1 つの請求が認められれば、他の請求についての審判申立てに付された解除条件が成就しますから、裁判所は、他の請求について審判の必要はありません。いずれの請求についての審判を先行させるかは裁判所の判断に委ねられる点が、次に述べる予備的併合と異なります。ある請求について棄却判決をするときには、解除条件が成就しませんから、他の請

求についても認容または棄却の判決をしなければなりません。

選択的併合の法理は、旧訴訟物理論（本書78頁）を前提とし、同一の給付を求める数個の請求権が成立する場合に用いられます。合一的審判を求める原告の利益を重視し、弁論の分離は許されません。

（ウ）　予備的併合

実体法上両立しえない関係にある数個の請求のうち、主位的請求A（売買代金支払請求など）について無条件に審判を求め、予備的請求B（当該売買の無効を理由とする目的物返還請求など）について、Aについての請求認容判決を解除条件として審判を求める形態を予備的併合と呼びます。裁判所は、まず主位的請求について審判をなし、それを棄却するときに予備的請求について審判をすることが義務づけられます。主位的請求を認容するときは、解除条件が成就しますので、予備的請求について審判の必要はありません。なお、合一的審判のために、選択的併合の場合と同様に、弁論の分離は許されません。

2　訴えの変更

訴えの変更とは、いったん、ある請求について訴訟係属が生じた後に請求の内容を追加または変更する原告の行為をいいます。その類型として、追加的変更と交換的変更とがあります。追加的変更とは、所有権確認の訴え係属後に、所有権にもとづく引渡請求を追加する場合のように、訴えの変更によって新たな請求を追加するものです。

交換的変更は、従来の請求に代えて新たな請求の審判を求める行

為ですが、これを新請求の追加と旧請求の取下げを組み合わせたものとするのが判例です（最判昭和32・2・28民集11巻2号374頁［百選33事件］。学説については、伊藤646頁）。これに従えば、訴えの取下げの要件（民訴261Ⅱ。本書174頁）を満たすことが必要です。なお、請求は、請求の趣旨および原因によって特定しますので（民訴133Ⅱ②、改正134Ⅱ②。本書75頁）、いずれかの変更によって訴えの変更の効果が生じます。

● （1）訴えの変更の要件

　訴えの変更の要件は3つです（民訴143Ⅰ）。第1は、請求の基礎に変更がないことです。これは請求の基礎の同一性と呼ばれますが、変更前後の請求を基礎づける事実が同一の社会生活関係に属するとか、主要な争点が共通しているなどの判断枠組みを意味します。具体例としては、所有権確認の請求に所有権にもとづく明渡請求を追加する変更、賃貸借の終了を理由とする建物明渡請求を賃貸借契約解除を理由とする明渡請求に交換する変更などは、請求の基礎の同一性が認められます。

　請求の基礎の同一性を要件とするのは、被告の利益、すなわち従前の訴訟追行の結果が無益になることを防ぐためのものですから、被告が同意すれば、請求の基礎の同一性を問題とすることなく、訴えの変更が認められます。被告の陳述に対応するために原告が訴えの変更を余儀なくされる場合も同様です（最判昭和39・7・10民集18巻6号1093頁）。

　第2の要件は、著しく訴訟を遅滞させないことです（民訴143Ⅰ但書）。たとえ請求の基礎の同一性が認められるときであっても、従来の請求についての審理が裁判に熟しつつあり（民訴243Ⅰ）、か

つ、新たな請求の審理のために相当の時間を要するのであれば、訴えの変更が訴訟遅延を生じさせることになります。特に、控訴審における訴えの変更については、この要件が問題となるでしょう。なお、この要件は公益的なものですから、被告の同意は問題となりません。

第3は、事実審の口頭弁論終結前であることです（民訴143本文）。訴えの変更の実質は、新訴の提起にあたることから、事実審（第1審および控訴審）に限り、法律審（上告審）では認めないこととしています。

● （2）訴えの変更の手続

訴えの変更は、書面でしなければなりません（民訴143 II）。訴えの提起（民訴133、改正134）と実質を同じくするからです。ただし、請求の原因のみによる訴えの変更に書面を要するかどうかについて、判例は不要としますが、学説は必要とします（伊藤650頁）。書面は、被告に送達しますが（民訴143 III）、時効の完成猶予等の効果は、訴え提起の場合と同様に、書面提出の時に生じます（民訴147）。

裁判所は、当事者間に変更の許否について争いがあり、訴えの変更が許されないと判断するときは、申立てによりまたは職権で、変更不許可決定をします（民訴143 IV）。これに対して、変更を認めるときには、終局判決の理由中でその判断を示します。

3　中間確認の訴え

係属中の訴えにおいて、その請求（訴訟物）の前提となる権利関

係の確認を求める申立てを中間確認の訴えといいます（民訴145）。同じく中間といっても、請求を定立する訴えの一種ですから、中間判決（民訴245）と混同しないでください。中間確認の訴えに対する判決は、終局判決（民訴244）です。所有権にもとづく引渡請求訴訟の係属中に、原告が所有権確認を求める中間確認の訴えを提起するのが典型例です。

　なお、「請求を拡張して」（民訴145Ⅰ本文）との文言との関係では、中間確認の訴えを提起できるのは原告に限られ、被告は反訴（民訴146。本書232頁）によるべきであるとの解釈もありえますが、現在の一般的考え方は、控訴審における反訴の提起には相手方の同意を要する（民訴300Ⅰ）などの点を重視して、被告にも中間確認の訴え提訴の資格を認めています。

●（1）中間確認の訴えの要件

　「訴訟の進行中に争いとなっている法律関係の成立又は不成立に係るとき」（民訴145Ⅰ本文）とは、上の例でいえば、所有権にもとづく引渡請求についての裁判が所有権の成立または不成立の判断を前提とする関係を指します。この前提関係によって中間確認の訴えの利益が基礎づけられるという趣旨です。その他、確認の請求と専属管轄との関係については、特則があります（同但書・Ⅱ・Ⅲ）。

●（2）中間確認の訴えの手続

　中間確認の訴えは、新たに請求を定立し、裁判所の審判を求める申立てですから、書面によって行い、書面を相手方に送達します（民訴145Ⅳ・143ⅡⅢ）。時効の完成猶予等の効果発生も、訴えや訴えの変更と同様です（民訴147）。

本来の請求と中間確認の訴えによる新請求の関係は、単純併合（本書227頁）であり、加えて両者の間に前提関係があるため、裁判所は、1個の全部判決をしなければならず、弁論の分離をすることも許されません。ただし、訴えの取下げや却下によって本来の請求の訴訟係属が消滅しても、中間確認の訴えの係属は影響を受けません。

4　反　訴

　反訴とは、本訴の係属を前提として、本訴請求と関連する権利関係について被告が原告に対して提起する訴えを意味します。原告の所有権確認の本訴に対抗して自らの所有権を主張する被告が、原告の占有する目的物引渡しを求める反訴を提起するなどの例が考えられます。

　本訴原告（反訴被告）、本訴被告（反訴原告）と表記するのが通例です。本訴被告は、反訴でなく別訴を提起することも可能ですが、別個の訴訟手続で審判されることになりますので、本訴と矛盾のない（合一的）判断が保障されません。また、相殺の抗弁と二重起訴との関係について説明しましたが（本書88頁）、別訴の提起が不適法とされるために、反訴によらざるをえないこともあります。

　反訴の形態は、無条件の反訴と予備的反訴とに分けられます。後者は、売買代金支払請求訴訟の本訴被告が本訴においては売買契約の無効を理由として請求棄却を求め、本訴請求が棄却されることを解除条件として売買契約にもとづく目的物の引渡しを求める反訴を提起する場合などです。本訴請求が棄却されると、反訴に付された解除条件が成就しますので、裁判所が反訴請求について審判する必

要はなくなります。

● （1）反訴の要件

　反訴の要件の中心は、本訴請求と反訴請求との関連性ですが、それ以外にもいくつかの要件があります。

（ア）　本訴請求と反訴請求との関連性

　本訴請求と反訴請求の関連性とは、反訴が「本訴の目的である請求又は防御の方法と関連する請求を目的とする場合」（民訴146 I 柱書本文）を指します。まず、本訴の目的である請求と関連するとは、たとえば、債務不存在確認請求の本訴に対する債務の履行請求の反訴のように、訴訟物が同一の場合や、1つの事故から生じる双方の損害賠償請求のように、それぞれの請求を基礎づける法律関係や主たる事実が共通であることを意味します。

　次に、反訴請求が本訴請求の防御方法に関連するとは、相殺の抗弁に用いる債権の全部または一部を反訴で訴求するとか、土地所有権にもとづく明渡請求に対する賃借権の抗弁を提出している被告が賃借権確認の反訴を提起するなど、本訴請求に対する抗弁事由と反訴の請求原因事実との間に共通性が認められることを意味します。

　占有保全の訴え（民199）に対して所有権にもとづく引渡請求の反訴を提起できるかどうかについては、民法202条2項との関係で議論がありますが、本訴と反訴の請求を基礎づける事実に共通性が認められるという理由から肯定されています（最判昭和40・3・4民集19巻2号197頁［百選34事件］。本訴と反訴とが認容される場合の判決主文と既判力に関しては、伊藤656頁）。

　なお、関連性の要件は、主として本訴原告の利益を保護するため

ですから、本訴原告が反訴提起に同意するとか、異議を述べずに応訴する場合には、問題としなくてもよいと解されています。ただし、本訴の審理が遅延するおそれがあるときには、裁判所は、弁論の分離（民訴152 I。本書119頁）ができます。

（イ）　その他の要件

反訴も訴え提起の１つですから（民訴146 IV）、本訴審理の口頭弁論終結前でなければなりません（同 I 柱書本文）。また、控訴審における反訴の提起については、相手方の同意が必要です（民訴300 I）。反訴については、第１審が省略されることになりますので、相手方の審級の利益（本書289頁）を尊重するためです。したがって、相手方が異議を述べないで反訴の本案について弁論をしたときは、同意したものとみなされますし（民訴300 II）、本訴における賃借権の抗弁について第１審で審理がなされているときには、控訴審における賃借権確認の反訴について同意が不要と解されています（最判昭和38・2・21民集17巻1号198頁）。

著しく訴訟手続を遅滞させることとなるときも、反訴の提起は不適法です（民訴146 I②）。その他、専属管轄との関係でいくつかの特則があります（同①・II・III）。

● （2）反訴の取扱い

（I）（ア）および（イ）に述べた要件を欠く反訴は、不適法として却下するというのが判例法理ですが、学説は、反訴を独立の訴えとして扱う余地を認めるべきであるとしています（伊藤657頁）。

また、適法な反訴については、本訴の取下げが反訴の訴訟係属に影響しません。そして、残存する反訴の取下げには本訴原告の同意

を要しません（民訴261 II但書）。すでに本訴を取り下げた以上、反訴の取下げを本訴原告の意思にかからせるのは不合理と考えられるためです。

　本訴請求と反訴請求とは、客観的併合状態にありますが、裁判所が弁論を分離して（民訴152 I）、別の訴訟手続によって審理することができるかどうかについては議論の対立があり（伊藤658頁）。判例（最判令和2・9・11民集74巻6号1693頁）は、本訴請求と反訴請求との牽連性が強い場合には、弁論の分離権限を否定しています。

第8章

多数当事者訴訟

　民事訴訟の基本構造は、原告（控訴人・上告人）と被告（被控訴人・被上告人）という2当事者対立ですが、現実の紛争には多数の主体が関与することが少なくありません。共有土地に関わる紛争、債権譲渡や保証債務にかかる紛争などがその例です。この種の紛争において、多数（複数）の主体が一方または双方の当事者となることを認め、係属する訴訟に第三者が参加することを認め、さらに、自ら請求を定立するのではなく、当事者の一方を補助するために訴訟に参加することを認める制度も存在します。これら全体を、多数当事者訴訟と呼びます。

　その中には、自らの名で請求を定立する者（当事者）が複数存在する共同訴訟と当事者参加訴訟があります。両者は、共同関係の有無による区別です。共同訴訟は、訴訟係属発生の時点から多数当事者訴訟が成立するのに対し、共同訴訟参加および独立当事者参加は、その後に多数当事者訴訟となる点が異なります。さらに、同じく参加であっても、自らの請求は定立せず当事者を補助することを目的として第三者が訴訟に加入する補助参加訴訟があります。

　いずれにしても、以上は、当事者または補助参加人の行為によっ

て多数当事者訴訟が成立するのですが、これとは別に、弁論の併合（民訴152 I。本書119頁）という裁判所の行為によって多数当事者訴訟が成立することもあります。

I　共同訴訟

1つの訴えにおける原告または被告もしくはその両者が複数人である訴訟形態を共同訴訟と呼びます。共同訴訟は、訴え提起だけではなく、共同訴訟参加や弁論の併合によっても生じますが、ここでは、訴え提起による共同訴訟を説明します。

共同訴訟には、審理の進行の統一と共同訴訟人間に矛盾のない審判（合一確定）とを基軸として通常共同訴訟、同時審判申出共同訴訟、必要的共同訴訟の3つに分けられます。

● （1）通常共同訴訟

通常共同訴訟においては、1つの訴訟手続で共同訴訟人の、または共同訴訟人に対する請求の審判がされますが、（イ）に述べる共同訴訟人独立の原則が適用されるため、審理の進行の統一や合一確定の保障はありません。裁判所も、審理の状況を考慮して弁論の分離権限を行使し、共同訴訟関係を解消することができます。最も緩やかな共同訴訟形態といってよいでしょう。

（ア）　通常共同訴訟の要件

共同訴訟として訴えまたは訴えられるのは、以下の3つの場合です（民訴38）。

（ⅰ）「訴訟の目的である権利又は義務が数人について共通であるとき」（民訴38前段）

訴訟物が同一である場合、または訴訟物の基礎となる法律関係に共通性が認められる場合がこれにあたります。たとえば、数人を被告として自らの所有権確認を求めるのは、訴訟物が同一の場合ですし、同一土地の数人の不法占拠者を共同被告とするときには、訴訟物である明渡請求権の基礎である原告の所有権が共通であり、主債務者と保証人を共同被告とする債権者の訴えも、主債務と保証債務という訴訟物は別ですが、主債務が保証債務の基礎となっているために、この類型に含まれます。

（ⅱ）「同一の事実上及び法律上の原因に基づくとき」（民訴38前段）

同一の不法行為にもとづく数人の被害者による損害賠償請求は、同一の事実上の原因にもとづくものですし、売買の無効を理由とする買主および転得者を共同被告とする移転登記抹消登記手続請求は、同一の法律上の原因にもとづくものにあたります。

（ⅲ）「訴訟の目的である権利又は義務が同種であって事実上及び法律上同種の原因に基づくとき」（民訴38後段）

（ⅰ）または（ⅱ）のいずれにもあてはまらず、請求相互間に具体的関係が認められないときでも、手形金請求とか所有権にもとづく引渡請求など、数人の原告によるまたは数人の被告に対して主張する訴訟物が同種であれば、共同訴訟の成立が認められます。ただ、（ⅰ）（ⅱ）と比較すると、請求相互間の関係が希薄であるため、共同被告とされる者の負担を過大なものとしないよう、併合請求の管轄は認められません（民訴7但書）。

（イ）　通常共同訴訟の審判──共同訴訟人独立の原則

　「共同訴訟人の 1 人の訴訟行為、共同訴訟人の 1 人に対する相手
方の訴訟行為及び共同訴訟人の 1 人について生じた事項は、他の共
同訴訟人に影響を及ぼさない」（民訴 39）との規律を共同訴訟人独
立の原則と呼びます。その結果として、通常共同訴訟においては、
審理の進行の統一や合一確定の保障はありません。

　共同訴訟人の 1 人の訴訟行為、共同訴訟人の 1 人に対する訴訟行
為としては、請求の放棄・認諾、和解、訴えの取下げ、上訴、上訴
の取下げなど訴訟係属にかかわる訴訟行為、事実の主張や自白など
訴訟資料にかかわる行為がありますが、いずれも行為をした共同訴
訟人、行為の相手方となった共同訴訟人についてのみ効果を生じ、
他の共同訴訟人に影響を及ぼすことはありません。

　さらに、共同訴訟人の 1 人について生じた事項、たとえば、訴訟
手続の中断（民訴 124。本書 103 頁）も、他の共同訴訟人に影響を及
ぼしません。

　債権者（原告）の主債務者（共同被告）と保証人（共同被告）に対
する金銭支払請求訴訟を例とすれば、原告が保証人に対する請求を
放棄しても、主債務者に対する請求に影響を生じることはありませ
んし、主債務者が弁済の抗弁を提出しても、保証人がそれを自らの
ために援用しない限り、保証人にその効果が及ぶことはありません。

　その結果として、共同被告に対する訴訟の進行が異なったり、判
決の内容に差異を生じる可能性がありますが、それが通常共同訴訟
の限界です。弁済の抗弁の例のように、共同訴訟人間の審理の内容
が異なる結果、共同訴訟を維持することが、かえって適正かつ迅速
な審理の妨げになると判断すれば、裁判所は弁論を分離し、共同訴

訟関係を解消することもできます。

（ウ）　裁判資料の統一──証拠共通・主張共通の原則

　共同訴訟人独立の原則を前提とすれば、通常共同訴訟の利点は、1つの訴訟手続で進められるところから、他の共同訴訟人の行為、または他の共同訴訟人に対する行為などを知り、それを援用する機会を与えられるにとどまります。それを超えて、通常共同訴訟の機能を強化しようとする解釈論が証拠共通と主張共通の考え方です。

（ⅰ）　証拠共通

　証拠共通とは、事実認定の基礎となる証拠については、共同訴訟人の1人が提出した証拠は、援用の有無を問わず他の共同訴訟人の主張事実についても裁判所が判断の資料とすることができるという考え方で、判例も学説も異議なくこれを認めています。その理由は、1つの訴訟手続で審理している以上、同一の事実についての証拠資料を共同訴訟人ごとに区別するのは、裁判官の自由心証（民訴247。本書146頁）を不当に制約する結果になることです。弁論の全趣旨についても、同様にいわれます。

（ⅱ）　主張共通

　（イ）にあげた例で、共同被告の1人である主債務者が提出した弁済の抗弁を他の共同被告である保証人が援用しないときであっても、保証人による主張があったものとして取り扱ってよいかどうかというのが主張共通の問題です。

　有力説は、共同訴訟人相互間に補助参加（民訴42以下。本書251頁）の関係があるとみなすことができるなどを根拠として、主張共通を認めますが、判例（最判昭和43・9・12民集22巻9号1896頁［百選95事件］）は、その基準が不明確であるとして、主張共通を否定

します。主張共通を認めることは、共同訴訟人独立の原則と矛盾しますが、援用の態様を柔軟に解するとか、援用の意思について裁判所が釈明権（民訴149。本書128頁）を適切に行使すれば、有力説の説くところと同様の結果が実現できるでしょう。

●（2）同時審判申出共同訴訟（民訴41）

　売主Ｂ代理人Ｃとの間で売買契約を締結した買主Ａが、売買契約の履行を求めて目的物の引渡請求訴訟を提起する場面を想定してください。Ａの立場に立つと、本人Ｂと代理人Ｃとを共同被告とし、Ｂに対しては本人としての履行を、Ｃに対しては代理人としての履行を求めるという選択肢があります。代理権の有無を軸に考える限り、Ｃが自らの代理権の存在を証明すれば（有権代理）、ＡのＢに対する請求が認められ、Ｃに対する請求は棄却されます。その証明ができなければ（無権代理）、ＡのＣに対する請求が認められ、Ｂに対する請求は棄却されることになります（民117Ⅰ）。

　このように、民法117条1項を媒介として、代理権の存否に関する限り、ＡのＢに対する履行請求とＣに対する履行請求とは、Ｂに対する請求が認容されればＣに対する請求が棄却され、Ｂに対する請求が棄却されればＣに対する請求が認容されるという関係にあります。これが、「法律上併存し得ない関係にある」の意味するところです。

　ＢおよびＣを共同被告とするＡの意図は、このような意味で、ＢまたはＣのいずれかに勝訴することにあり、それは法律上保護すべき利益であるので、共同訴訟の維持を求めるＡの申出があったときは、裁判所の弁論の分離権限を否定するのが、同時審判申出共同訴訟の制度です。

（ア）　立法の趣旨——主観的予備的併合との関係

　現行民事訴訟法制定前には、この制度が存在せず、解釈論として主観的予備的併合の法理が説かれていました。上の例でいえば、先に客観的予備的併合について述べたように、BまたはCのいずれかの請求が認められることを他方の請求についての審判申立てについての解除条件とするのが主観的予備的併合の概念です。しかし、判例（最判昭和43・3・8民集22巻3号551頁［百選A30事件］）は、予備的被告の地位の不安定などを理由としてそれを許容せず、民事訴訟法41条は、その問題を立法として解決した規定です。

（イ）　同時審判申出共同訴訟の手続

　同時審判の申出は、控訴審の口頭弁論の終結の時までにしなければなりません（民訴41 II）。事実審において共同訴訟の維持を求めさせる趣旨です。したがって、申出そのものは、共同訴訟の提起とともに、またはその後、弁論の終結時までにすることができます。

　上に述べた主観的予備的併合の概念と異なって、同時審判申出共同訴訟における数個の請求の関係は単純併合です。したがって、上の例でいえば、裁判所は、BおよびCに対する2つの請求について審判しなければなりません。そして、同時審判申出共同訴訟の性質は、通常共同訴訟ですから、共同訴訟人独立の原則が適用されます。

　上記の例でいえば、代理権の授与が認められ、本人Bに対する請求が認容され、代理人Cに対する請求が棄却されたとき、控訴権を持つのはBおよびAですが（本書278頁参照）、いずれかが控訴したときであって、控訴審に移審するのは、控訴の対象となった

判決部分のみであり、控訴の対象とならなかった他の請求部分は確定します。

　Bのみが控訴したとすれば、代理権の授与を認めてCに対する請求を棄却した判決部分は確定するのです。しかし、Bの控訴にもとづいて控訴審が代理権の授与を認めず、原判決を取り消し、AのBに対する請求を棄却したとすれば、その内容は、代理権の授与を認めてAのCに対する請求を棄却した第1審判決部分と矛盾することになります。これは、通常共同訴訟であることの帰結です。いいかえれば、同時審判の規律は1審限りです。

　しかし、BおよびAの双方が控訴し、それぞれの控訴事件が同一の控訴裁判所に係属したときには、同時審判共同訴訟関係を復活させるべきです。民事訴訟法41条3項が控訴裁判所に対して弁論および裁判を併合してしなければならないとしているのは、このような理由によるものです。なお、同時審判の申出は、控訴審の口頭弁論終結時までは、いつでも撤回することができ（民訴規19）、撤回されれば、弁論の分離禁止などの効果は消滅します。

● （3）必要的共同訴訟

　共同訴訟のうち、共同訴訟人の、または共同訴訟人に対する請求の全部について合一確定（矛盾のない判断）が求められる類型を必要的共同訴訟と呼びます。合一確定を実現するためには、裁判資料と訴訟進行とを統一しなければならず、そのために共同訴訟人独立の原則を排除します（民訴40参照）。

　必要的共同訴訟の中には、固有必要的共同訴訟と類似必要的共同訴訟の2種が含まれますが、これは、共同訴訟としての提訴が強制されるかどうかという視点からの区別です。

（ア） 必要的共同訴訟の成立要件

「訴訟の目的が共同訴訟人の全員について合一にのみ確定すべき場合」にあたることが必要的共同訴訟の成立要件です（民訴40 I）。「合一にのみ確定すべき場合」を合一確定または合一確定の必要性と呼びます。

合一確定の必要性が認められる第1の類型は、訴訟物たる権利関係についての当事者適格（本書69頁）の基礎となる管理処分権や法律上の利益が数人に共同で帰属する場合です。訴訟追行権が共同でのみ行使されますから、必然的に判決内容の合一確定が実現されます。これを固有必要的共同訴訟と呼びます。

第2の類型は、1人の共同訴訟人を当事者とする確定判決の既判力が他の共同訴訟人または共同訴訟人たるべき者に拡張される場合です。既判力の矛盾抵触を避けるには、いったん共同訴訟となったときには、その形態を維持して、合一確定を図る必要があります。固有必要的共同訴訟のように訴訟追行権の共同行使が合一確定の必要性を基礎づけるのではなく、既判力の拡張が合一確定の必要性を基礎づけるといってもよいでしょう。これを類似必要的共同訴訟と呼びます。

（イ） 固有必要的共同訴訟

訴訟追行権（当事者適格）が数人に共同で帰属することから合一確定の必要性が認められる場合は、さらに以下のような類型に分けられます。

（ⅰ） 数人の訴訟担当者の場合

特定の権利関係について訴訟担当者（本書70頁）が数人存在し、

管理処分権を共同で行使すべき場合には、訴訟追行も共同でしなければなりません。数人の破産管財人（破76 I 本文）、数人の受託者（信託79）などがその例です。

（ii）　他人間の権利関係の変動を目的とする訴えの場合

他人間の法律関係の変動を目的とする訴えにおいては、対象となる法律関係の主体である他人全員を共同訴訟人としなければなりません。第三者の提起する婚姻取消しの訴え（人訴2①、民744 I）などがその例です（人訴12 II）。

（iii）　その他の権利関係についての管理処分権が共同の場合

訴訟物である権利関係が共同訴訟人全体に帰属する場合には、その確認などを求める訴えは固有必要的共同訴訟となります。共同相続人による遺産確認の訴えは、対象財産が共同相続人の共有関係にあることの確認を求めるものですから、固有必要的共同訴訟です（最判平成元・3・28民集43巻3号167頁［百選100事件］など）。

（iv）　共同所有関係における固有必要的共同訴訟の成否

共同所有関係をめぐる紛争については、固有必要的共同訴訟の成否をめぐる議論の対立がみられます。その原因の1つは、総有、合有、共有という共同所有の実体法上の性質であり、もう1つは、特に原告側についてみると、固有必要的共同訴訟とされれば、1人でも提訴を拒絶する者がいると、提訴が不可能になるという訴訟法上の問題です。

まず、共同所有のうち、入会権などの総有については、持分が存在せず、目的物についての管理処分権が総有権者全員に共同で帰属しますから、総有関係自体を訴訟物とする訴訟は、固有必要的共同訴訟になります。しかし、上に述べたように、提訴拒絶者がいる場合に、訴権の行使が不可能になるという問題が生じます。最判平成

20・7・17民集62巻7号1994頁［百選97事件］が、提訴拒絶者を被告に加えた入会権確認の訴えを適法とするのは、この問題の解決のための方策です。

これに対し、個々の入会権者が持つ使用収益権や妨害排除請求権を訴訟物とする訴訟は、固有必要的共同訴訟とする理由がありませんので（一連の判例については、伊藤673頁参照）、共同訴訟として提起されたときであっても、通常共同訴訟にとどまります。

次に、民法上の組合財産についての共同所有形態である合有の場合にも、同様の基準があてはまります。共有関係の確認請求や共有者全員への移転登記請求は固有必要的共同訴訟とされる一方（最判昭和46・10・7民集25巻7号885頁［百選A31事件］）、共有物の引渡請求、妨害排除請求、登記抹消請求などは、各共有者の権能に属する目的物の保存行為とみなされるために固有必要的共同訴訟とはされません（最判平成15・7・11民集57巻7号787頁［百選98事件］）。共有者が被告となる場合にも、それぞれが義務を負うと解されるときは、固有必要的共同訴訟とされません（最判昭和43・3・15民集22巻3号607頁［百選99事件］）。

（ウ）　類似必要的共同訴訟

固有必要的共同訴訟と異なって、類似必要的共同訴訟の場合には、各共同訴訟人が訴訟追行権を持ちますが、既判力が他の者に拡張されるために合一確定の必要が生じ、共同訴訟となったときに共同訴訟人独立の原則を適用しません。その例としては、数人が提起する、会社の組織に関する訴え（会社828以下）、一般社団法人等の組織に関する訴え（一般法人264以下）、人事に関する訴え（人訴5）などがあります。

（エ） 必要的共同訴訟の審判

　固有必要的共同訴訟であっても、類似必要的共同訴訟であっても、必要的共同訴訟の目的は、共同訴訟人の、または共同訴訟人に対する請求について合一確定を図ることですから、そのために当事者の訴訟行為に関して以下の３つの規律がもうけられ、それを支えるために、弁論分離や一部判決をする裁判所の権限も否定されます。

（ⅰ） 共同訴訟人の１人による訴訟行為

　民事訴訟法 40 条１項は、共同訴訟人の「１人の訴訟行為は、全員の利益においてのみその効力を生ずる」と規定します。１人のする訴訟行為が他の共同訴訟人の有利になる場合には、全員のためにその効力を生じ、不利になる場合には、効力を生じないという趣旨です。有利か不利かは、訴訟の帰趨（結果）との関係で決まります。

　共同原告側でいえば、請求を基礎づける事実の主張、被告の主張事実に対する否認、請求棄却判決に対する上訴などが有利な行為であり、請求の放棄、和解、被告の主張事実に対する自白などが不利な行為の例です。共同被告側についていえば、原告主張事実に対する否認、抗弁事実の主張、上訴などが有利な行為であり、請求の認諾、和解、上訴権の放棄などが不利な行為です。不利な行為は、共同訴訟人全員でしなければ、その効力を生じません。

　ただし、類似必要的共同訴訟については、固有必要的共同訴訟と異なって、自ら上訴をする意思のない当事者にまで上訴人の地位を与える必要はないと解されています（最判平成 12・7・7 民集 54 巻 6 号 1767 頁［百選 101 事件］）。

（ⅱ） 共同訴訟人の１人に対する相手方の訴訟行為

　民事訴訟法 40 条２項は、共同訴訟人の「１人に対する相手方の

訴訟行為は、全員に対してその効力を生ずる」と規定します。これも合一確定の必要性を満たすための規律ですが、例としては、共同訴訟人の1人に対して上訴すれば、全員が被上訴人になることなどがあげられます。

（ⅲ）　訴訟進行の統一

合一確定のためには、共同訴訟人全員について訴訟進行を統一しなければなりません。民事訴訟法40条3項が、共同訴訟人の「1人について訴訟手続の中断又は中止の原因があるときは、その中断又は中止は、全員についてその効力を生ずる」と規定するのは、共同訴訟人の1人について中断または中止（民訴124～132。本書102頁）事由が生じた場合には、その1人について訴訟手続を進めることができないだけではなく、合一確定を実現するために、全員について訴訟手続の進行を止める趣旨です。

（オ）　主観的追加的併合

弁論の併合（民訴152Ⅰ。本書119頁）という裁判所の行為による共同訴訟の成立を別とすれば、当事者の訴訟行為による共同訴訟の成立原因としては、原始的、つまり訴訟係属発生の当初から共同訴訟が成立する場合と、後発的、つまり訴訟係属発生後に共同訴訟が成立する場合とに分けられます。前者が、訴えの主観的併合であり、後者が、主観的追加的併合、共同訴訟参加、訴訟参加、訴訟引受けなどです。ここでは、主観的追加的併合について説明します。訴えの主観的併合と比較すると、追加的つまり後発的に共同訴訟関係が成立する特徴があります。

（ⅰ）　第三者の意思にもとづく主観的追加的併合
　　　——明文の規定がある場合

　1つは共同訴訟参加（民訴52。本書267頁）です。参加対象としては、類似必要的共同訴訟が代表的なものですが、固有必要的共同訴訟の場合にも可能性があります（本書244頁）。その他、権利承継人の訴訟参加（民訴49）や選定当事者による請求の追加定立（民訴30Ⅲ・144。本書72頁）も、これに属します。

（ⅱ）　第三者の意思にもとづく主観的追加的併合
　　　——明文の規定がない場合

　同一事故の被害者の1人が加害者に対して損害賠償請求訴訟を提起しているときに、他の被害者がその訴訟に当事者として加わり、自らの請求を追加して定立できるかどうかという問題があります。共同訴訟の形態としては、通常共同訴訟ですから、共同訴訟参加（民訴52）の方法は使うことができません。議論はありますが（伊藤681頁）、訴訟法律関係の安定などを考えれば、第三者の権利として認めるべきではないと思われます。

　しかし、第三者が別訴を提起して、すでに係属している訴訟との併合（民訴152Ⅰ）を求めたときに、裁判所が通常共同訴訟の要件（民訴38）が満たされていることを前提として、審理の進行に支障を生じないときは、裁量権の行使として弁論を併合し、実質的に主観的追加的併合を実現することはありえます。

（ⅲ）　当事者の意思にもとづく主観的追加的併合
　　　——明文の規定がある場合

　係属中の訴訟の当事者が第三者に対する請求を立て、従来の請求との併合審判を行う場合を、当事者の引込みと呼ぶことがあります。義務承継人または権利承継人に対する訴訟引受け（民訴50・51）

がその例です。民事執行法157条1項にもとづく参加命令、民事再生法138条3項にもとづく再生債務者に対する訴えの併合提起もその例にあたります。

（iv） 当事者の意思にもとづく主観的追加的併合
——明文の規定がない場合

これを実現するためには、新たに共同被告とされる者に対する訴えの提起と係属中の訴訟との弁論の併合の2つの手続を経る必要があります（最判昭和62・7・17民集41巻5号1402頁［百選96事件］）。固有必要的共同訴訟の共同被告とされるべき者の一部が脱落しているときに、この方法によることは固有必要的共同訴訟の適法性を回復する利益がありますので、積極的に認めるべきでしょう。

他方、連帯債務者の1人を被告とする訴訟係属中に他の連帯債務者を被告とする訴えを提起し、弁論の併合を通じて通常共同訴訟の実現を求めるような場合には、新たに引き込まれる連帯債務者の利益を考えれば、裁判所が弁論の併合権限を行使するにあたり、訴訟の進行状況などを慎重に考慮する必要があります。

2　訴訟参加

訴訟参加とは、係属中の訴訟に第三者が加入する行為を意味します。第三者の地位としては、請求の主体となる当事者か否かで、当事者参加人と補助参加人とを分け、さらに当事者参加人については、係属中の当事者との共同関係の有無を基準として、共同訴訟参加人と独立当事者参加人とを区別します。

●（1）補助参加

　民事訴訟法 42 条は、「訴訟の結果について利害関係を有する第三者は、当事者の一方を補助するため、その訴訟に参加することができる」と定めます。これが補助参加の制度で、参加する第三者を補助参加人、補助される当事者を被参加人または主たる当事者と呼びます。補助参加人は、当事者ではなく、自らの名で被参加人である当事者のために訴訟行為を行うという点で、当事者の代理人と区別されます。補助参加の目的は、被参加人を勝訴させることによって、補助参加人自らの利益を守ることにあります。

（ア）　補助参加の要件

　補助参加の要件は、参加の対象となるべき他人間の訴訟の存在と、その訴訟の結果についての利害関係の 2 つです。

（i）　他人間の訴訟の存在

　補助参加人は、自ら請求を定立して当事者となるのではなく、他人間の訴訟に参加する主体ですので、他人間の訴訟の存在が必要です。ここで存在とは、上告審を含む訴訟係属はもちろん、判決の確定などによって訴訟係属が消滅していても、再審の訴えによってそれを復活させる可能性までを含みます。

　補助参加人は、当事者以外の第三者でなければなりません。訴訟担当（本書 70 頁）における被担当者（本人）は、当事者ではありませんから補助参加人になりえますし、当事者にあたるかどうかは、特定の請求を基準として決定されますから、ある共同訴訟人は、他の共同訴訟人の補助参加人となることも可能です（最判昭和 51・3・30 判時 814 号 112 頁 [百選 A32 事件]）。

（ⅱ）　訴訟の結果についての利害関係──補助参加の利益

　利害関係は、利益ともいいかえられますが、財産上の利益はもちろん、組織法、身分法、公法上の利益であっても差し支えありません。ただし、感情的利益や経済的利益は含まれませんので、補助参加を求める者は、その利害関係が法律上のものであることを明らかにする必要があります。財産上の利益としては、保証債務履行請求訴訟の被告側に主債務者が補助参加する例が代表的なものですが、保証債務と主債務との間に法律上の関連性があることが利害関係の法律性を基礎づけています。長らく解釈問題として争われたものとして、株主代表訴訟における被告取締役側への会社の補助参加がありますが、現在では、会社法 849 条 1 項本文がその許容性を規定しています。

　次に、「訴訟の結果について」の解釈です。保証債務履行請求訴訟の被告保証人側への主債務者の補助参加が一般的に承認されていることから理解できるように、ここでいう訴訟の結果とは、判決主文やそれにもとづく既判力の拡張ではありません。判決理由中の主債務の存在に関する判断であり、かつ、その補助参加人の地位に対する事実上の影響であることを意味します。ただし、この点に関しては、なお議論の対立が存在します（伊藤 686 頁。東京高決平成 20・4・30 判時 2005 号 16 頁［百選 102 事件］）。

（イ）　補助参加の手続

　民事訴訟法 43 条 1 項は、「補助参加の申出は、参加の趣旨及び理由を明らかにして、補助参加により訴訟行為をすべき裁判所にしなければならない」と規定します。参加の趣旨とは、対象となる事件を特定し、いずれの当事者に対し補助参加するかを明らかにするこ

と、参加の理由とは、訴訟についての利害関係を意味します。参加の申出は、書面または口頭でできますし（民訴規1 I）、上訴など補助参加人としてする訴訟行為とともに行うことも可能です（民訴43 II）。

補助参加の申出がなされたときは、当事者すなわち被参加人または相手方が異議を述べることができ、裁判所は、補助参加の許否について決定で裁判をします（民訴44 I前段）。補助参加を申し出た者は、参加の理由を疎明しなければなりません（同後段）。当事者が補助参加人による介入を受忍すべきかどうかを争う機会を保障する趣旨です。当事者および補助参加申出人は、即時抗告によって許否の裁判を争うことができます（同III）。したがって、当事者が異議を述べない場合には、当然に補助参加の地位が認められます。また、当事者が異議を述べないで弁論などをした後は、異議を述べることができません（民訴44 II）。補助参加を承認したとみなされるためです。

なお、補助参加人は、補助参加について異議があった場合においても、補助参加不許可決定の確定までは訴訟行為をすることができ（民訴45 III）、不許可決定が確定すれば、訴訟行為の効力は失われますが、当事者が援用すれば、その効力が維持されます（同IV）。

（ウ）　補助参加人の訴訟行為

民事訴訟法45条1項本文は、「補助参加人は、訴訟について、攻撃又は防御の方法の提出、異議の申立て、上訴の提起、再審の訴えの提起その他一切の訴訟行為をすることができる」と定めます。これらの行為は、補助参加人自身の名によってするものですが、その効果は、被参加人である当事者に帰属します。ただし、中断事由や

上訴期間など、訴訟の進行自体は当事者を基準とします。

（エ）　補助参加人の訴訟行為についての制限

　上記のように、補助参加人は、当事者たる被参加人のために一切の訴訟行為をすることができるのが原則ですが、その訴訟行為は、独立の当事者としてではなく、被参加人を勝訴させるためのものですから、その面からの制約があります。これを補助参加人の地位の従属性と呼びます。

（ⅰ）　主たる当事者がすでになしえなくなった行為（民訴45Ⅰ但書）

　撤回不可能な自白（本書144頁）、時期に後れた攻撃防御方法の提出（本書120頁）、中間判決によって判断された事項（本書186頁）など、主たる当事者がもはやできない行為を補助参加人に許すことは、相手方との公平に反し、審理の遅延を招く結果にもなることが、この制限の根拠です（最判昭和37・1・19民集16巻1号106頁［百選A34①事件］）。なお、この制限のために補助参加人が訴訟行為をすることができなかった場合には、補助参加人に対する裁判の効力も生じません（民訴46①）。

（ⅱ）　主たる当事者の訴訟行為と抵触する行為（民訴45Ⅱ）

　ここでいう抵触とは、主たる当事者と補助参加人の行為とが積極的に矛盾することを意味します。主たる当事者が自白している事実を補助参加人が争うとか、主たる当事者が上訴権を放棄しているときに補助参加人が上訴をするなどの場合には、補助参加人の行為の効力は生じません。これも、補助参加人の地位の従属性のあらわれです。ただし、補助参加人に対する裁判の効力が否定されるのは、（ⅰ）と同様です（民訴46②）。

（iii）　訴訟係属の発生・消滅にかかわる行為

これは、補助参加人の地位の従属性にもとづく解釈上の法理です。補助参加人は当事者ではなく、係属または存在する訴訟を前提として訴訟行為を行う主体ですから、訴えの変更や反訴によって新たな請求を定立したり、訴えの取下げ、請求の放棄・認諾、和解などによって訴訟係属を消滅させることはできません。

（iv）　主たる当事者に不利益な訴訟行為

これも、補助参加の目的にもとづく解釈上の法理です。補助参加人は、主たる当事者を勝訴させるために訴訟行為をするのですから、不利益な訴訟行為をすることはできません。具体的に問題となるのは、裁判上の自白（本書142頁）です。通説は、不利益な訴訟行為にあたるとして、その効力を否定しますが、自白は、争点整理に不可欠な手段であり、当然に不利益な行為にあたるとはいえない、主たる当事者の否認によって、補助参加人がした自白の効力は覆すことができるなどの理由から、反対説も有力です（伊藤691頁）。

（v）　主たる当事者に属する実体法上の権能行使

補助参加人に認められるのは、主たる当事者のための訴訟行為であり、実体法上の行為をする資格、たとえば、時効の援用、解除権や相殺権などの形成権行使の権能が与えられるわけではありません。もちろん、民法423条・439条2項・457条2項など実体法の規定が適用される場合には、それを援用することは可能です。

（オ）　判決の補助参加人に対する効力

民事訴訟法46条柱書は、「補助参加に係る訴訟の裁判は、次に掲げる場合を除き、補助参加人に対してもその効力を有する」と規定します。たとえば、保証債務履行請求訴訟の被告保証人側に主債務

者が補助参加したが、請求認容判決が確定したという場面を考えてください。

裁判の効力として考えられるのは、既判力（民訴114 I。本書196頁）ですが、ここでいう裁判の効力とは、既判力ではなく、参加的効力という特別な効力とされています（最判昭和45・10・22民集24巻11号1583頁［百選103事件］）。既判力と参加的効力との差異は、以下の4点です。

（ⅰ）補助参加人に対する裁判の効力の性質

第1は、既判力が訴訟の勝敗とかかわりなく生じるのと比較し、参加的効力は、主たる当事者敗訴の場合にのみ、主たる当事者と補助参加人との間に生じることです（①）。第2は、参加的効力は、補助参加人に敗訴の責任を負担させるべき場合に生じるため、一定の除外事由（民訴46各号）が定められていることです（②）。第3は、既判力が判決主文に包含される判断、すなわち訴訟物の判断について生じるのに対し、参加的効力は判決理由中の判断も含むことです（③）。第4は、既判力が職権調査事項であるのに対し、参加的効力は、敗訴責任の分担を基礎とするものであるから、当事者の主張を前提とします（④）。

上記の例に当てはめていえば、敗訴被告である保証人から補助参加人である主債務者に求償請求訴訟がなされたときに（①）、主債務者は、保証人が敗訴確定判決を援用すれば（④）、判決主文中の判断である保証債務の存在と理由中の判断である主債務の存在を争うことはできません（③）。ただし、補助参加人である主債務者が主債務の存在を否認しようとしたにもかかわらず、被告保証人がそれを自白してしまった場合には、主債務の存在について参加的効力は生じません（②）。

（ⅱ）　裁判の効力の客観的範囲

　参加的効力の客観的範囲は、補助参加人の法律上の地位と裁判所の判断事項との関係で決まります。上記の例でいえば、補助参加人の法律上の地位は、主債務者であること、裁判所の判断事項は、保証債務と主債務の存在であり、除外事由が認められる場合を別にすれば、補助参加人はそれを争えないことになります。

（ⅲ）　裁判の効力の主観的範囲

　参加的効力は、敗訴の主たる当事者と補助参加人との間に働きます。そして、それが作用するのは、敗訴の主たる当事者が補助参加人に対して責任追及をする訴訟の場面ですから、すべての補助参加人に対し参加的効力が働くわけではありません。

　ただし、最近の有力説には、相手方当事者と補助参加人との間にも裁判の効力が及ぶとする考え方があります。上記の例でいえば、原告債権者が補助参加人であった主債務者に対して履行請求訴訟を提起したときに、争点効（本書205頁）という裁判の効力が働き、被告である主債務者は主債務の存在を争うことができないとする考え方です。本書では、争点効理論ではなく、信義則による拘束力（本書205頁）を根拠として、いったん主債務者が補助参加した前訴の判決理由中で主債務の存在が認められた以上、後訴である主債務履行請求訴訟の被告としても、主債務の存在を争うことが信義則によって制限される可能性を認めることとなります。

● （2）共同訴訟的補助参加

　これは、補助参加の特別類型として解釈上認められている概念です。当事者間の確定判決の効力が第三者に拡張されるときに、第三者は、共同訴訟参加（民訴52。本書267頁）をすることができ、参加

すれば、類似必要的共同訴訟（本書246頁）が成立します。ただし、第三者が共同訴訟参加によって当事者となるためには、自らが当事者適格を有することが必要です（最判昭和36・11・24民集15巻10号2583頁［百選A33事件］）。しかし、たとえば、株主総会決議取消訴訟（会社831）において決議によって選任された取締役は、被告適格がありませんので（会社834⑰参照）、共同訴訟参加はできず、補助参加するしかありません。

　もっとも、この場合の補助参加人たる取締役には、決議取消確定判決の効力が拡張されますので（会社838）、訴訟の結果について通常の補助参加人よりは重大な利害関係が認められます。そこで、補助参加人の地位の従属性（本書254頁）の例外として、主たる当事者に有利な訴訟行為、たとえば上訴は、主たる当事者の行為（上訴の取下げ）と抵触するときであっても、その効力を認める、同様に、主たる当事者が自白した事実であっても、補助参加人がそれを争うことができるなどの規律を適用します。

● （3）訴訟告知

　民事訴訟法53条1項は、「当事者は、訴訟の係属中、参加することができる第三者にその訴訟の告知をすることができる」と規定します。これが訴訟告知です。訴訟告知の内容は、当事者が参加資格のある第三者（被告知者）に対して訴訟係属の事実を通知する行為ですが、機能としては、被告知者に参加の機会を与えることと、たとえ被告知者が参加しなくても、その者に参加的効力を及ぼすこと（民訴53Ⅳ）にあります。

　なお、特別の場合には、当事者に対して訴訟告知が義務づけられることがあります（民423の6・424の7Ⅱ、会社849Ⅳ、一般法人280

Ⅲなど）。

（ア）　訴訟告知の要件

　訴訟告知は、訴訟係属の存在を前提とします。上告審係属中であっても差し支えありません。告知者の資格は当事者ですが、補助参加人も当事者のために告知をすることができます。そして被告知者も、さらに告知をすることができます（民訴53Ⅱ）。たとえば、契約不適合を理由とする担保責任にもとづく損害賠償請求訴訟を買主から提起されている売主が、その前主に対して告知をし、被告知者である前主がさらにその前々主に対して告知をする例が考えられます。

　被告知者は、訴訟参加をなしうる第三者です。参加的効力の発生（民訴53Ⅳ）を考慮すると、補助参加人たりうる者が主ですが、独立当事者参加人たりうる者や共同訴訟参加人たりうる者も含まれます。すでに相手方当事者から訴訟告知を受けている者も除外されません。

（イ）　訴訟告知の方式

　訴訟告知は、その理由および訴訟の程度を記載した書面を裁判所に提出してしなければなりません（民訴53Ⅲ）。裁判所は、その書面（告知書）の副本を被告知者に送達し、告知書の写しを相手方に送付します（民訴規22・47Ⅰ）。

　告知の理由とは、訴訟物や訴訟上の争点と相手方の法律上の地位との具体的な関連性を意味し、訴訟の程度とは、係属する裁判所における審理の進行段階を意味します。

（ウ）　訴訟告知の効果

　訴訟告知を受けた者が訴訟に参加すれば、裁判の効力を受けることになりますが（民訴46）、参加しなかった場合においても、参加することができた時に参加したものとみなして、裁判の効力を及ぼします（民訴53 IV）。ここでいう裁判の効力とは参加的効力（本書256頁）を意味しますが、補助参加の利益がなく、補助参加人たるべき地位を持たない者に対する訴訟告知には、この効力は生じません（最判平成14・1・22判時1776号67頁［百選104事件]）。

　なお、訴訟告知には、実体法上の効果として、時効の完成猶予の効果が認められます（民150）。

●（4）独立当事者参加

　係属中の訴訟に第三者が当事者として加入するが、原告および被告いずれの当事者とも共同関係を持たない形態を独立当事者参加と呼びます。当事者として参加するために、係属中の訴訟の当事者の双方または一方に対して請求を立てる必要があります（民訴47 I）。後者を片面的参加と呼びます。しかし、いずれの場合であっても、従来の訴訟当事者と独立当事者参加人との間には、必要的共同訴訟に関する規律（民訴40 I〜III）を準用し（民訴47 IV）、判決内容の合一性を確保します。

（ア）　独立当事者参加の訴訟構造

　現行民事訴訟法制定前から独立当事者参加の訴訟構造についての議論がありました。かつては、独立当事者参加人が原告および被告の双方に対して請求を立てなければいけないことに着目して、3面

（原告→被告、独立当事者参加人→原告、独立当事者参加人→被告）訴訟としてとらえ、それが合一確定の必要性の根拠であるとしていました。

　しかし、現行民事訴訟法は片面的参加を認めていますので、独立当事者参加が当然に３面訴訟になるわけではなく、合一確定の必要性は、３者が相互に牽制しあいつつ、下記の詐害防止参加または権利主張参加の目的を達成することに求められます。

（イ）　独立当事者参加の要件

　独立当事者参加の要件は２種類あり（民訴47Ⅰ）。第１は、「訴訟の結果によって権利が害されることを主張する第三者」です。これを詐害防止参加と呼びます。第２は、「訴訟の目的の全部若しくは一部が自己の権利であることを主張する第三者」です。これを権利主張参加と呼びます。

（i）　詐害防止参加

　「訴訟の結果によって権利が害されること」の意味については、過去に議論がありましたが、現在では詐害意思説と呼ばれる考え方が一般的です。ある不動産の所有者登記名義が売買を理由としてAからBに移転されており、B名義の不動産を差し押さえている債権者Cがいるとします。ところが、売買は無効であり、自らが真実の所有者であると主張するAがBを被告として移転登記抹消登記手続請求訴訟を提起し、係属中であるとします。この訴訟がいわゆる馴合い訴訟で、登記名義人である被告Bが期日に欠席したり、原告Aの請求原因事実について裁判上の自白をしたりして、故意に敗訴判決を受けようとしていると主張するのが、独立当事者参加を求める差押債権者Cです。

Ｃは、ＡまたはＢとのいずれとも共同関係になく、また、Ｂの側に補助参加しても、補助参加人の地位の従属性（本書254頁）があるために、Ｂの詐害的訴訟追行を阻止することもできません。このような状況においてＣがＢの詐害意思を理由として独立当事者参加し、ＡまたはＡおよびＢに対してＢの所有権確認を求めるなどの請求を立て、ＡのＢに対する移転登記抹消登記手続請求の棄却判決を実現しようとするのが、詐害意思説の帰結です。

（ⅱ）　権利主張参加

　「訴訟の目的の全部若しくは一部が自己の権利であることを主張する」とは、訴訟の目的である権利関係の全部または一部が自己の権利であることを主張するという意味です。例としては、所有権確認訴訟の目的物が自己の所有に属すると主張する第三者、給付訴訟の訴訟物たる給付請求権が自己に帰属すると主張する第三者、債権者代位訴訟における代位債権の不存在を理由として、訴訟物である被代位債権について自らのみが管理処分権を有すると主張する債務者（最判昭和48・4・24民集27巻3号596頁［百選108事件]）などがあります。

　不動産の譲渡にもとづく移転登記手続請求訴訟が係属するときに、二重譲渡を受けたと主張する第三者が権利主張参加できるかどうかについては議論がありますが（伊藤706頁）、原告の移転登記請求権と第三者の移転登記請求権は実体法上併存するものであり、権利主張参加の要件を満たしません（最判平成6・9・27判時1513号111頁［百選105事件］参照）。

（ⅲ）　独立当事者参加の時期と請求の定立

　独立当事者参加は、他人間の訴訟が第1審または控訴審に係属中であれば可能です。参加人の請求定立を要するので、上告審におけ

る参加申出は不適法です。なお、現行法の下では、係属中の訴訟当事者双方に対する請求を立てることも、一方のみに対する請求を立てることも許されます。

（ウ）　独立当事者参加の手続

独立当事者参加人が裁判所に参加を申し出るにあたっては、参加の趣旨および理由を明らかにしてしなければならない（民訴43Ⅰ）、参加人としてすることができる訴訟行為とともに申出をすることができる（同Ⅱ）という補助参加の申出に関する規定を準用します（民訴47Ⅳ後半部分）。独立当事者参加も、参加の一種である点では補助参加と共通性を持つためです。ただし、当事者として請求を立てる必要がありますので、書面により（民訴47Ⅱ）、請求の趣旨および原因などを明らかにしなければなりません（民訴133Ⅱ②、改正134Ⅱ②）。

独立当事者参加の申出の実質は、訴えの提起ですので、その許否などについての裁判は、口頭弁論にもとづく判決の形式で行います。独立当事者参加の要件を満たさないときには、判決によって参加申出を却下しますが、独立の訴えとして扱う余地は残ります。適法な参加申出と認めるときは、裁判所は、訴訟要件が欠けていることを理由とする却下判決をするか、請求について認容または棄却の本案判決をすることになります。

（エ）　独立当事者参加訴訟の審判

独立当事者参加訴訟では、3当事者間で請求についての合一確定が求められるために（仙台高判昭和55・5・30判タ419号112頁［百選107事件］参照）、必要的共同訴訟の特則（民訴40Ⅰ〜Ⅲ）が準用され

ます（民訴47Ⅳ前半部分）。しかし、共同関係が存在しないために、準用規定の適用については検討を要する場合があります。それが、1人のする上訴の効果です。

　原告の被告に対する所有権確認請求訴訟に自らの所有権を主張する第三者が独立当事者参加した場合を例にとりましょう。第1審は、原告の請求を棄却し、参加人の原告および被告に対する所有権確認請求を認容したとします。控訴できるのは、第1審における敗訴者である原告および被告です（本書278頁）。両者が控訴したときには、独立当事者参加訴訟はそのまま控訴審に移り、控訴審が原告の所有権を認めるときは、第1審判決を取り消し、原告の被告に対する請求を認容し、参加人の原告および被告に対する請求を棄却します。

　それでは、原告のみが控訴したときはどうでしょうか。第1審判決を取り消し、原告の被告に対する請求を認容し、参加人の原告に対する請求を棄却するところまではいいですね。参加人の被告に対する請求を認容した第1審判決の部分はどうでしょうか。これを取り消して参加人の被告に対する請求を棄却しないと合一確定になりませんね（最判昭和48・7・20民集27巻7号863頁［百選106事件］）。その結果、被告も控訴したのと同じことになるわけです。つまり、民事訴訟法40条1項の準用になります。

　第1審が、原告の請求を認容、参加人の原告および被告に対する請求を棄却する判決を言い渡し、被告のみが控訴したところ、控訴審は、所有者は原告ではなく、参加人であるとの判断をしたとしましょう。そこで、第1審判決を取り消し、原告の被告に対する請求を棄却することになりますが、参加人の原告および被告に対する請求を認容する必要があるでしょうか。民事訴訟法40条1項の規定

を準用するとすれば、参加人は、被告の控訴によって同じく控訴人の地位を取得することになりますが、それは控訴をしなかった参加人に不当な利益を与え、控訴をした被告に不当な不利益を与える結果になります。

また、控訴審における被控訴人（原告）の控訴人（被告）に対する請求を棄却する部分と参加人の被控訴人（原告）と控訴人（被告）に対する請求を棄却する第1審判決を維持する部分とが論理的に矛盾するわけではありません。したがって、この場合には、民事訴訟法40条2項の規定を準用し、参加人には被控訴人の地位を与え、参加人の原告および被告に対する請求を棄却した第1審判決部分は変更しないことになります。

（オ）　2当事者訴訟への還元

参加によって3当事者を主体とする独立当事者参加訴訟が成立した後であっても、以下の原因によって2当事者訴訟に戻ります。

（i）　訴えまたは独立当事者参加の取下げ

参加がなされた後であっても、原告が被告に対する訴えを取り下げること（民訴261。本書174頁）は可能です。ただし、被告だけではなく、参加人の同意が必要になる場合があります（同II）。訴えの取下げが効力を生じると、参加人の当事者双方または一方に対する訴えのみが残ります。

参加の取下げについても、訴えの取下げと同様の要件の下で許され、その効力が生じると、原被告間の訴訟のみが残ります。ただし、片面的独立当事者参加（民訴47 I。本書260頁）が認められている現行法の下では、両当事者に対して請求を立てた参加人が、その一方のみを取り下げるのは、訴えの取下げそのものであり、参加

の取下げにはあたりません。

（ⅱ）　訴訟脱退

主として権利主張参加の場面ですが、独立当事者参加がなされた後に、原告または被告が訴訟から離脱し、以後を参加人と残存当事者との間の訴訟の結果に委ねる訴訟行為が訴訟脱退です。金銭債権支払請求訴訟に債権の譲受人であることを主張する第三者が独立当事者参加したときに、被告が訴訟から脱退し、原告または参加人のいずれかの勝訴者に対し債務を履行しようとする場合や、原告が債権譲渡を認めて訴訟から脱退し、以後を参加人と被告との訴訟に委ねる場合などが考えられます。脱退当事者に対する判決効の拡張が紛争解決の実効性を支えています（民訴48後段）。

①　脱退の要件　　脱退は、脱退者（原告または被告）の裁判所に対する訴訟行為です。その効力が生じるためには、相手方、つまり脱退原告であれば被告の、脱退被告であれば原告の同意が必要です（民訴48前段）。参加人の同意は不要です。脱退者に判決の効力が及ぶのですから、相手方の同意も不要とすることも考えらますが、訴訟追行の負担を相手方当事者に委ねる結果になるために、同意を要求しています。

②　脱退の手続　　脱退は、書面または口頭ですることができます（民訴規1）。相手方の承諾も同様です。裁判所は、脱退を有効と認めるときは、裁判所書記官に脱退調書を作成させます。

③　脱退の効果　　脱退当事者は、将来に向かって訴訟関係から離脱します。その者の、またはその者に対する請求について裁判所が審判する義務も消滅します。他方、脱退にもとづいて2種類の効果が発生します。

第1は、脱退そのものにもとづく効果として、原告脱退の場合に

は、請求の放棄としての効力（民訴266・267。本書178頁）があります。被告脱退の場合には、原告または参加人いずれかの勝訴者に対する条件付認諾です。勝訴者である原告または参加人は、脱退（認諾）調書にもとづいて脱退被告に対して強制執行をすることができます（民訴267、民執22⑦）。

第2は、判決の効力の拡張です（民訴48）。債権譲渡の例で、原告が脱退し、参加人の被告に対する請求を認容する判決が確定すれば、その既判力が脱退原告に及ぶために、脱退原告は、その債権の参加人への帰属を争うことができません。被告が脱退し、参加人の原告に対する請求を認容する判決が確定したときには、その既判力が脱退被告のために及ぶために、原告はもはや脱退被告に対する債権の存在を主張することができません。

●（5）共同訴訟参加

民事訴訟法52条1項は、「訴訟の目的が当事者の一方及び第三者について合一にのみ確定すべき場合には、その第三者は、共同訴訟人としてその訴訟に参加することができる」と定めます。合一確定の必要性（本書243頁）は、固有必要的共同訴訟と類似必要的共同訴訟の特質ですが、固有必要的共同訴訟の場合には、共同訴訟人たるべき者全員が当事者とならないと訴えが不適法になります。したがって、共同訴訟参加は、類似必要的共同訴訟たるべき訴訟において共同訴訟人になりうる当事者適格を有する者の参加方法になります。

もっとも、固有必要的共同訴訟において共同訴訟人たるべき者の一部が脱落しているときに、その瑕疵を治癒するための方法として共同訴訟参加を用いることもできるとされます。

参加の方式には、補助参加の申出（民訴43）と独立当事者参加の申出（民訴47ⅡⅢ）の双方が準用されます（民訴52Ⅱ）。これは、共同訴訟参加が、参加の一種であることと、当事者としての参加であることを考慮したものです。当事者としての参加ですから、自ら請求を立てることが必要ですが、独立当事者参加と違って独自の請求というわけではないので、上告審でも許されるとの考え方がありえます（伊藤715頁）。

3　訴訟承継

　民事訴訟の訴訟物は、私人の権利関係ですから、その主体が変動、たとえば第三者に権利義務が移転することは不可避です。変動が口頭弁論終結後の場合には、既判力の拡張（民訴115Ⅰ③。本書206頁）によって対処しますが、それ以前の場合には、当事者適格の変動を理由として新たな主体を当事者とし、その者に訴訟を引き継がせることになります。これが訴訟承継の制度です。これに対して、訴訟係属発生後の権利関係の変動は、当事者適格に影響を与えないとする制度のことを当事者恒定主義と呼んでいますが、わが国は、そのような法制をとっていません。

　訴訟承継には、当事者適格の変動とともに新適格者が当然に訴訟当事者の地位を取得する当然承継と、新適格者の申出や相手方当事者の申立てにもとづいて訴訟当事者の地位を取得する参加承継および引受承継があります。

● （1）当然承継

　当然承継の原因に該当する事実が発生すると、当事者の地位は、

一身専属的なものを除き、当然に旧当事者から新当事者に移転しますが（最大判昭和45・7・15民集24巻7号804頁［百選A35事件］参照）、新当事者が訴訟行為を行うためには、中断と受継の手続を経るのが原則です。ただし、訴訟代理人がある間は、その手続を経ることなく、訴訟代理人が新当事者のために訴訟行為をすることができます（民訴124Ⅱ）。

当然承継の原因は、第1に、自然人（個人）たる当事者の死亡です。この場合には、相続人などが新当事者の地位を取得し、受継の手続をとります（民訴124Ⅰ①）。受継の手続については、本書105頁を参照してください。

第2に、法人の合併です。この場合には、合併によって設立された法人または合併後存続する法人が新当事者の地位を取得し、受継の手続をとります（同②）。

その他に、民事訴訟法124条1項4号から6号までが当然承継にともなう中断と受継の規定であり、最近の法改正として、民事訴訟法125条は、所有者不明土地管理命令にもとづく当然承継を前提とした中断と受継の規定を置いています。破産法44条1項および2項も、破産者から破産管財人へ当事者の地位が交代することにともなう中断と受継の規定です。

● （2）参加承継・引受承継

当然承継以外の原因にもとづいて訴訟係属中に当事者適格の変動が生じたときには、訴訟物たる権利関係の承継人や相手方の申立てにもとづいて、承継人が当事者の地位を取得します。承継人の側が自ら当事者の地位取得を申し立てる場合を参加承継、相手方が承継人に当事者の地位を取得させる場合を引受承継と呼びます。

（ア）　参加承継・引受承継の原因

　参加承継の原因は、「訴訟の係属中その訴訟の目的である権利の全部又は一部を譲り受けたこと」（民訴49Ⅰ）、引受承継の原因は、同じく訴訟の係属中「訴訟の目的である義務の全部又は一部を承継した」（民訴50Ⅰ）ことです。ここでいう訴訟の目的である権利または義務とは、訴訟物より広く、訴訟物の基礎である権利義務を含み、その譲受けや承継によって当事者適格の移転を生じるものと解されています。

　たとえば、土地所有者の土地上の建物所有者に対する建物収去土地明渡請求訴訟の訴訟物は、土地所有権にもとづく収去明渡請求権ですが、その基礎である原告の土地所有権や被告の建物所有権が第三者に譲渡されたときも、当事者適格の移転を根拠として、参加承継・引受承継を認めます。土地賃貸人が賃借人である建物所有者に対し賃貸借契約の終了を理由として建物収去土地明渡請求訴訟を提起し、その係属中に建物の一部を賃借し、建物の一部と敷地の占有を承継した者も同様です。これを紛争の主体たる地位の承継ということもできます（最判昭和41・3・22民集20巻3号484頁［百選109事件］）。

　なお、権利の承継人が参加承継を、義務の承継人が引受承継をするのが通例ですが（民訴49・50）、義務の承継人が参加承継を、権利の承継人が引受承継をすることも想定されています（民訴51。東京高決昭和54・9・28下民集30巻9〜12号443頁［百選A36事件］）。

（イ）　参加承継・引受承継の手続

　参加承継は、参加申立人が自らの請求を立て、引受承継は、引受

申立人が承継人に対する請求を立てることになりますので、事実審である控訴審の口頭弁論終結までにしなければなりません。

（ⅰ）　参加承継の手続

権利または義務承継人の側からする参加承継の申出は、独立当事者参加の形態である権利主張参加の方式で行いますから（民訴51・49）、申出とともに相手方に対する請求を立てることになります。権利承継人であれば、その権利にもとづく給付や確認請求を、義務承継人であれば、消極的確認請求（本書58頁）を立てることになるでしょう。被承継人は、訴訟から脱退することも可能です。なお、時効の完成猶予や法律上の期間遵守の効果は訴訟係属の時に溯って生じます（民訴49）。

（ⅱ）　引受承継の手続

引受承継は、引受けの申立てにもとづく裁判所の引受決定によって行います（民訴50Ⅰ、民訴規21）。決定をする場合には、当事者および第三者（承継人）を審尋しなければなりません（民訴50Ⅱ）。引受申立て却下決定に対しては、抗告が認められますが（民訴328Ⅰ）、引受決定に対する独立の不服申立ては認められず、終局判決に対する上訴によることになります（民訴283本文）。

引受決定がなされると、承継人に対して立てられた請求と係属中の訴訟の請求が併合審判されますので、承継人はそれまでの訴訟状態を前提として訴訟追行をしなければなりません。免責的債務引受人について引受決定がなされたときは、被告である債務者に対する請求と承継人である債務引受人に対する請求が併合審判されます。もちろん、被告が訴訟から脱退することはできます（民訴50Ⅲ・48）。なお、時効の完成猶予などの効果は訴訟係属の時に溯って生じます（民訴50Ⅲ・49）。

権利承継人に対して義務者の側から引受申立てをなし、引受決定がなされた場合に（民訴51後半部分）、申立人の側から積極的に請求を立てなければならないかについての議論がありますが（伊藤723頁）、審判の対象を明確にするためにも、債務不存在確認請求などを立てなければなりません。

（iii）　参加承継訴訟・引受承継訴訟の審理

参加承継は、独立当事者参加の方式によってなされますから（民訴49 I 前半部分・51前半部分）、必要的共同訴訟に関する審理の規律（本書247頁）を準用し（民訴47 IV・40 I ～ III）、従来の原被告間の請求と参加人にかかる請求との合一確定がなされます。参加人が進んで訴訟に参加し、併合審判を求めているのですから、審理の統一的進行を図り、合一確定を実現する利益を重視するものです。

これに対して、引受承継訴訟については、同時審判申出共同訴訟の規律（本書241頁）を準用します（民訴50 III・41 I III）。したがって、共同訴訟の性質としては通常共同訴訟ですが、弁論および裁判の分離は許されず、控訴審において弁論および裁判が併合されることがあります。引受承継人は自らの意思によらずに従前の訴訟状態を承継させられるのですから、必要的共同訴訟の規律を適用するのは行き過ぎであり、ただ、債務引受人に訴訟を引き受けさせる例から分かるように、引受申立人である原告についてみると、被承継人か承継人かのいずれかに勝訴する利益を保護するために、同時審判申出共同訴訟の規律を準用することとしています。

第9章

上　訴

　裁判は、当事者の主張した事実と提出した証拠を基礎とし、裁判所が法を適用して行うものですが、事実認定や法の適用に常に誤りがないとはいえません。そこで、不当または違法な裁判によって直接の不利益を受ける当事者に裁判の是正を求める手段を与えるのが上訴の制度です。以下、判決を主として説明します。

I　上訴の全体像

　上訴は、その対象となる裁判に対する不服申立手段の1つですが、他の不服申立手段との区別（上訴の概念）、上訴制度の目的、上訴の種類、上訴の要件一般、および上訴の効果について説明します。

● （1）上訴の概念

　上訴とは、未確定の原裁判の取消しまたは変更を上級裁判所に対して求める当事者の申立てです。未確定の裁判を対象にし、かつ、上級裁判所に対する不服申立てである点が特徴です。裁判の種類に応じて、判決に対する控訴（民訴281）、上告（民訴311）、上告受理

申立て（民訴318）、決定または命令に対する抗告（民訴328）、再抗告（330）、許可抗告（337）などがあります。

これに対して、再審の訴え（民訴338）は確定した判決に対するものである点で、特別上告（民訴327）および特別抗告（336）は裁判の確定を遮断する効力を持たない点で、上訴と区別されます。また、異議も不服申立ての一種ですが（民訴150・202Ⅲ・206・329Ⅰ・357・378など）、上級審に対するものではない点が異なります。

● （2）上訴の目的と機能

事実認定および法適用の両面で、裁判所を構成する裁判官の判断が誤りを含みうることを前提とすれば、上訴によってそれを是正する機会を与えるべきことは当然の要請といえます。これを審級の利益と呼ぶことがあります。

しかし、上訴によって審級を重ねることは、権利の実現や法律関係の確定が遅れるという負の側面があります。上訴制度の設計は、この要請と側面とをどのように調和させるかにかかるといってよいでしょう。現行法が第1審判決に対する上訴審として、事実認定および法律判断の双方を審査する控訴審（事実審）を設け、控訴審判決に対する上訴審として、法律判断を審査する上告審（法律審）を設けているのは、このような理由からです。

上訴制度の機能として、法令解釈の統一が説かれます。最上級裁判所である最高裁判所が上告審（法律審）となる場合には、その判断を通じて下級裁判所における異なった法律判断を統一する機能を果たすことを意味します。高等裁判所の決定および命令に対する不服申立てとしての許可抗告制度（本書304頁）は、この機能を重視したものです。

●（3）上訴の種類

　現行法の上訴には、第1審判決に対する控訴、控訴審判決に対する上告（上告受理申立てを含む）、決定および命令に対する抗告（再抗告および許可抗告を含む）の3種類があります。したがって、当事者は、不服を申し立てる裁判の形式に応じて適切な上訴を選択しなければなりません。判決に対する不服申立てとして抗告という誤った上訴を選択することを違式の上訴と呼び、不服申立ての趣旨を確認した上で、正しい表示に改めさせることになります。

　これに対して裁判所が、誤った形式の裁判、たとえば判決をすべきときに決定の形式で裁判をすることを違式の裁判と呼びます。この場合には、裁判の形式にしたがって、抗告が許されます（民訴328 II）。逆に、決定の形式で裁判をなすべきときに判決の形式で裁判がなされたときにも、その形式に即して控訴や上告が許されます（最判平成7・2・23判時1524号134頁［百選A42事件］参照）。

●（4）上訴の適法要件

　上訴は、原裁判の取消しまたは変更を求める上級審に対する申立てですから、上級審は、その適法性を判断した上で、上訴に理由があるかないかを判断します。前者が上訴の要件の判断で、後者が上訴の本案の判断です。上訴期間が経過しているなど、適法性に欠ける場合には、上訴を却下しますし、本案の判断としては、原裁判を維持して上訴を棄却するか、原裁判を取り消しまたは変更することになります。

　上訴の適法要件としては、第1に、原裁判を対象とする不服申立てが許されることです（民訴283但書）。第2に、上訴について法お

よび規則が定める方式に従ったものであることです。第3に、上訴期間内であることです。第4に、上訴人が原裁判に対して不服を主張する利益を持っていることです。第5に、当事者が不上訴の合意や上訴権放棄の意思表示をしていないことです。

また、以上の要件を満たしているときであっても、訴訟引延ばしを目的とする上訴のように、上訴権の濫用と評価される場合もありえます。法は、それに対処するために金銭納付命令の制度を設けていますが（民訴303・313・331）、極端な場合には、信義則の一類型である権利濫用の禁止（本書137頁）として、上訴を却下することもありえます。

●（5）上訴の効果——確定遮断効と移審効

上訴の効果は、原裁判の確定遮断効（判決について民訴116Ⅱ）と事件についての移審効の2つです。確定遮断効として、確定判決の効力である既判力、執行力、形成力の発生は妨げられますが、仮執行宣言にもとづく執行力（民訴259。本書216頁）は影響を受けません。ただし、抗告については、即時抗告についてのみ執行停止の効力が認められ（民訴334Ⅰ）、それ以外の通常抗告の執行停止のためには、抗告裁判所等による執行停止の処分が必要です。

移審の効果とは、訴訟係属が原裁判所から上訴裁判所に移ることを意味します。控訴状などを原裁判所に提出すると（民訴286Ⅰ・314Ⅰ・318Ⅴ）、原裁判所が上訴を不適法として却下しない限り（民訴287Ⅰ・316Ⅰ・318Ⅴ）、事件記録が上訴審に送付されるとともに（民訴規174・197・199Ⅱ）、移審の効果が生じます。

確定遮断効および移審の効果は、判決単位です。請求の客観的併合（民訴136など。本書225頁）のように1つの判決の中に数個の請

求についての判断が含まれる場合には、たとえ上訴人の不服申立てがその一部にのみかかるときであっても、すべての請求について確定遮断効と移審の効果が生じ、これを上訴不可分の原則といいます。しかし、不服申立ての対象となっていない請求は、上訴審の審判の対象とはなりません。ただし、不服申立ての対象となっていない請求についても原判決は確定していませんので、上訴審が仮執行宣言を付すことができますし（民訴294）、上訴人が不服の範囲を拡張するとか、被上訴人が附帯上訴をすれば（民訴293Ⅰ・313）、上訴審の審判の対象とすることができます。

　これに対し、通常共同訴訟においては、共同訴訟人独立の原則（本書239頁）が優先しますので、1個の判決のうち確定遮断効や移審の効果が生じるのは、上訴人にかかる請求部分のみです。

2　控　訴

　控訴は、第1審の終局判決に対する第2審への不服申立てです。第2審は、控訴審と呼ばれ、事物管轄（本書21頁）によって地方裁判所が第1審のときには、高等裁判所が控訴審になります。控訴審の当事者は、控訴人と被控訴人です。控訴の理由は、事実認定と法令適用の双方を含み、そのいずれについても審査することができる控訴審を事実審と呼び、法令適用の違反のみを審査の対象とする法律審である上告審と区別します。

　なお、終局判決に対する控訴によって、中間判決など終局判決前の第1審の裁判も判断の対象となります（民訴283本文）。ただし、不服申立てができない裁判や、抗告によって独立の不服申立ての対象になる裁判は除きます（同但書）。

● （1）控訴の利益

　控訴を申し立てる権能は控訴権と呼ばれますが、第1審判決によって不利益を受けた当事者にのみ認められます。この不利益が基礎となって、原判決に対して不服を申し立てる利益が発生します。それでは、ここでいう不利益や不服申立ての利益の有無は、何を基準にして決められるのでしょうか。

（ア）　不服の対象

　まず、不服の対象は、原判決の判断のうち、訴訟法上の効力が生じる部分です。したがって、既判力、執行力、形成力が生じる判決主文中の判断についての不服でなければならず、判決理由中の判断は、不服の対象になりませんが（最判昭和31・4・3民集10巻4号297頁［百選110事件］）、相殺の抗弁に関する判断のように、理由中の判断に既判力が認められる場合（民訴114Ⅱ。本書203頁）には、例外として不服が認められます。

　訴訟費用の裁判や仮執行宣言のような付随的裁判も不服の対象になりません。

（イ）　不服の基準

　不服が認められるかどうかは、請求についての当事者の申立てと判決内容とを比較して決定します。この考え方を形式的不服説と呼びます。したがって、請求全部認容判決を得た原告や請求全部棄却判決を得た被告には、原則として不服が認められません。例外として、特別規定の存在などによる別訴の禁止（人訴25など）が働くことを根拠として請求を拡張するための不服が認められる場合があり

ます（名古屋高金沢支判平成元・1・30判時1308号125頁［百選A37事件］）。

　検討を要する例としては、以下のようなものがあります。

　1つの訴えによって原告が数個の請求についての審判を求める形態の1つとして予備的併合がありますが（本書228頁）、そのうち主位的請求が認められたときには、原告には不服はなく、被告のみに不服があります。そして、被告が控訴すれば、上訴不可分の原則（本書277頁）によって予備的請求部分も控訴審に移審し、控訴審の審判の対象になります。

　主位的請求を棄却し、予備的請求を認容する判決については、原被告双方に不服が認められますが、被告のみが控訴したときには、主位的請求部分は控訴審に移審しますが、審判の対象にはなりません（最判昭和58・3・22判時1074号55頁［百選111事件］）。不服を有する原告が不服申立てをしていないからです。

（ウ）　訴え却下判決に対する不服

　被告が請求棄却を申し立てたのに対して、裁判所が訴え却下の訴訟判決をしたときには、原告だけではなく被告にも不服が認められます。被告には本案判決を求める利益があるからです。逆に、被告が訴え却下を申し立てたのに対して、裁判所が請求棄却の本案判決をしたときには、被告には不服を認めないのが通説です。訴訟要件の欠缺を理由とする訴訟判決をするかどうかは裁判所の職権に属し、被告に申立権はないことなどがその理由です。ただし、法律上の争訟性（本書63頁）を争う被告の利益を重視した少数説があります（伊藤735頁）。

● （2）控訴権の不発生および放棄

不控訴の合意がなされると、控訴権が発生せず、または消滅し、控訴権が放棄されると、消滅します。

（ア） 不控訴の合意

不起訴の合意（本書62頁）の効力が認められるのと同様に、不控訴の合意の効力も肯定されますが、以下に述べる要件を満たさなければなりません。なお、合意内容としては、単純な不控訴の合意と上告権を留保した飛躍または飛越上告の合意（民訴281 I 但書）があります。

（ｉ） 不控訴の合意の要件

不控訴の合意は、訴訟契約の一種ですから、訴訟能力など訴訟行為一般の要件を満たさなければならないのは当然ですが、特有の要件としては、以下のものがあります。

第1に、飛躍上告の合意は、終局判決後のものでなければなりません（民訴281 I 但書）。しかし、単純な不控訴の合意については、時期的制限はありません。

第2に、合意の内容に関しては、当事者の一方のみの不控訴ではなく、双方の不控訴を定めなければならず、また、一定の法律関係にもとづく訴訟を特定しなければならない（民訴281 II・11 II）とされています。不控訴の合意が不公平な結果を生じないようにするための規範です。

第3に、合意は書面によらなければなりません（民訴281 II・11 II III）。これは、合意の存在を明確にし、紛争の発生を予防するための規律です。

（ⅱ）　不控訴の合意の効果

　判決言渡しの前に不控訴の合意がなされていれば、言渡しと同時に判決が確定します。言渡し後の合意の場合には、合意成立の時に判決が確定します。したがって、いずれの場合であっても、合意に反してなされた控訴は不適法なものとして却下されます。ただし、合意について錯誤による取消し（民95Ⅰ）などが認められれば、控訴の追完が認められる可能性があります（民訴97Ⅰ。本書96頁）。

（イ）　控訴権の放棄

　「控訴をする権利は、放棄することができる」（民訴284）というのが、控訴権放棄の定めです。放棄とは、控訴権発生後（第1審判決言渡し後）の控訴権者の裁判所（第1審裁判所または訴訟記録の存する裁判所）に対する申述であり（民訴規173Ⅰ）、すでに控訴をした後であってもできますが、そのときには、控訴の取り下げとともにしなければなりません（同Ⅱ）。なお、判決の効力が第三者に拡張される場合には（本書212頁）、第三者の参加の機会を保障する必要があるため、控訴権の放棄は許されません。

　放棄がなされたにもかかわらず提起された控訴は不適法です。すでになされた控訴が取り下げられないときには、裁判所が控訴を不適法として却下します。

● （3）控訴の提起

　控訴は、第1審判決書等の送達を受けた日から2週間の不変期間内に提起しなければなりません（民訴285本文）。ただし、すでに判決の言渡しがなされていれば、その期間前になされた控訴も適法です（同但書）。

控訴の提起は、所定の印紙を貼用して（民訴費3 I・別表第1 II）、控訴状を第1審裁判所に提出してしなければなりません（民訴268 I）。控訴状には、当事者および法定代理人のほかに、第1審判決の表示およびその判決に対して控訴をする旨を記載しなければなりません（同 II）。第1審判決に対する不服の理由は必要的記載事項ではありませんが、記載してあれば、控訴審における準備書面として扱われます（民訴規175）。不服の理由が記載されていなければ、控訴の提起後50日以内に、それを記載した書面を控訴裁判所に提出しなければなりません（民訴規182）。

　控訴状の提出先は、第1審裁判所です（民訴286 I）。第1審裁判所は、控訴期間の徒過や控訴の利益の不存在などの理由で、控訴が不適法でその不備を補正することができないことが明らかであるときは、決定で、控訴を却下しなければなりません（民訴287 I）。却下決定に対しては、即時抗告による不服申立てができます（同 II）。

　第1審裁判所は、控訴を適法と認めれば、控訴状を含む訴訟記録を控訴裁判所に送付します（民訴規174）。控訴裁判所の裁判長は、控訴状について必要的記載事項や印紙の貼用による手数料納付の不備があればその補正を命じ、控訴人がこれに応じなければ、控訴状を却下します（民訴288・137）。適式な控訴状と認めるときには、裁判所がそれを被控訴人に送達し（民訴289 I）、控訴審における訴訟係属が生じます。

　しかし、その後であっても、裁判所は、控訴が不適法でその不備を補正することができないときは、口頭弁論を経ないで、判決で控訴を却下できますし（民訴290）、期日の呼出費用の予納を命じても予納がなされないときは、決定で控訴を却下することができます（民訴291 I）。この決定に対しては即時抗告が認められます（同 II）。

● （4）控訴の取下げ

控訴の取下げとは、控訴申立ての撤回という控訴人の裁判所に対する意思表示であり、訴訟係属の消滅という重大な効果を生じるために、原則として書面でしなければなりません（民訴292Ⅱ・261Ⅲ）。控訴の取下げは、訴えの取下げとは異なる訴訟行為ですが、当事者の意思がいずれであるか明らかでないときは、裁判所が釈明権（民訴149。本書128頁）を行使することになります。

当事者間での控訴の取下げの合意は、裁判所に対する意思表示である控訴の取下げとは異なります。訴えの取下げの合意についても議論がありますが（本書177頁）、この合意にも控訴審における訴訟係属消滅の効果を認めるべきです（伊藤739頁）。

また、訴えの取下げの擬制（民訴263）と同様に、当事者双方が控訴審の口頭弁論に出頭せず、1か月以内に期日指定の申立てをしないなどの事情がある場合には、控訴の取下げがあったものとみなします（民訴292Ⅱ・263）。

（ア） 控訴の取下げの要件

控訴は、控訴審の終局判決があるまで、取り下げることができます（民訴292Ⅰ）。訴えの取下げが判決確定まで許される（民訴261Ⅰ）のと異なるのは、訴えの取下げが訴訟係属の遡及的消滅を生じさせるのに対し、控訴の取下げは、第1審判決の確定という効果を持つためです。控訴審の終局判決後の控訴の取下げを許すと、控訴人がその内容と第1審判決とを比較して、不利と判断する場合には控訴を取り下げるという可能性を生じ、被控訴人側との公平を害するからです。

また、訴えの取下げの場合と異なって、控訴の取下げについて被控訴人の同意を得る必要はありません（民訴292Ⅱにおける同261Ⅱの不準用）。控訴の取下げによって被控訴人が不利益を受ける可能性がないためです。ただし、被控訴人の附帯控訴は控訴の取下げによって失効します。

　例外として、必要的共同訴訟（本書243頁）では、共同訴訟人の1人の訴訟行為は、全員の利益になる場合にのみ効力を生じますので（民訴40Ⅰ）、1人のする控訴の取下げは効力が認められません。また、請求の客観的併合の場合のように、1つの判決で数個の請求について判断がなされた場合には、上訴不可分の原則（本書277頁）によってすべての請求が控訴審に移審しますから、一部の請求についてのみ控訴を取り下げることはできません。ただし、不服申立ての対象を一部に減縮することは可能です。

（イ）　控訴の取下げの効果

　控訴の取下げによって控訴審の訴訟係属がさかのぼって消滅します（民訴292Ⅱ・262Ⅰ）。ただし、控訴権の放棄と異なって、控訴期間内であれば再度の控訴は可能です。

　取下げの効力が争いになったときは、裁判所は、口頭弁論を開いて審理し、取下げが有効であり、かつ、控訴期間が経過していれば、訴訟終了宣言をし、取下げが無効であれば、審理を続行して、中間判決または終局判決の理由中でその旨を判示します。

●（5）附帯控訴

　附帯控訴（民訴293）とは、被控訴人が控訴審において行う申立てであって、控訴審の審判の範囲を自己に有利に拡張することを求

めるものです。たとえば、100万円の給付請求について第1審が50万円部分の請求を認容し、残部の請求を棄却する判決を言い渡したのに対し、原告のみが控訴したときは、請求棄却部分のみが控訴審の審判の対象となります。しかし、控訴期間が経過し、自らの控訴権が消滅した後であっても、被控訴人が附帯控訴をすれば、第1審の請求認容部分も控訴審の審判の対象になります。

（ア） 附帯控訴の法的性質

上の例は、被告が原判決に対する不服（50万円の請求認容部分）を持ちながら自ら控訴権を行使せず、附帯控訴をする場合ですが、第1審で全部勝訴した原告が請求拡張のために附帯控訴をしたり、逆に全面勝訴した被告が反訴提起のために附帯控訴をすることが認められるかどうか、いいかえれば、附帯控訴の前提として原判決に対する不服を必要とするかどうかが争われます。

判例（最判昭和32・12・13民集11巻13号2143頁［百選A38事件］）は、請求拡張のための附帯控訴を認めていますが、私は、附帯控訴も控訴の一種であるとすれば、不服が必要であり、控訴審における請求拡張や反訴は、附帯控訴とは別に行えると考えています（伊藤741頁）。

（イ） 附帯控訴の方式

附帯控訴の方式は、控訴に関する規定によります（民訴293Ⅲ本文）。ただし、控訴状は第1審裁判所に提出しなければなりませんが（民訴286Ⅰ）、附帯控訴の提起は、控訴審における審理が進んだ段階でもありうるので、附帯控訴状は控訴裁判所に提出することもできます（民訴293Ⅲ但書）。なお、附帯控訴状にも印紙の貼付によ

る手数料納付が必要と解されています。

（ウ）　附帯控訴の失効

附帯控訴は、その基礎となる控訴が取り下げられ、または不適法として却下されると、その効力を失います（民訴293Ⅱ本文）。ただし、附帯控訴人自身の控訴期間内に提起され、控訴の要件を備える場合には、独立した控訴とみなします（同但書）。これを独立附帯控訴と呼びます。

●（6）控訴審の審理

控訴は、第1審判決に対する不服にもとづく、その取消しおよび変更の申立てですから、控訴審の審理は、その限度で行います（民訴296Ⅰ）。そして原判決を取り消すと（民訴305・306）、請求についての裁判所の審判義務が復活しますので、事件を第1審に差し戻して、請求についての審判を命じるか（取消差戻し。民訴307・308）、控訴審自らが請求についての審判を行います（取消自判）。控訴審は、第1審と同様に事実審、つまり請求について事実および法令適用の両面から判断する審級ですから、取消自判が原則です。

審判の基礎となる裁判資料の範囲については、覆審主義、事後審主義、続審主義という3つの原則がありますが、現行法は、続審主義、つまり第1審の裁判資料に、控訴審における裁判資料を加えて控訴の当否と請求について判断する仕組みを採用しています。民事訴訟法296条2項や298条1項は、それを具体化した規定です。また、既判力の基準時が事実審の最終口頭弁論終結時とされているのも（本書200頁）、続審主義を基礎としています。

その他、控訴審の手続には、特別の定めがある場合を除いて、第

1審の訴訟手続に関する規定を準用します（民訴297・民訴規179）。反訴の提起に相手方の同意を要する旨の民事訴訟法300条1項は、特別の規定の例です。

（ア）　弁論の更新

直接主義の原則（民訴249 Ⅰ。本書109頁）の下では、裁判所に提出された資料のみが裁判資料になります。そして、続審主義を前提として直接主義を遵守しようとすれば、第1審における裁判資料を控訴審の裁判資料とする手続が必要になり、これが弁論の更新です（民訴296 Ⅱ）。第1審における裁判官の交代の場合（民訴249 Ⅱ）と同趣旨で、当事者が第1審における口頭弁論の結果を陳述します（民訴296 Ⅱ）。

（イ）　弁論の更新権

用語は(ア)の弁論の更新と似ていますが、意味は異なります。続審主義の下では、当事者は、控訴審において新たな攻撃防御方法を提出することができ、この権能を弁論の更新権と呼びます。もっとも、弁論の更新権行使を無制限に認めるのは、手続の遅延を招くおそれがありますので、時機に後れた攻撃防御方法の却下（民訴157。本書120頁）、争点整理手続の終結にともなう説明義務（民訴167など）などが第1審と控訴審手続を通じて働くことはもちろんですし（民訴298 Ⅱ）、控訴審に特有のものとしては、攻撃防御方法の提出等の期間の定め（民訴301）があります。

●（7）控訴審の終局判決

控訴審の終局判決には、控訴を不適法とする控訴却下判決と、控

訴に対する本案判決として控訴認容判決および控訴棄却判決があります。

（ア）　控訴審判決の内容

控訴期間の徒過や控訴の利益の不存在など、控訴が不適法でその不備を補正することができないときは、控訴裁判所は、口頭弁論を経ないで、判決で、控訴を却下することができます（民訴290）。

控訴審の本案判決のうち、控訴棄却判決は、控訴に理由がないこと、つまり第1審判決を取り消すべき理由がないとの判断を示すものです（民訴302 I）。第1審判決がその理由によれば不当である場合においても、他の理由により正当であるときは、控訴を棄却しなければなりません（同II）。控訴は、第1審判決の主文に包含される判断に対する不服申立てだからです。ただし、相殺の抗弁についての理由中の判断に既判力が生じること（民訴114 II）との関係で、理由中の判断の誤りを根拠として、請求を棄却した第1審判決を取り消して、改めて請求を棄却すべきことがあります（伊藤747頁）。

（ｉ）　第 1 審判決取消理由

控訴認容判決は、控訴に理由があること、つまり第1審判決を取り消すべき原因があるとの判断を内容とします。取り消すべき原因は、第1審判決が不当であるとき（民訴305）、および第1審の判決の手続が法律に違反したとき（民訴306）の2つです。

まず、不当であるときとは、訴訟物たる権利関係についての判断の前提となる事実認定や法（実体法および手続法）規範の適用に誤りが含まれていることを意味します。次に、判決の手続が法律に違反したときとは、法律上関与できない裁判官が判決に関与したとか

（民訴249Ⅰ参照）、判決原本にもとづかないで判決の言渡しをした（民訴252、改正253参照）などの違法を意味します。

（ⅱ）　取消後の措置──自判・差戻し・移送

　控訴審が第１審判決を取り消すと、訴えに対して判決がなされなかった状態に戻ります。そこで、控訴審としては、以下の３つの措置のうちいずれかをとらなければなりません。

　第１は、自判、つまり訴えに対して控訴審が自ら判決をする場合です。控訴審は、第１審と同様に事実審ですから、自判が原則です。

　第２は、差戻し、つまり第１審に対し訴えについて改めて審判を命じる場合です。差戻しには、必要的差戻しと任意的差戻しがあります。必要的差戻しは、訴えを不適法として却下した第１審判決を取り消す場合で（民訴307本文）、第１審における本案の審判を受けることを保障する趣旨（審級の利益。本書274頁）です。ただし、この場合でも、第１審において本案の審理が尽くされているときにまで差戻しをすることは、かえって紛争の解決を遅らせるので、差戻しの必要はありません（同但書）。

　任意的差戻しは、第１審においてさらに弁論をする必要があると控訴審が判断する場合であり（民訴308Ⅰ）、控訴審が直ちに自判するのが適切ではなく、第１審においてさらに裁判資料を収集する必要が認められるときです。

　差戻し後の第１審の審理は、控訴前の審理の続行としてされますので、すでに第１審に提出されている資料は、当然に差戻し後の第１審の資料となります。ただし、第１審は、控訴審が取消しの理由とした事実上および法律上の判断に拘束されますし（裁4）、取消しの理由として違法とされた第１審の訴訟手続は、差戻し後の第１審において当然に取り消されたものとみなします（民訴308Ⅱ）。

第3は、移送です。控訴審は、事件が管轄違いであることを理由
として第1審判決を取り消すときは、判決で、事件を管轄裁判所に
移送しなければなりません（民訴309）。取消しの理由となる管轄違
いは、専属管轄違反のみですから（民訴299Ⅰ但書）、移送も専属管
轄裁判所に対するものになります。

　なお、控訴審における仮執行宣言については、特則があり、金銭
支払請求に関する判決については、申立てがなされると、原則とし
て無担保で仮執行宣言（本書216頁）が付されます（民訴310）。控訴
審判決であることを考慮した特則です。

（イ）　不利益変更禁止の原則

　控訴審の審判は、第1審から移審した請求のうち不服申立ての対
象となっているものに限り（民訴296Ⅰ）、第1審判決の取消しおよ
び変更は、不服申立ての限度においてのみ許されます（民訴304）。
したがって、控訴人からすれば、控訴の結果として原判決以上に不
利益な判決がなされることはありません。これを不利益変更禁止の
原則と呼びます。

　たとえば、100万円の金銭給付請求に対し、第1審が、50万円分
について請求認容、残50万円について請求棄却判決を言い渡し、
これに対し原告のみが控訴し、請求棄却部分のうち30万円につい
て取消しを求めたとします。控訴審としては、100万円全部が不存
在であるとの心証をえたとしても、控訴を棄却するにとどめなけれ
ばならず、50万円の請求認容部分を取り消し、請求全部を棄却す
ることは許されません。不利益変更禁止の原則の適用結果です。

　逆に、控訴審が残50万円全部の存在という心証をえたときに
は、第1審判決の請求棄却部分のうち30万円部分を取り消し、そ

れを認容に変更するにとどめなければならず、50万円部分を棄却した第1審判決を取り消し、それを請求認容に変更することはできません。これは、不利益変更禁止の原則の裏返しで、利益変更禁止の原則と呼ばれます。

（ⅰ）　不利益変更禁止の原則の根拠と限界

不利益変更禁止と利益変更禁止の原則は、訴訟物に関する控訴審の審判の対象を控訴人の申立てを基準として画すものですから、訴訟物に関する処分権主義（本書80頁）と同根です。また、控訴人の利益救済という上訴制度の目的（本書274頁）の具体化ということもできます。

したがって、処分権主義が適用されない境界確定訴訟などの訴訟類型については、不利益変更の原則も適用されません。また、請求一部認容・一部棄却判決に対して原告が控訴したときに、裁判所が原判決を取り消して、訴え自体を却下できます。これは、訴訟要件の欠缺にもとづく判断が公益的なものであり、処分権主義が適用されないためです。

（ⅱ）　相殺の抗弁と不利益変更禁止の原則

不利益変更禁止の原則の前提となる利益と不利益は、判決主文に包含される訴訟物についての判断を基準としますので、理由中の判断は対象になりません。しかし、相殺の抗弁についての判断は、それについて既判力が生じるために（民訴114Ⅱ）、不利益変更禁止の原則が適用される可能性があります。

たとえば、被告による予備的相殺の抗弁（本書88頁）を採用し請求を棄却した第1審判決に対し原告が控訴したところ、控訴審が受働債権たる訴求債権が存在しないという理由で第1審判決を取り消して請求を棄却すると、相殺の自働債権不存在についての既判力

（本書 203 頁）が失われますので、原告にとっては、理由中の判断による不利益が生じ、不利益変更禁止の原則に抵触します。そこで、控訴審としては、控訴棄却にとどめなければなりません（最判昭和 61・9・4 判時 1215 号 47 頁［百選 112 事件]）。

3　上　告

　上告は、最上級審に対する上訴です。控訴審の終局判決に対してなされるのが通常で、控訴審が高等裁判所の場合には、最高裁判所が上告裁判所になりますが、飛躍上告（民訴 281 Ⅰ但書・311 Ⅱ。本書 280 頁）や、高等裁判所が第 1 審裁判所になる場合には（特許 178 Ⅰなど）、第 1 審判決に対する上告が認められます。

　事実審と法律審という区別からすると、上告審は法律審で、原審の法令適用の誤りについて審査します。

●（1）上告制度の目的と上告審の手続構造

　上訴制度の目的について説明したように（本書 274 頁）、上告制度の目的は、誤った原判決について当事者に救済を求める機会を与えることにあります。機能としては、特に最高裁判所が上告審になる場合には、法令解釈の統一があります。

　上告審の手続構造は、最高裁判所が上告審になる場合と高等裁判所が上告審になる場合（民訴 311、裁 16 ③）とで異なります。最高裁判所が上告審になる場合には、上告理由は、憲法違反（民訴 312 Ⅰ）および絶対的上告理由（同Ⅱ）の 2 つですが、高等裁判所が上告審になる場合には、これに「判決に影響を及ぼすことが明らかな法令の違反」（同Ⅲ）が付け加わります。

つまり、最高裁判所に対する上告については、法令違反が上告理由とならず、それに代えて、判例違反等法令の解釈に関する重要な事項を理由とする上告受理申立ての制度が設けられています（民訴318）。これは、最高裁判所が受理決定をした場合に、初めて上告の効果が生じるもので（同Ⅳ）、裁量上告制とも呼ばれますが、法律審としての最高裁判所の機能を高めることを目的としたものです。

● （2）上告理由

　民事訴訟法312条は、3種類の上告理由を定めます。上に述べた通り、第3の上告理由である「判決に影響を及ぼすことが明らかな法令の違反」は、高等裁判所に対する上告にのみあてはまります。第1の上告理由である憲法違反（民訴312Ⅰ）については、判決の結論に対する影響を必要とするかどうかに関する議論がありますが、条文の文言との関係でも、不要とすべきです。

（ア）　絶対的上告理由（民訴312Ⅱ）

　絶対的上告理由とは、判決の結論への影響とかかわりなく上告理由となる重大な手続違反を内容とします（民訴312Ⅱ）。

　第1は、「法律に従って判決裁判所を構成しなかったこと」（同①）です。裁判官の資格や任命手続を欠く者が判決裁判所の構成員となっている、口頭弁論に関与しない裁判官が判決裁判所の構成員となっている（民訴249Ⅰ参照）などが、これにあたります。

　第2は、「法律により判決に関与することができない裁判官が判決に関与したこと」（民訴312Ⅱ②）です。除斥原因（民訴23Ⅰ）がある裁判官や忌避の裁判がなされた裁判官（民訴24・25）が判決内容の評議や判決原本の作成に関わることを指します。

第3は、「日本の裁判所の管轄権の専属に関する規定に違反したこと」（民訴312Ⅱ②の2）です。法定専属管轄規定（民訴3の5。本書19頁）に違反して、原審がわが国の国際裁判管轄を否定して、訴えを却下した場合がこれにあたります。

　第4は、「専属管轄に関する規定に違反したこと」（民訴312Ⅱ③）です。専属管轄（本書20頁）の公益性を重視したものです。ただし、専属的合意管轄（本書21頁）など、公益性の弱い場合は除きます（同かっこ書）。

　第5は、「法定代理権、訴訟代理権又は代理人が訴訟行為をするのに必要な授権を欠いたこと」（民訴312Ⅱ④）です。これらの代理権や授権については、本書46頁、48頁、51頁で説明していますが、代理人が有効に訴訟行為をする資格を欠くという重大な手続上の瑕疵が絶対的上告理由とされています。

　第6は、「口頭弁論の公開の規定に違反したこと」（同⑤）です。公開主義（本書110頁）は、憲法上の要請（憲82Ⅰ）ですから、その違反を絶対的上告理由としています。

　第7は、「判決に理由を付せず、又は理由に食違いがあること」（民訴312Ⅱ⑥）です。これを理由不備または理由の食違いと呼びます。理由不備とは、理由が全く付されていない場合のみならず、理由が不足し、主文を導く根拠付けが十分でない場合を含みます。慣用的に用いられる判断遺脱とか審理不尽の用語（最判昭和36・8・8民集15巻7号2005頁［百選114事件］）は、理由不備を意味していることがあります。

　理由の食違いは、かつて理由齟齬と呼ばれていましたが、理由としての論理的一貫性を欠き、主文の判断を正当化するに足りないことを指します。判断遺脱とか審理不尽は、理由の食違いを指す場合

もあります。

（イ）　判決に影響を及ぼすことが明らかな法令の違反があること（民訴 312 Ⅲ）

　これは、高等裁判所に対する上告に特有の理由です。法令の違反には、適用すべきでない法令を適用したことや、法令の解釈を誤ったことなどが含まれます。そして、違反は、判決に影響を及ぼすことが明らかなものでなければなりません。明らかとは可能性では足りず、相当以上の蓋然性が認められることを意味します。実体法規範の解釈適用の誤りは、訴訟物たる権利関係の判断に直接影響しますから、原則として明白性を認めてよいでしょう。これに対して手続法規範の解釈適用の誤りは、それがどのように判決の結論に影響を及ぼすかを具体的に示す必要があります。

● （3）上告受理申立て理由

　現行法が、最高裁判所への上告に限って上告受理申立て理由の制度を創設したことは、すでに述べた通りです（本書 293 頁）。上告受理申立ての理由は、「原判決に最高裁判所の判例（これがない場合にあっては、大審院又は上告裁判所若しくは控訴裁判所である高等裁判所の判例）と相反する判断がある事件その他の法令の解釈に関する重要な事項を含むものと認められる」ことです（民訴 318 Ⅰ）。

　原判決に判例違反の判断があるか、あるいは法令の解釈に関する重要な事項を含むかどうか（最判平成 15・10・31 判時 1841 号 143 頁［百選 A39 事件］参照）は、事実認定の問題とはもちろん、当該事案についての法令や判例のあてはめの問題とも区別されます。

● （4）上告および上告審の手続

　上告には、上告人が上告状を原裁判所に提出する手続（民訴314Ⅰ）と、上告受理申立書を原裁判所に提出し（民訴318Ⅴ・314Ⅰ）、最高裁判所の受理決定によって上告があったものとみなす（民訴318Ⅳ）手続の2種類があります。

（ア）　上告の提起

　上告人が上告状を原裁判所に提出すると、原裁判所の裁判長は、その審査をし、瑕疵があれば補正を命じ、補正に応じなければ、命令によって上告状を却下します（民訴314Ⅱ・288・289Ⅱ・137、民訴規187）。また、2週間の上告期間（民訴313・285）の徒過など、上告が不適法で、その不備を補正することができない場合、および上告理由書が提出されないか、その記載に不備があり、補正がなされない場合には、決定で上告を却下しなければなりません（民訴316Ⅰ）。決定に対する即時抗告（同Ⅱ）については、原裁判所が地方裁判所か高等裁判所かによる違いがあります（伊藤760頁）。

　これらの場合を除いて、原裁判所は、上告提起通知書の送達等を行い（民訴規189）、事件を上告裁判所に送付し（民訴規197前段）、上告審の手続が開始します。

　上告にあたっては、上告の理由を示すことが必要です。上告状に上告の理由が記載されていないときには、上告人は、上告提起通知書の送達（民訴規189Ⅰ）を受けた日から50日以内に上告理由書を提出しなければなりません（民訴315、民訴規194）。上告の理由を示すことを上告の適法要件とするのは、法律審としての上告審の機能を確保するためです。

（イ） 事件の送付等

原裁判所が、事件を上告裁判所に送付する際には、上告人が上告の理由中に示した訴訟手続に関する事実の有無について意見を付すことができます（民訴規197Ⅰ後段）。事件の送付自体は、原裁判所の裁判所書記官から上告裁判所の裁判所書記官に対する訴訟記録の送付によってなされます（民訴規197ⅡⅢ）。

上告裁判所は、送付を受けた事件について上告を不適法とする事由（民訴316Ⅰ）があれば、原裁判所と同様に決定の方式で上告を却下できます（民訴317Ⅰ）。また、上告裁判所である最高裁判所は、上告理由が憲法違反にも、絶対的上告理由にもあたらないことが明らかな場合には、決定で、上告を棄却することができます（同Ⅱ）。

（ウ） 上告受理申立て

最高裁判所に対する上告受理申立ての制度趣旨は、すでに説明した通りです（本書293頁）。同じく原判決に対する不服申立てですが、上告とは別の申立てになります。したがって、上告理由を上告受理申立ての理由とすることはできません（民訴318Ⅱ）。ただし、1つの控訴審判決に対し上告と上告受理申立ての双方をすることはできますし、両者の記載を区別すれば、一通の書面ですることも可能です（民訴規188）。

上告受理申立ての手続は、上告の手続に準じます（民訴318Ⅴ）。したがって、上告受理申立てが不適法で、その不備を補正できない場合の原裁判所による申立ての却下などについても、上告の場合（民訴314Ⅱ・316Ⅰ）と同様になります。事件が原裁判所から最高

裁判所に送付され（民訴規199Ⅱ・197）、最高裁判所は、受理または不受理決定をします。不受理決定に対する不服申立ては認められません。

　受理決定がされると、上告受理申立てに上告の効力が生じ（民訴318Ⅳ前段）、訴訟記録の送付（民訴規199Ⅱ・197）によって、事件が上告審である最高裁判所に移審します。その際には、上告受理申立理由が上告理由とみなされるのが原則ですが、受理決定に際し重要でないとの理由で排除された受理申立理由は、上告理由になりません（民訴318Ⅲ Ⅳ、民訴規200）。

（エ）　附帯上告

　上告が提起された場合、および上告受理申立てにもとづいて受理決定がされた場合には、附帯控訴（本書284頁）と同様に、被上告人が附帯上告によって上告審の審判の範囲を拡張することができます（民訴313・293）。ただし、附帯控訴の場合（民訴293Ⅰ）と違って、上告審では口頭弁論が開かれるとは限りませんので、附帯上告が許される時期については、別途の規律が適用されます（伊藤763頁）。

（オ）　上告審の審判

　上告審は、事実審ではなく、法律審であるために、その審理は、書面主義と口頭主義を組み合わせて行います。

　上告の提起または上告受理申立てにともなって、その理由書が提出され、上告裁判所は、これを被上告人に送達し（民訴規198）、被上告人または相手方に答弁書の提出を命じます（民訴規201）。上告審の審判は、原判決のうち不服申立てがあった部分が破棄されるべ

きかどうかですから、調査の範囲も、上告の理由にもとづき、不服の申立てがあった限度です（民訴320）。そして、法律審としての性質から、原判決において適法に確定した事実は、上告裁判所を拘束します（民訴321 I）。

　ただし、これらの制限や拘束は、職権調査事項には適用されません（民訴322）。訴訟要件など職権調査事項（本書130頁）は、公益に関わるためです。逆に、飛躍上告（民訴311 II）の場合には、原判決（第1審判決）における事実の確定に手続法規違反があることは、破棄の理由になりません（民訴321 II）。飛躍上告の合意の中に第1審における事実認定を争わない意思が含まれているためです。

　上告裁判所は、上告状、上告理由書、答弁書その他の書類によって上告に理由がないと判断するときは、口頭弁論を経ることなく、判決によって上告を棄却することができます（民訴319）。これに対して、上告を認容するときは、口頭弁論を開くことが必要です。原判決を破棄するという裁判の重大性を考慮し、口頭による陳述の機会を与えるためです。

（ｉ）　上告審の終局判決
——上告却下、上告棄却、破棄差戻し・移送・自判

　不適法な上告の決定による却下（民訴317 I）、上告審である最高裁判所の決定による棄却（同 II）を別にすると、上告審は、終局判決によって上告について裁判します。終局判決の種類としては、上告却下、上告棄却、原判決破棄の3つに分けられ、破棄判決はさらに、破棄差戻し、破棄移送、破棄自判に分けられます。また、控訴審の場合と同様に、上告理由は正当であっても、他の理由によって原判決を維持すべき場合には、上告棄却の判決がなされます（民訴313・302）。

ただし、憲法違反および絶対的上告理由の場合は、破棄判決をしなければなりません（民訴325Ⅰ前段）。これは、上告裁判所が最高裁判所であっても、高等裁判所であっても変わりがありません。そして、判決に影響を及ぼすことが明らかな法令違反があるときは、上告裁判所としての高等裁判所は、原判決を破棄しなければなりません（民訴325後段）。上告受理申立理由に対応する法令違反が判決に影響を及ぼすことが明らかであるときに、最高裁判所は、同様に原判決を破棄しなければならないと解されていますが、上告理由（上告受理申立理由）とは別に法令違反を発見したときにも、原判決を破棄することができます（民訴325Ⅱ）。

　破棄によって原判決言渡しの効力が失われますので、上告審は、差戻し、移送または自判のいずれかの措置をとらなければなりません。差戻しは、事件を原審に戻し、事実審理を含め、再度の審判を命じるものです。ただし、原判決に関与した裁判官は、差戻しを受けた事件の裁判に関与することができませんので（民訴325Ⅳ）、場合によっては、同等の他の裁判所に移送することができます（民訴325Ⅱ後半部分）。

　法律審としての上告審の性質から、破棄後の措置としては、差戻しまたは移送が原則ですが、場合によっては、上告審が自ら事件について裁判をすることが義務づけられます。これが破棄自判です。破棄自判は、次の2つの場合になされます。

　第1は、「確定した事実について憲法その他の法令の適用を誤ったことを理由として判決を破棄する場合において、事件がその事実に基づき裁判をするのに熟するとき」（民訴326①）です。ここで熟するというのは、裁判をするのに十分な資料がえられた状態を意味します。事実関係については、改めて審理を行う必要はなく、憲法

その他の法令の適用の誤りを正せばよいわけですから、法律審である上告審が自ら事件について審判を行うことができますし、そうすべきであるという規律です。

　第2は、「事件が裁判所の権限に属しないことを理由として判決を破棄するとき」（同②）です。法律上の争訟性（裁3Ⅰ。本書63頁）が認められなければ、事件を差し戻すことは無意味ですから、訴え却下の自判をすべきです。

　自判とは、上告審が原審である控訴審や第1審に代わって事件について審判することを意味しますから、訴えそのものについて判決をする場合だけではなく、請求を認容した第1審判決を取り消して請求を棄却した控訴審判決を破棄し、控訴を棄却する裁判も含みます。

（ⅱ）　破棄判決の拘束力

　民事訴訟法325条3項前段は、「差戻し又は移送を受けた裁判所は、新たな口頭弁論に基づき裁判をしなければならない」と定めます。差戻しまたは移送を受けた裁判所が、口頭弁論を開き、裁判資料を補充した上で裁判をすることを求める趣旨です。この口頭弁論は、破棄された原判決の基礎となっている口頭弁論の続行としての性質を持ちますから、従前の裁判資料も、弁論の更新（民訴249Ⅱ）の手続を経て、新たな裁判官が構成する裁判体（民訴325Ⅳ）の裁判資料になります。ただし、訴訟手続が法律に違反したことを理由として事件を差し戻したときには、その手続にかかる資料は、裁判資料となりえません（民訴313・308Ⅱ）。

　そして、破棄の理由とした事実上および法律上の判断は、差戻しまたは移送を受けた裁判所を拘束します（民訴325Ⅲ）。これは審級制度の機能を確保するための拘束力であり、破棄判決の理由中の判

断を対象とするものですから、既判力とは異なった特別の拘束力で、裁判所法4条にもとづく上級審の裁判の拘束力と性質を同じくします。

拘束力の内容は、事実上および法律上の判断です。破棄の理由となった法律上の判断（最判昭和43・3・19民集22巻3号648頁［百選115事件］）は、上告審が法律審であることから当然といってよいでしょうが、事実上の判断とは、職権調査事項や上告理由となる再審事由に限ると解されています。

---

4 特別上告

高等裁判所が上告審としてした終局判決については、憲法違反を理由として最高裁判所に対してさらに上告をすることが認められます（民訴327 I）。その手続は上告に準じますが（同 II）、上訴の本質的効果である確定遮断効が認められませんので（民訴116 I 第1かっこ書）、性質としては、再審の訴え（民訴338。本書308頁）に近いものです。

---

5 抗 告

終局判決に対する上訴とは別に、訴訟手続に関する決定または命令について法が独立の不服申立てを認める場合があります。これが抗告です。抗告の対象として法が規定する裁判は、3種類です。

第1は、口頭弁論を経ないで訴訟手続に関する申立てを却下した決定または命令です（民訴328 I）。終局判決を待ってこれらの裁判に対する不服申立てをさせるのでは、時機を失してしまうからで

す。例としては、訴訟引受けの申立て（民訴50 I。本書271頁）や受継の申立て（民訴128 I。本書105頁）を却下した決定などがあげられます。

　第2は、違式の裁判、つまり「決定又は命令により裁判をすることができない事項について決定又は命令がされたとき」（民訴328 II）です。判決で裁判すべきにもかかわらず、決定や命令の形式で裁判をした場合がこれにあたります。

　第3は、抗告を許す旨の特別の規定が置かれる場合（民訴21・75 VII・86など）です。

● （1）抗告の種類

　抗告の種類は、第1に、対象となる裁判、第2に、抗告の要件および効果によって分けられ、第3に、最高裁判所に対する抗告があります。

　第1に、対象となる裁判に即して、最初の抗告と、抗告審の決定に対する再抗告とに分けられます。再抗告は、抗告審の決定に、「憲法の解釈の誤りがあることその他憲法の違反があること、又は決定に影響を及ぼすことが明らかな法令の違反があることを理由とするときに限り」（民訴330）許されます。ただし、最高裁判所には、特別抗告および許可抗告以外の抗告についての管轄権が認められていませんので（裁7②、民訴336・337）、高等裁判所がする決定や命令に対しては、それが第1審としてされたものでも、第2審（抗告審）としてされたものでも、抗告や再抗告が認められません。したがって、再抗告が認められるのは、簡易裁判所の決定等に対する地方裁判所（抗告審）の裁判に対する高等裁判所への再抗告に限られます。

第2に、抗告の要件および効果の面から、通常抗告と即時抗告とに分けられます。即時抗告は、要件としては、裁判の告知を受けた日から1週間の不変期間内にしなければならず（民訴332）、効果としては、原裁判の執行停止の効力があります（民訴334 I）。これに対し、通常抗告には、抗告期間の限定はなく、抗告裁判所などによる執行停止の裁判によってはじめて原裁判の執行が停止します（同II）。

　第3に、最高裁判所に対する抗告として特別抗告と許可抗告とがあります。特別抗告は、「地方裁判所及び簡易裁判所の決定及び命令で不服を申し立てることができないもの」ならびに「高等裁判所の決定及び命令に対して、その裁判に憲法の解釈の誤りがあることその他憲法の違反があることを理由とするとき」に許されます（民訴336 I）。前者の例は、管轄裁判所の指定（民訴10 III）、証拠保全の決定（民訴238）などがあります。特別抗告は、裁判の告知を受けた日から5日の不変期間内にしなければいけません（民訴336 II）。ただし、特別抗告には、特別上告の規定が準用されますので（同III）、確定遮断効を持つ上訴とは区別されます（本書276頁）。

　許可抗告は、高等裁判所の決定や命令に対して原裁判をした高等裁判所が最高裁判所への抗告を許し、当事者に救済を求める機会を与えるとともに、法令解釈を統一し、判例法理を確立するために現行民事訴訟法が設けた制度です（民訴337）。申立てにもとづく許可の要件は、まず、「最高裁判所の判例（これがない場合にあっては、大審院又は上告裁判所若しくは抗告裁判所である高等裁判所の判例）と相反する判断がある場合その他の法令の解釈に関する重要な事項を含むと認められる」（民訴337 II）ことです。

　ただし、高等裁判所の決定および命令のうち、再抗告裁判所とし

ての裁判は、すでに3審級（原審、抗告審、再抗告審）の利益が与えられているために、許可抗告の対象となりません（民訴337Ⅰかっこ書前半部分）。また、許可抗告申立てについての裁判も対象となりません（同後半部分）。許可を高等裁判所の専権に委ねる趣旨です。

結局、許可抗告の対象となりうるのは、高等裁判所が第1審として行った決定および命令と、抗告審として行った決定ですが、前者については、それらが地方裁判所の裁判であるとした場合に抗告をすることができるものであるときに限られます（民訴337Ⅰ但書）。除斥または忌避を認める決定のように、不服申立てを許さない裁判（民訴25Ⅳ）については、それが高等裁判所の裁判であるからといって許可抗告の対象とする理由はないからです。

高等裁判所の許可決定がなされると、抗告があったものとみなし（民訴337Ⅳ）、最高裁判所は、裁判に影響を及ぼすことが明らかな法令の違反があるときは、原裁判を破棄することができます（同Ⅴ）。

● (2) 抗告および抗告審の手続

抗告権を認められるのは、原裁判によって法律上の利益を害される者です。申立てを排斥する裁判に対しては、申立人に抗告権を認めるのが原則ですが、補助参加を不許とする決定（民訴44前段。本書253頁）については、補助参加を申し出た者だけではなく、被参加人となる訴訟当事者にも抗告権が認められます。また、文書提出命令（民訴223Ⅰ。本書169頁）に対しては、提出を命じられた文書の所持者にも抗告権が与えられます。

抗告権を行使し、抗告を提起する者を抗告人、抗告人と利害が対立する者を相手方と呼びます。上記の例でいえば、文書提出命令の

申立人が相手方です（最決平成23・4・13民集65巻3号1290頁［百選A40事件］）。ただ、訴訟手続と異なって、必ず2当事者対立構造（本書35頁）をとるわけではなく、訴状却下命令に対する即時抗告（民訴137Ⅲ）のように、相手方が存在しない場合もあります。

抗告の基本的手続は、控訴と同様です（民訴331本文）。再抗告（民訴330）についても、上告と同様の取扱いがなされます（民訴331但書）。抗告の許される期間については、即時抗告は、裁判の告知を受けた日から1週間の不変期間内にしなければなりませんが（民訴332）、それ以外の抗告（通常抗告）については、期間の制限はありません。

抗告の対象となる決定や命令は、告知によってその効力を生じますが（民訴119）、抗告のうち即時抗告には執行停止の効力があります（民訴334Ⅰ）。ただし、通常抗告でも、抗告裁判所などが執行停止の処分をすることができます（同Ⅱ）。

抗告を受理した原裁判所または裁判長は、抗告を理由があると認めるときは、その裁判を更正しなければなりません（民訴333）。これを再度の考案と呼びます。決定や命令は、判決と異なって、原裁判を行った裁判所に対する自縛力が弱いことを意味します。したがって、判決の更正（民訴257）とは異なり、計算違いなどの明白な誤りにとどまらず、実質的な内容の変更も含みます。

抗告を理由なしと判断するときには、原裁判所は、その意見を付して事件を抗告裁判所に送付します（民訴規206）。抗告裁判所の審理は、口頭弁論を開くこともできますが、それに代えて、抗告人、相手方、利害関係人に対する審尋の方法によることもできます（民訴335）。そして、抗告が不適法であればこれを却下し、理由がないときは棄却し、理由があるときは原裁判を取り消した上で差戻しや

自判などの措置をとります。

●（3）再抗告および特別抗告

抗告裁判所の決定に対しては、憲法違反や決定に影響を及ぼすことが明らかな法令違反があることを理由として再抗告ができます（民訴330）。ただし、抗告裁判所の決定内容が、抗告却下または抗告棄却の場合には、再抗告が認めらますが、原決定を取り消し、抗告を認容した場合には、再抗告が許されないことがあり、再抗告が通常抗告か即時抗告かという問題もあります（伊藤775頁）。

もっとも、高等裁判所の決定に対しては、特別抗告（民訴336）および許可抗告（民訴337。本書304頁）だけが認められ、再抗告はできません。特別抗告は、憲法違反を理由として、特に認められる不服申立てであり、その性質は、特別上告と共通しています（同Ⅲ・民訴327。本書304頁）。

第10章

再　審

　再審は、確定判決の効力を排除する手続です。いったん判決が確定した以上、訴訟は終了し、判決の内容は争いえないものとなりますが、判決の基礎となった訴訟手続や裁判資料に重大な瑕疵（欠陥）が認められる場合にまで、なお確定判決を争いえないものとするのは、民事司法に対する国民の信頼を害する結果となります。このような場合に、当事者はじめ、確定判決の効力を受ける者に対し非常の救済手段を与えるのが再審です。

　もっとも、確定判決の騙取とみられる極端な事例では、再審の訴えによらずに確定判決の効力を実質的に覆すことも認められています（最判昭和44・7・8民集23巻8号1407頁［百選86事件］）。

I　再審の訴えと再審事由

　再審は、再審事由の存在を主張し、①確定判決の確定力を消滅させ、②事件の再審判を求める申立てで、訴えの形式によって行われます（民訴338 I柱書本文）。すでに確定している判決に対する不服申立てである点で、上訴とは異なります。ただし、当事者が上訴に

よってその事由を主張したとき、またはこれを知りながら主張しなかったときは、再審の訴えは許されません（同但書。最判平成4・9・10民集46巻6号553頁［百選116事件］）。これを再審の補充性と呼びます。

このうち、①は、確定判決の確定力の消滅という法律効果の発生を目的としていますので、訴えの類型としては、形成訴訟（本書59頁）に属します。②は、事件（本案）自体についての審判請求です。裁判所は、まず、再審事由の有無について決定手続で判断し（民訴345Ⅱ）、それが確定すれば、不服申立ての限度で、本案の審理および裁判をし（民訴348Ⅰ）、判決を正当とするときは、再審の請求を棄却し（同Ⅱ）、それ以外の場合には、判決を取り消した上で、さらに裁判をする（同Ⅲ）のが手続の流れです。

再審事由は、10種類です。それぞれの事由ごとに訴訟物を区別するか、それとも1個の訴訟物とするかは、形成訴訟の訴訟物の考え方（本書79頁）を反映します。本書は、旧訴訟物理論をとりますので、訴訟物を区別する前提に立ち、蒸し返しの弊害は、再審期間の制限（民訴342）や訴権の濫用法理によって対処することになります。

●（1）裁判所の構成の違法、代理人が訴訟行為をするのに必要な授権の欠缺（民訴338Ⅰ①～③）

これは、絶対的上告理由（民訴312Ⅱ①②④）に対応するもので、裁判の主体である裁判所の構成に重大な違法があること、当事者のために訴訟を追行する代理人の権限が欠けていることを意味します。それらの事由が判決内容に影響したかどうかは問題となりません。なお、代理人の権限の不存在（民訴338Ⅰ③）は、氏名冒用訴

訟（本書36頁）など、他人が権限なく当事者の氏名を用いて訴訟行為を行う場合にも類推適用されます。

●（2）判決の基礎と裁判官の判断、裁判資料について犯罪行為等が存すること（民訴338Ⅰ④～⑦）

これらは、判決の主体である裁判官の行為や裁判資料形成についての反社会性を問題とするものです。裁判官が事件について職務に関する罪を犯したこと（民訴338Ⅰ④）は、判決内容への影響は問題となりませんが、裁判資料形成についての反社会性（同⑤～⑦）は、判決の結論との関連性が必要です。また、これらの事由については、その客観性を確保するために有罪の確定判決などが必要です（民訴338Ⅱ）。

●（3）その他の再審事由（民訴338⑧～⑩）

その他の再審事由としては、「判決の基礎となった民事若しくは刑事の判決その他の裁判又は行政処分が後の裁判又は行政処分により変更されたこと」（民訴338Ⅰ⑧）、「判決に影響を及ぼすべき重要な事項について判断の遺脱があったこと」（同⑨）、「不服の申立てに係る判決が前に確定した判決と抵触すること」（同⑩）であり、いずれも、もはや確定判決の効力を存続させるべきではない事由を意味します。

2　再審の手続

再審の申立ては訴えの形式でなされますが、それに対する裁判所の判断は、訴えの適否（訴訟要件）についての決定と、原判決の取

消可能性に関する判決の2つの形式でなされます。

● （1）再審の訴訟要件

再審の訴訟要件、つまり申立ての適法性にかかわる事項としては、対象となる裁判、出訴期間、当事者適格、管轄などの事項があります。

（ア）　不服申立ての対象となる裁判

再審の訴えによる不服申立ての対象となる裁判は、確定した終局判決です（民訴338 I 本文）。判決の基本となる中間的裁判について再審事由がある場合には、確定終局判決に対する再審の訴えが許されます（民訴339）。

ただし、即時抗告をもって不服を申し立てることができる決定または命令で確定したものに対しても、再審の申立てをすることができます（民訴349 I）。これを準再審と呼びます。例としては、訴状却下命令（民訴137 II III）があげられます。

同一事件について第1審、控訴審、上告審のように複数の確定判決が存在するときには、それぞれについて再審事由を主張して、再審の訴えを提起できるのが原則です。しかし、「控訴審において事件につき本案判決をしたときは、第1審の判決に対し再審の訴えを提起することができない」（民訴338 III）とされています。このような場合には、控訴審判決に対する再審の訴えを認めれば十分だからです。

（イ）　出訴期間

再審の訴えについては、①「当事者が判決の確定した後再審の事

由を知った日から30日の不変期間内に提起しなければならない」（民訴342 I）、②「判決が確定した日（再審の事由が判決の確定した後に生じた場合にあっては、その事由が発生した日）から5年を経過したときは、再審の訴えを提起することができない」という、2種類の出訴期間が設けられています。確定判決の効力を長期間不安定にしないための規律です。

①に関して、民事訴訟法338条1項4号から7号までの再審事由に関しては、それぞれの事由を知った日から30日を起算するのか、有罪の確定判決等を知った日から起算するのかとの議論がありますが、訴えの提起が期待できるのは、有罪の確定判決等を知ったときからですから、後者が妥当です。

②に関しては、再審事由が判決確定後に生じたときには、5年の期間は、その事由が生じた日から起算します（民訴342 II かっこ書）。4号から7号までの事由を理由とする再審の訴えについては、有罪判決確定などの事実が生じた時から5年を起算するのは、①と同様です（最判昭和52・5・27民集31巻3号404頁［百選A41事件］）。

ただし、いずれの場合にも、代理人への授権の欠缺（民訴338 I ③）および他の確定判決との抵触（同⑩）については、出訴期間の制限は適用しません（民訴342 III）。確定判決を維持すべき基礎そのものを欠くためです。

（ウ）　当事者適格

再審の訴えの当事者適格は、対象となる確定判決の効力を受ける者に認められます。したがって、当事者および口頭弁論終結後の承継人など民事訴訟法115条1項に掲げる者に当事者適格が与えられ

ますが（最判昭和46・6・3判時634号37頁［百選117事件］）、請求の目的物の所持者（民訴115 I ④）は、訴訟物について独自の利益を持たないために、再審の訴えの当事者適格が否定されます。

さらに、判決の効力を第三者に拡張する明文の規定がある場合には、法が第三者に再審の訴えの当事者適格を認めることもあります（会社853，一般法人283，行訴34。最決平成25・11・21民集67巻8号1686頁［百選118事件］）。

（エ）　裁判管轄

再審の訴えは、不服の申立てにかかる判決をした裁判所の管轄に専属します（民訴340 I）。ただし、第1審と控訴審のように、審級を異にする裁判所が同一事件についてした判決に対する再審の訴えは、上級の裁判所が下級審判決に対する訴えについても管轄を持ちます（同 II）。判断の矛盾抵触を避けるためです。

●（2）再審の訴訟手続

再審の訴訟手続は、訴状の管轄裁判所への提出によって開始します。手続は、再審の訴えの適否と再審事由の存否を判断する段階と、対象とされる確定判決の取消しと当事者の申立てにかかる本案の審理の段階に分かれます。再審事由にかかわる争いと本案の争いの手続を分け、審理を迅速、かつ、効率的に行うためです。

（ア）　再審の訴えの提起

「再審の訴訟手続には、その性質に反しない限り、各審級における訴訟手続に関する規定を準用」（民訴341）します。特別の規定としては、再審の訴状の記載事項（民訴343）、不服の理由の変更（民

訴 344)、原裁判の執行停止（民訴 403 I ①）があります。

（イ）　再審の訴えの適否および再審事由の具備

　裁判所は、訴訟要件が具備されておらず、不適法である場合には、決定で、再審の訴えを却下しなければなりません（民訴 345 I）。却下決定に対しては、即時抗告が許されます（民訴 347）。再審事由がない場合には、決定で、再審の請求を棄却しなければなりません（民訴 345 II）。棄却決定に対しても、即時抗告ができますが（民訴 347）、確定すると、同一の事由を不服の理由として更に再審の訴えを提起することはできません（民訴 345 III）。

　裁判所は、再審の事由がある場合には、再審開始の決定をしなければなりません（民訴 346 I）。その際には、相手方の審尋が必要です（同 II）。再審開始決定に対しても、即時抗告ができます（民訴 347）。

（ウ）　本案の審判

　再審開始決定が確定した場合には、裁判所は、不服申立ての限度で本案の審理および裁判を行います（民訴 348 I）。ここでいう本案とは、原判決の対象たる事件であり、裁判官の交代があれば、弁論の更新手続（民訴 249 II）をとった上で、審理を続行します。

　裁判所は、審理の結果、原判決を正当とするときは、判決によって再審の請求を棄却しなければなりません（民訴 348 II）。それ以外の場合には、原判決を取り消し、事件における当事者の申立てについて改めて裁判をします（同 III）。いずれの場合でも、審級に応じて、その判決に対する上訴が許されます。

判 例 索 引

事 項 索 引

民事訴訟法への招待

2022 年 11 月 30 日 初版第 1 刷発行

著 者 伊藤 眞

発行者 江草貞治

発行所 株式会社有斐閣

〒101-0051 東京都千代田区神田神保町 2-17

http://www.yuhikaku.co.jp/

装 丁 宮川和夫事務所

印 刷 株式会社精興社

製 本 牧製本印刷株式会社

装丁印刷 株式会社亨有堂印刷所

落丁・乱丁本はお取替えいたします。定価はカバーに表示してあります。

©2022, Makoto Ito, Printed in Japan

Printed in Japan ISBN 978-4-641-23304-1